大学入試

英語長文
ハイパー
トレーニング

東進ハイスクール・東進衛星予備校講師
安河内哲也

レベル
3

難関編

問題編

大学入試

英語長文
ハイパートレーニング

レベル
3

難関編
問題編

Contents

　ある文章との出会いは，人と人との出会い同様，皆さんの心や人生に大きな影響を与えるものですね。これから皆さんが出会う12編の文章も，これからの英語人生の基礎知識として，皆さんと長くつきあっていくことになるのだと思います。

　これらの英語の文章を，問題を解いて答え合わせをしただけで終わりにするような勉強法では，英語の実力は決して身につきません。でたらめにやって量をこなすのではなく，1つ1つの文章を噛みしめ，味わい，何度も繰り返し，「本当に」マスターすることが，真の読解の勉強です。

　この冊子には，皆さんが読解力を身につけるのに最適な内容の難関レベルの12編の英文が収録されています。12もの英文を「きちんと」学ぶのは，皆さんが思っているよりもはるかに大変なことだとは思いますが，皆さんの一生ものの読解力の基礎を作っていくこれらの英文を，ていねいに，大切に，楽しんで勉強してくださいね。

UNIT 1

出題データ

●ワード数：353 words

●難易度：標準

解答と解説：本冊 p.20〜31

●目標解答時間：20分

次の英文を読み，後の問いに答えなさい。

(a) One reason for our water problems is that we build great cities to hold our people in places where there is not enough natural water to supply them. Southern California is the textbook example. There is a certain amount of natural water that is locally available for the city of
5 Los Angeles — that's why the city first grew there. That local supply is not small. It is about enough to meet the needs of a million people or so — but (1) it is hopelessly inadequate now that the area has exploded to contain *fourteen* million people. That is why Los Angeles has already reached out its *aqueducts to suck into itself almost everything that
10 flows in its own state and nearby (2) ones, and now has even begun to cast a thirsty eye at the vast Canadian rivers two thousand miles away.

Everybody criticizes Los Angeles sharply, but in this case it and the other California cities are by no means the only (3) offenders in that state. California's farmers are actually worse. In all, California's
15 agriculture uses about 85% of the state's water. That might seem fair enough — farmers must grow crops so that people can eat, after all — but a huge amount of that precious water is wasted on such foolish acts as *irrigating pastureland for dairy cattle; it is an astonishing fact that watering grass for pasture (4) swallows more water every year than the
20 cities of Los Angeles and San Francisco combined.

Still, these California cities are bad enough, with their lawns,

fountains and *jacuzzis. Some of the cities in the neighboring states, Arizona and Nevada, are even worse. These bone-dry states have built large cities, where there used to be nothing but cactus. Las Vegas, which
25 is one of these large cities and has no apparent purpose for existence except to provide a place for gambling, *is studded with acre-sized pools, fountains, decorative ponds, sprinkled lawns and more than twenty irrigated golf courses; (b) every drop of the water that makes life in the city luxurious is drawn from the already overexploited Colorado
30 River.

*[注] aqueducts ＜ aqueduct 　導水管
　　 irrigating ＜ irrigate 　灌漑する
　　　　　　　　　　　　　かんがい
　　 jacuzzis ＜ Jacuzzi 　　ジャクージ(噴流式泡風呂)
　　 is studded with ～ 　　～が散在(点在)する

■ 設問 ■

1．下線部(1)の it の内容として最も適当なものを①～④より1つ選びなさい。
　　① the textbook example
　　② the local supply of natural water available for the city of Los Angeles
　　③ the city of Los Angeles
　　④ the fact that Southern California has exploded to contain fourteen million people

2．下線部(2)の ones は具体的に何か。最も適当なものを①～④より1つ選びなさい。
　　① rivers　　② aqueducts　　③ states　　④ cities

3．下線部(3)の offenders の意味として最も適当なものを①～④より1つ選びなさい。
　　① those wasting precious water
　　② those conserving precious water
　　③ those suspected of polluting precious water
　　④ those feeling anger at others for wasting precious water

4．下線部(4)の swallows の意味として最も適当なものを①～④より１つ選びなさい。

  ① filters   ② stores   ③ splashes   ④ consumes

5．下線部(a)，(b)を和訳しなさい。

6．本文の内容と一致するものを①～④より１つ選びなさい。

  ① Even today, the amount of natural water that is locally available for Los Angeles is sufficient for the needs of the city.

  ② Los Angeles has even begun to look at the Canadian rivers as a new water source.

  ③ It is fair enough that California's agriculture uses a huge amount of water for irrigating pastureland for dairy cattle.

  ④ California cities like Los Angeles and San Francisco are worse than Las Vegas in wasting water.

■ 解答欄 ■

1		2		3		4	
5	(a)						
	(b)						
6							

UNIT 2

出題データ

●ワード数：401 words

●難易度：標準

解答と解説：本冊 p.32〜45

●目標解答時間：20分

次の英文を読み，後の問いに答えなさい。

Sara got her start training dogs and soon realized she was really training their owners. "I would teach people about reacting consistently to what the dogs did so that good behavior was rewarded and bad behavior punished. And I thought to myself, it's not the dogs that are being inconsistent here, it's the people."

Sara sees (1) all kinds. "You have the *gigglers who say, 'Isn't that cute,' when the puppy grabs their socks out of their hand and then get upset when the puppy goes for the socks, the shoes, the couch. You have the couples where one takes the strict approach and the other tries to cover up when the dog does something wrong."

"What dogs want," says Sara, "is your love, attention, and treats. If you make it perfectly clear and consistent what it will take to get (A) that reaction, your dog will behave because of self-interest. But it is also a matter of your self-interest. (B) If you are too lazy to be consistent with your dog, or if you really don't care what happens to your socks and shoes, then your lack of interest will (2) come across."

Researchers find that perceived self-interest, (3) the rewards one believes are at stake, is the most significant factor in predicting dedication and satisfaction toward work. It accounts for about 75 percent of personal motivation toward accomplishment.

What is the difference between people who willingly take work home with them on the weekends and people who [イ] at the idea?

What is the difference between people who work hard all day and people who do as little work as they can possibly [ロ] away with?

25　What is the difference between people who [ハ] up for night school classes and those who can't imagine [ニ] back to school?

What is the difference between the most driven and the [ホ] person? Self-interest.

We all do what we do because of self-interest; we think (C) it's the
30　best thing for us. Those who work hard do so because they believe there is a reward awaiting them (D) that not only justifies their efforts but also demands their dedication. Those who do not give their best efforts on the job do so because they cannot see the long-term benefit of work (4) outweighing the short-term benefit of laziness.

35　Remind yourself of the value of the things you want, and (5) the cost to you in effort will not feel as great.

*[注] gigglers：giggle「くすくす笑う」＋er

■ 設問 ■

1．下線部(1) all kinds の意味を具体的に示す語句を①～④の中から1つ選びなさい。
　　① all types of dogs　　② all types of owners
　　③ all types of behavior　　④ all types of training

2．下線部(2)の意味に最も近い came across を含む文を①～④の中から1つ選びなさい。
　　① He came across a picture of a person in the paper.
　　② He got sick when he came across the bay.
　　③ He came across better in person than in the picture.
　　④ On the trip, he came across an interesting person.

3．下線部(3)〜(5)の意味に最も近いものを①〜④の中から 1 つ選びなさい。

(3) the rewards one believes are at stake
① the damages you think you can risk
② the expenses you think you can afford
③ the returns you think you can obtain
④ the wages you think you can pay

(4) outweighing
① being more comfortable than
② being heavier than
③ having more responsibilities than
④ having more importance than

(5) the cost to you in effort will not feel as great
① you will not feel the cost of your effort so much
② you will feel the cost of your effort is too much
③ your effort will not feel as much as the cost
④ your effort will not be the cost you feel

4．本文中の空欄　イ　〜　ホ　に入る最も適当な語を①〜④の中から 1 つ選びなさい。

	①	②	③	④
イ	arrive	laugh	look	stay
ロ	break	get	sleep	take
ハ	bring	climb	give	sign
ニ	going	leaving	sending	taking
ホ	laziest	lightest	smallest	smartest

5．下線部(A)that reaction とは何か。それを具体的に示す語句を本文中から選んで書きなさい。

6．下線部(C)it の内容を具体的に示している箇所を本文中から 6 語で選んで書きなさい。

7．下線部(D)that は何を受けるか。適当な語句を本文中から選んで書きなさい。

8．下線部(B)を日本語に訳しなさい。ただし，訳文は「もしもあなたが」から
始めること。

■ 解答欄 ■

1			2	
3	(3)	(4)		(5)
4	イ	ロ		ハ
	ニ	ホ		
5				
6				
7				
8				

UNIT 3

出題データ

●ワード数：376 words

●難易度：難

解答と解説：本冊 p.46～59

目標解答時間：20分

Read this passage and answer the questions below.

During my lifetime, a new profession has arisen — that of science journalist. Today, the (　A　) learn about science, not in the main from scientists, but from science writers and from producers of radio and television programmes. It was not so fifty years ago. I was taught no
5 science at school, but by the time I was eighteen I had (1) given myself an admirable grounding in science by reading Jeans, Eddington, Halden, Huxley, Wells, Einstein and Sherrington. All these men were writing science for the general public, and all, except H. G. Wells, were scientists. For any child trying to do the same job today, the science
10 would be filtered through the minds of this new profession. What kind of a job are they doing?

First, there are two reasons why the (　B　) of the new profession has been inevitable. One is that science has become too important to be left to scientists. The (　C　) of science on the way we live, and on the
15 ways in which we may die, is now so widely felt that it cannot be left solely in the hands of the scientists. It is in my view entirely right that the planning and the applications of science should be matters of public and not of private debate. The second reason is television. A working scientist can write a newspaper article, an essay or a book in his spare
20 time, but he cannot make a television programme that way.

The second point is that, in Britain at least, science journalists face

an uphill task. Our culture is still deeply unscientific. We have not yet fully broken free of the old snobbery, according to which work is ungentlemanly, and science is work. Given the obvious (D) of the
25 job, the new profession is not doing badly. The (E) of science on radio and television in Britain seems to me enormously superior to that in the United States. (2) <u>However</u>, there are weaknesses. In particular, the media show an excessive desire to present confrontation and controversy; they tend to concentrate on the social consequences of
30 science rather than on the science itself; and, because science is no longer presented by scientists, it appears as an impersonal and mysterious edifice, and not as something done by human beings.

■ 設問 ■

1. Choose the most suitable word from those listed below to fill in each blank space from (A) to (E). Do not select any word more than once. Indicate your choice on your **mark sheet**.
    ① difficulty   ② emergence   ③ impact
    ④ presentation   ⑤ public

2. Which of the following phrases could **NOT** be substituted for the underlined phrase (1)? Indicate your choice on your **mark sheet**.
    ① acquired a reasonable knowledge of science
    ② become an admired scientific expert
    ③ grasped the basics of science
    ④ learnt quite a lot about science
    ⑤ taught myself the fundamentals of science

3. According to the passage, which of the following sentences is **TRUE**? Indicate your choice on your **mark sheet**.
    ① A child today has little chance of learning about science by reading.
    ② H. G. Wells was not a good science writer because he wasn't really a scientist.

③ Science journalists are largely responsible nowadays for explaining science.

④ The author got most of his scientific knowledge through television and radio.

⑤ These days, science is not taught in schools.

4. Which of the following words or phrases could **NOT** be substituted for the underlined word (2)? Indicate your choice on your **mark sheet**.

① As a result　　② Be that as it may　　③ In spite of that
④ Nevertheless　　⑤ Unfortunately

5. With which of the following sentences would the author of the passage **DISAGREE**? Indicate your choice on your **mark sheet**.

① A scientist cannot have complete control over a programme presented on television.

② Science affects our lives so much that it shouldn't be left only to the scientists.

③ Science journalists have a difficult job, but they are not doing so badly.

④ Science should be left to the scientists who know more than science journalists.

⑤ Too much media presentation of science deals with social rather than scientific issues.

■ 解答欄 ■

	(A)	①	②	③	④	⑤	2	①	②	③	④	⑤
	(B)	①	②	③	④	⑤	3	①	②	③	④	⑤
1	(C)	①	②	③	④	⑤	4	①	②	③	④	⑤
	(D)	①	②	③	④	⑤	5	①	②	③	④	⑤
	(E)	①	②	③	④	⑤						

UNIT 4

出題データ

●ワード数：313 words

●難易度：難

解答と解説：本冊 p.60～71

●目標解答時間：20分

次の英文を読み，後の問いに答えなさい。

　　An area of much interest in recent years is (イ) that referred to as artificial intelligence, often shortened simply to 'AI'. (A) The objectives of AI are to imitate by means of machines, normally electronic ones, as much of human mental activity as possible, and perhaps eventually to
5 improve upon human abilities in these respects. There is interest in the results of AI from at least (B) four directions. In particular there is the study of robotics. Robotics is concerned with the practical requirements of industry for mechanical devices which can perform 'intelligent' tasks — tasks which are so complicated that they have previously demanded
10 human intervention or control. Those mechanical devices are expected to perform these tasks with a speed and reliability beyond any human capabilities, or under unfavourable conditions where human life could be at risk. Also of interest commercially, as well as generally, is the development of expert systems, according to which the essential
15 knowledge of an entire profession — medical, legal, etc. — is intended to be coded into a computer package! Is it possible that the experience and skill of human members of these professions might actually be replaced by such packages? Or is it merely that long lists of factual information are all (ロ) that can be expected to be achieved? The question of whether
20 the computers can exhibit (or simulate) genuine intelligence clearly has considerable social implications. Another area in which AI could have

direct relevance is psychology. It is hoped that by trying to imitate the behaviour of a human brain (or that of some other animal) by means of an electronic device — or by failing to do so — one may learn something
25 of importance concerning the brain's workings. Finally, there is the optimistic hope (ハ) that for similar reasons AI might have something to say about deep questions of philosophy, by providing insights into the meaning of the concept of the mind.

■ 設問 ■

1. 下線部(A)を日本語に訳しなさい。ただし，略語の 'AI' も日本語に直すこと。

2. 波線部(イ)〜(ハ)の that の用法と同じものをそれぞれ①〜⑥の中から1つ選びなさい。ただし，同じ番号は2度使わないこと。
   ① Father promised me that he would take me to Tokyo Disneyland.
   ② Courage is all that matters when you face difficulties.
   ③ I'll rent that room you showed me first.
   ④ It turned out to be a lie that there would be another great earthquake in five years' time.
   ⑤ Everybody rejoiced over the news that there had been no casualties in the train crash.
   ⑥ The climate of this country is like that of Japan.

3. 二重下線部(B)が指し示すものと合致しないものを①〜⑦の中から3つ選びなさい。
   ① これまで人の介入や制御が必要だった複雑で知的な作業を行うことのできる機械や装置の開発が，工業的な見地から AI に求められている。
   ② AI が進歩し，ロボットの研究，開発が進めば，人間の生命が危険にさらされるような好ましくない状況が作り出される可能性がある。
   ③ 将来，コンピューターが専門的職業の経験や技術に取って代わり，それまで行うのが困難だった仕事を人間の能力をしのぐ速さと信頼性で行うようになる可能性はない。
   ④ AI が発達し，医学や法律などの専門的職業の知識がコンピューターに蓄えられるようになると，AI は商業的な関心も引きつけることになる。

13

⑤ やがてコンピューターが理性を有するようになることは明らかなので，AI の社会的重要性はますます高まる。

⑥ 人間や動物の脳の働きが電子装置によって取って代わることができるかどうか研究してみることによって，心理学的に重要な発見を得ることができる。

⑦ AI の研究を通して，「精神」という概念の意味がどのようなものであるかという哲学上の深遠な問題に対し，何らかの洞察を得ることが可能である。

■ 解答欄 ■

1	

2	(イ)	(ロ)	(ハ)

3	

UNIT 5

出題データ

●ワード数：392 words

●難易度：難

解答と解説：本冊 p.72〜85

●目標解答時間：20分

次の英文を読み，後の問いに答えなさい。

According to the recent research, the Arctic has warmed markedly in the past two decades. The ocean's ice cover has thinned by an average of four feet — some 40 percent — since the 1960s, and the ice's margin has receded 20 percent farther into the Arctic. Given that the
5 Poles are widely seen as indicators of global climate change, this all looks very dramatic. But it may be (1) just another imagined monster hiding in the blank spots of our knowledge. Perhaps the water regularly warms and cools and the ice regularly thins and thickens as atmospheric pressures and water currents change. There's evidence to suggest (2) that,
10 but it's not conclusive.

If the Arctic continues to warm, the consequences could be grave. Some scientists think there's a (A) — remote but conceivable — that the ocean's summer ice cover could completely melt at some point in coming decades. "The absence of ice in the Arctic would completely
15 change climate patterns for the Northern Hemisphere," says Richard Clark, a marine scientist. "In computer modeling if you take off the ice, even the circulation of the ocean reverses."

Some scientists think that the Arctic Ocean may have lost its summer ice 400,000 years ago, when the earth was as warm as it is now.
20 The earth has a history of warming and cooling dramatically in just decades or even years as environmental factors strengthen each other. In

the Arctic, for instance, sea ice reflects most solar energy, but open water absorbs up to 90 percent. So as ice cover shrinks, the ocean absorbs more heat, potentially melting more ice (B) a cycle of increased heating and melting causes the permanent ice pack to disappear.

But this is a simple model, and the Arctic is no simple environment. "The problem in the Arctic is there's a lot of variability," says Mark Lewis, a specialist of Polar climate. "Conditions can be very different from one year to the next, so catching trends is difficult." George Peterson, who (3) identified the thinning ice, says, "People may (4) jump on this and say the ice cover is disappearing. Well, who knows? Everything may rebound now for the next ten years. I don't think you'd find many Arctic scientists willing to say, 'Yes, it's all melting up there, and in another decade we won't have any sea ice.' Only the future will (C) us."

■ 設問 ■

1．下線部(1)の内容に最も近いものを①〜④の中から1つ選び，その番号をマークしなさい。

① an imaginary beast believed to live in an unknown land
② a phantom animal that frightens us in our dreams
③ a product of imagination created out of our fear of things unknown
④ an evil thought or fantasy we indulge ourselves in

2．下線部(2)の内容に最も近いものを①〜④の中から1つ選び，その番号をマークしなさい。

① The recent changes at the Pole are the Arctic's normal weather pattern.
② There is much to fear in the recent Polar climate change because it is too dramatic.

16

③ The Poles no longer serve as the measure by which we predict the global climate trends.

④ Wind and water currents cease to influence the temperature of the Arctic ocean.

3．(A)の空所に入る最も適当な語を①～④の中から1つ選び，その番号をマークしなさい。

① hope   ② chance   ③ fact   ④ way

4．(B)の空所に入る最も適当な語を①～④の中から1つ選び，その番号をマークしなさい。

① before   ② after   ③ while   ④ until

5．下線部(3)と意味の最も近い語を①～④の中から1つ選び，その番号をマークしなさい。

① discovered   ② invented   ③ created   ④ explored

6．下線部(4)の内容に最も近いものを①～④の中から1つ選び，その番号をマークしなさい。

① to rush to the wrong conclusions

② to ignore the positive evidence

③ to arrive at conclusions all too quickly

④ to hasten the process of thinking

7．(C)の空所に入る最も適当な語を①～④の中から1つ選び，その番号をマークしなさい。

① tell   ② call   ③ remember   ④ help

8．本文に出てくる3人の科学者の意見に最も近いものを①～⑤の中から1つずつ選び，Richard Clark については(A)，Mark Lewis については(B)，George Peterson については(C)の欄にその番号をマークしなさい。ただし，同じ番号を2度使わないこと。

① Global warming is supposed to play a major role in the thinning of ice around the Arctic.

② The melting of the Arctic ice may bring unprecedented changes to weather trends in northern continents.

③ It is fairly easy to tell if the disappearing Arctic ice is a warning or a regular trend.

④ The recent warm phase in the Arctic may possibly be switched over to the cool phase in a decade.

⑤ The Polar climate varies too much to detect a definite pattern within a short span of time.

■ 解答欄 ■

1	① ② ③ ④	6	① ② ③ ④
2	① ② ③ ④	7	① ② ③ ④
3	① ② ③ ④	(A)	① ② ③ ④ ⑤
4	① ② ③ ④	8 (B)	① ② ③ ④ ⑤
5	① ② ③ ④	(C)	① ② ③ ④ ⑤

出題データ

●ワード数：292 words

●難易度：標準

解答と解説：本冊 p.86〜97

目標解答時間：20分

次の英文を読み，後の問いに答えなさい。

In Britain, a majority of parents want corporal punishment to be reintroduced in schools to tackle what they perceive is an increasing problem of classroom disorder, according to an opinion poll published recently.

5　It showed that two-thirds of parents think discipline has declined over the past 10 years, while (1) only one in 10 believe it has improved. Almost a quarter think badly behaved children are the biggest problem facing schools — a higher proportion than (2) those blaming poor teaching, overcrowding or lack of parental support.

10　The poll showed 51% of parents think reintroduction of corporal punishment is the answer to (3) the problem. Among working class parents 60% (4) are in favour, but the proportion falls to 40% among middle class parents.

Corporal punishment was abolished 14 years ago throughout all 15　state schools. Teachers' leaders said there was no realistic chance of its reintroduction. David Hart, general secretary of the National Association of Head Teachers, said: "Parents might want to bring it back, but it is not a possible option. I don't know any head teachers or teachers who want it and it would violate the European Convention on Human Rights. 20　I'm not surprised parents (5) identify bad behaviour in schools as a problem. Schools, however, can only operate within the communities they serve. Lack of discipline often results from factors outside the school. A lot of (6) the blame lies not with teachers but with parents."

John Dunford, general secretary of the Secondary Heads Association,
25 said: "Corporal punishment will never be discussed in our meeting. It never (7) worked. The discipline problem is a comment on society rather than on schools. (8) Schools work within the context of what happens outside. Children have become less obedient and keeping good discipline in schools has become much harder for teachers."

■ 設問 ■

1．下線部(1)を，it が何を指しているのかわかるように，日本語に訳しなさい。

2．下線部(2)を次のように書き直すとき，空所(A)，(B)，(C)に入る語(1語)を次の(イ)～(リ)から選びなさい。

those who think that teachers are not teaching (　A　), that there are too (　B　) students in each class, and that families do not (　C　) the school enough

(イ) wise　　(ロ) few　　(ハ) good　　(ニ) well　　(ホ) help
(ヘ) many　　(ト) happy　　(チ) ask　　(リ) accept

3．下線部(3)が指しているものは何か。文中から選んで(2語)書きなさい。

4．下線部(4)を説明するのに最もふさわしいものを次の(イ)～(ニ)から1つ選びなさい。

(イ) suspect it　　　　(ロ) search it
(ハ) support it　　　　(ニ) oppose it

5．下線部(5)の意味に最も近いものを次の(イ)～(ニ)から1つ選びなさい。
(イ) value　　(ロ) prove　　(ハ) show　　(ニ) see

6．下線部(6)は何に対する blame なのか。文中から該当する部分を選んで書きなさい。

7. 下線部(7)の意味に最も近いものを次の(イ)～(ニ)から1つ選びなさい。
   (イ) moved forward　　　　　(ロ) functioned well
   (ハ) was studied　　　　　　(ニ) took action

8. 下線部(8)とほぼ同じ趣旨の1文を本文から選び，その最初と最後の単語を書きなさい。

9. 本文と内容が一致するものを次の(イ)～(チ)から2つ選びなさい。
   (イ) 意識調査によれば，20%の人たちが学校の1番の問題点は粗暴な子どもたちにあると考えている。
   (ロ) 先生の質やクラスの生徒数の多さなどを問題にしている人も意外に多い。
   (ハ) あらゆる階級の親が同様に体罰復活を希望している。
   (ニ) 体罰は現在公立校では廃止されている。
   (ホ) 先生側も親の希望に理解を示している。
   (ヘ) 体罰復活で学校の規律の回復を望んでいる先生は多い。
   (ト) 社会の乱れが学校に反映していると先生側は考えている。
   (チ) 自分たちにも親にもこのような状況の責任はあると先生は考えている。

■ 解答欄 ■

1			
2	(A)	(B)	(C)
3			
4		5	
6			
7		8 最初	最後
9			

UNIT 7

出題データ

●ワード数：413 words

●難易度：難

解答と解説：本冊 p.98〜111

●目標解答時間：25分

次の英文を読み，後の問いに答えなさい。

It is hard to believe or indeed even to understand but it is nonetheless a fact that almost 90 percent of all species that have existed up until now have disappeared. Norman Myers elaborates (イ) this basic point to give an approximate historical sense of the rate at which
5 species have become extinct. Quite simply, from 1600 to 1900 human beings eliminated some seventy-five known species, mostly mammals and birds; since 1900 to the present day they have eliminated another seventy-five. Between 1600 and 1900 the rate of disappearance was approximately one species every ☐(ロ) years; in *the present century
10 the rate has been approximately one species every year. Humans cannot be held totally responsible, however, for many of these species disappeared well before *Homo sapiens appeared on the planet.

Although Myers concluded his analysis in 1979, the process that he describes is undoubtedly continuing, for, as he himself says, there are
15 currently over a thousand animal forms that may soon disappear from the Earth. In many parts of the world concern is certainly expressed about this, but just as few animals can be recognized by the public, perhaps even fewer of these thousand forms could be named and identified. The giant panda is recognized internationally as an
20 endangered animal, and many might recognize that the white *rhino and the Sumatran rhino are dying out, but the critical situation of the

*crested ibis is likely to attract the attention of few but the specialist.

Concern for conservation is a cultural factor and must be understood as such, but within cultures the focus of concern is highly selective. A
25 question we could well ask is: if it is important to conserve species why is it that many individuals who might well support the ideals of conservation also support the attempt to destroy certain species such as the Norway rat, the *tsetse fly, or the malaria-carrying mosquito? Quite simply, ⌈ (ハ) ⌉ Part of the explanation, of course, lies in the fact that
30 such creatures do not bring about sympathetic emotional reactions in people, and in these particular cases they are seen as causing harm to human beings. But the question remains: why is it that *conservationists choose to preserve only part of an *ecosystem?

Undoubtedly scientific conservationists operate with a sophisticated
35 model of the organization and functioning of ecosystems, but ⌈ (ニ) ⌉ to whom conservationists make appeal. (ホ) Rather there is a complex of social, cultural and psychological factors involved in the construction of the public's desire to conserve.

*[注] the present century＝本文においては 20 世紀を指す。
　　　Homo sapiens＝ホモサピエンス(ヒトの分類学上の学名)
　　　rhino＝サイ　　　　　　　　crested ibis＝トキ
　　　tsetse fly＝ツェツェバエ　　conservationist＝自然保護論者
　　　ecosystem＝生態系

■ 設問 ■
1. 下線部(イ)の内容を 30 字以内の日本語で書きなさい。ただし，句読点も 1
　字と数えること。

2. （ロ）の空所に入る最も適切な数字を，①～④の中から１つ選びなさい。

① 2　　　　　　　　② 4　　　　　　　　③ 75　　　　　　　　④ 300

3. （ハ）の空所に入る最も適切な疑問文を，①～④の中から１つ選びなさい。

① how should we protect these particular living creatures?

② how do these particular living creatures appeal to conservationists?

③ why don't these particular living creatures also have the right to exist?

④ why should only these particular living creatures be protected?

4. （ニ）の空所が，「世間一般の人々の大部分を動かすのは，この知識ではない」という意味の英語になるように①～⑦の語句を並べ換えたとき，１番目と６番目に来るものの番号を書きなさい。

① this knowledge　　② that　　　　③ it　　　　④ moves

⑤ most members of the general public　　⑥ not　　　⑦ is

5. 下線部（ホ）を日本語に訳しなさい。

6. 本文の内容に合致するものを，①～⑦の中から２つ選びなさい。

① Human beings have destroyed almost 90 percent of all species that have existed up until now.

② According to Myers, it is doubtful that there are currently over a thousand animals threatened with extinction.

③ The situation of the giant panda is well known throughout the world.

④ There seem to be few specialists who are worrying about the crested ibis.

⑤ The crested ibis is much closer to extinction than the white rhino or the Sumatran rhino.

⑥ Many people are not concerned about conservation, which explains their tolerance for the destruction of certain species.

⑦ In contrast to the public, scientific conservationists' focus on some species over others is based on their expert knowledge.

■ 解答欄 ■

1							
2			**3**		**4**	1番目	6番目
5							
6							

UNIT 8

出題データ

解答と解説：本冊 p.112〜127

●ワード数：422 words
●難易度：難

目標解答時間：25分

次の英文を読み，後の問いに答えなさい。

Switzerland has a language problem. The trouble is not a shortage of tongues, for the Swiss have four of their own. Some 65% speak one variety or another of Swiss-German, 18% speak French, 10% speak Italian, and nearly 1% speak one of the four Romansh dialects used in
5 some of the valleys in the *canton of the Grisons. There are also the languages of the many immigrant workers. The problem is that many Swiss parents, (1) not to mention businessmen who want to talk to colleagues abroad, would like more Swiss children to (2) go out into the world with a better command of English.

10   At the moment, English is officially taught for only one or two years before the school-leaving age of 16. Changing such practices is never easy in Switzerland. There is no national ministry of education. The 26 cantons are independent in cultural and educational affairs. So 26 education ministers have to meet in order to decide on
15 recommendations which, to become law, then have to get through 26 parliaments. That is why it took Switzerland more than 20 years to introduce teaching in a second national language (German or French) at the age of 11 instead of 14.

This time, however, one canton, deciding it had waited long enough,
20 has broken the deadlock. Zurich, the most populous of the cantons, and the heart of the Swiss banking world, plans to make English a required

subject at an early age, maybe even from the first year of primary school.

As was to be expected in a country far less calm than the world imagines, Zurich's proposal has produced an uproar. In educational circles it is argued that French will lose its strong position in German-speaking Switzerland (eight years of school French before entering the university at 19), and that this could endanger the political unity of Switzerland. French-Swiss politicians are furious. Protests about the possible damage to the teaching of German in French-speaking Switzerland are more puzzling, because the German taught there is High German, the dialect of South and Central Germany. But in daily life, (3) as distinct from formal writing, Swiss-Germans speak one or the other of their very different dialects. Hence the liking for English as a "national link language."

The 26 ministers have hurriedly set up a committee, naturally headed by a professor of French, to (4) work out a policy by the middle of this year. (5) It may well come up with wise recommendations enabling every canton to choose its own solution. The Swiss are not easily *regimented.

*[注] canton （スイスの）州, 県　　regiment　統制する

■ 設問 ■

1. Which one of the following best describes the main point of this article? Indicate your choice on your **mark sheet**.
   ① English is important because it has become the international language.
   ② Language policy is a serious political issue in Switzerland.
   ③ Countries like Switzerland need to teach many foreign languages.
   ④ It is impossible to deny the increasing significance of English.
   ⑤ Switzerland needs English to serve as a "national link language."

2. According to this article, which one of the following is True? Indicate your choice on your **mark sheet**.

① There are more speakers of Swiss-German than of all the other languages combined.

② A law must be approved by at least a majority of the cantons in Switzerland.

③ Swiss students study English several years longer than they study French.

④ The German taught in Swiss schools is the same dialect most people speak.

⑤ Zurich has decided to act in cooperation with the other cantons in Switzerland.

3. According to this article, which one of the following is **NOT True**? Indicate your choice on your **mark sheet**.

① Switzerland does not have a national education ministry.

② People outside Switzerland think it is much more peaceful than it actually is.

③ Change does not come easily to Switzerland because of the independent canton system.

④ One Swiss canton has finally decided to change its English education policy.

⑤ Swiss students can now study English for a period of from one to three years.

4. Which one of the following is closest in meaning to (1) not to mention businessmen? Indicate your choice on your **mark sheet**.

① except for businessmen

② in place of businessmen

③ as well as businessmen

④ regardless of businessmen

⑤ with regard to businessmen

5. Which one of the following is closest in meaning to (2) go out into the world? Indicate your choice on your **mark sheet**.
   ① travel to many countries
   ② play outside
   ③ compete in society
   ④ achieve great success
   ⑤ choose an international career

6. Which one of the following is closest in meaning to (3) as distinct from formal writing? Indicate your choice on your **mark sheet**.
   ① in contrast to formal writing
   ② as found in formal writing
   ③ in place of formal writing
   ④ as in distinguished formal writing
   ⑤ in addition to formal writing

7. Which one of the following is closest in meaning to (4) work out a policy? Indicate your choice on your **mark sheet**.
   ① exercise their rights
   ② employ a new method
   ③ find a different way
   ④ narrow the differences
   ⑤ decide on a solution

8. Which one of the following is closest in meaning to (5) It may well come up with wise recommendations? Indicate your choice on your **mark sheet**.
   ① It is good that it will be able to make some wise recommendations.
   ② It is possible that it might produce some very good recommendations.
   ③ It is a good idea to somehow or other recommend a good plan.
   ④ It is questionable whether it will recommend some kind of compromise.
   ⑤ It is sure to make a recommendation which will please everyone.

9. Which one of the following can we infer from this article? Indicate your choice on your **mark sheet**.

① Switzerland will probably decide not to make any changes at all in English language education.

② There will probably be no unified Swiss national policy concerning changes in English language education.

③ It will probably be impossible for Switzerland to improve its English language education in the near future.

④ The Swiss will probably soon realize that English is the most important "link language" in the world.

⑤ There will probably be a compromise that overwhelmingly favors the non-English speakers in Switzerland.

■ 解答欄 ■

1	① ② ③ ④ ⑤	6	① ② ③ ④ ⑤
2	① ② ③ ④ ⑤	7	① ② ③ ④ ⑤
3	① ② ③ ④ ⑤	8	① ② ③ ④ ⑤
4	① ② ③ ④ ⑤	9	① ② ③ ④ ⑤
5	① ② ③ ④ ⑤		

出題データ

●ワード数：421 words
●難易度：標準

解答と解説：本冊 p.128～141

目標解答時間：25分

次の英文を読み，後の問いに答えなさい。

There is a mystery and charm about tropic seas — something that awakens in all of us the spirit of adventure. They are the romantic places linked with the memories of brave sailors who, in tiny ships, first obtained the secrets from countries south of the Equator. Exciting

5 indeed were (イ) the yarns once spun by old seamen in the ports of Europe — mostly untrue tales of the southern seas!

The discovery of Australia has a background as romantic as that of any other part of the southern Pacific seas. (A) Related as so much of it is with the voyages of the great explorer, Captain James Cook, it never

10 fails to stir up inspiring thoughts in the people of Australia.

As late as the year 1770, eastern Australia was a blank on the map. On this blank, Cook drew 2,000 miles of coastline, and gave to the world the first detailed descriptions of most of the Pacific Ocean side of a great new continent. (B) June 1770 found him cautiously sailing

15 northwards in his tiny 70-foot ship. The hazardous journey ultimately led to areas close to those discovered by the Spanish explorer, Luis Váse de Torres, in 1605. Going finally ashore near the tip of Cape York, Cook named this Possession Island, and there took formal possession of the east coast of Australia for Britain.

20 No ship had ever sailed (1) that one near the Queensland mainland. Cook found the waters dotted with islands, shoals, and coral

31

banks. His way was through twisting passages and shallows into a strange world of mystery and beauty. He was for a long time unaware of a great barrier that was closing in upon his track. At a spot near the present site of Cooktown, the coral banks crowded in on his ship. The ship finally ran aground and was all but lost on one of the treacherous banks. The thrilling story of that accident and the masterful saving of ship and crew is one of the highlights of Australia's early history. Nowhere (2) protected by such a formidable barrier as Australia's north-eastern boundary to the Coral Sea.

While our knowledge of the area has made great advances since the days of discovery, little superficial change has taken place. By comparison with older lands, settlement along the mainland is still limited and, in many places, pioneer in character. For the visitor who (ロ) leaves the beaten track, there (ハ) is still to be had the thrill of adventure and the lure of exploration.

■ 設問 ■

1．下線部(A)，(B)を日本語に訳しなさい。ただし，下線部(A)は代名詞 "it" の指示内容を明確にすること。

2．(1)，(2)の空所に入る最も適当なものをそれぞれ①～④の中から1つ選びなさい。

(1) ① as dangerous and unknown a sea so
    ② as a dangerous and unknown sea so
    ③ so dangerous and unknown a sea as
    ④ a so dangerous and unknown sea as

(2) ① in the world is there a coastline
    ② in the coastline there is a world
    ③ there is a coastline in the world
    ④ in the world there is a coastline

3．波線部（イ）～（ハ）の意味として最も適当なものを，それぞれ①～④から１つ
選びなさい。

（イ）the yarns once spun by old seamen
① 年老いた海の男たちが，かつて駆けめぐった南海の島々
② かつて，年老いた水夫たちが語った冒険談
③ その昔，海の男たちが回して遊んだコマ
④ かつて，年取った船乗りが糸を紡いで作った織り物

（ロ）leaves the beaten track
① 遠回しに物を言う
② ボロボロになったトラックを乗り捨てる
③ 風雨にさらされた線路をたどっていく
④ おきまりのコースから外れる

（ハ）is still to be had
① まだ手に入れることができる
② これから持つべきである
③ 今なお持ち続けられている
④ 今後も維持される予定である

4．本文の内容と一致するものを①～⑧の中から２つ選んで，番号を書きなさい。
① 熱帯の海には，冒険心をくすぐるようなものはほとんどない。
② すでに 1770 年より以前に，オーストラリア東部の地図には真っ黒になる
ほど詳しく沿岸線が書き込まれていた。
③ 1770 年に，ジューンはクック船長の船が注意深く北へ航行していくのを
見つけた。
④ 現在のクックタウンに近いあたりで，珊瑚礁がクック船長の船にどっと押
し寄せてきた。
⑤ クック船長は，自分の行く手に大きな障壁が迫っていることを前々から予
想していた。
⑥ クック船長の船は恐怖の浅瀬で座礁し，完全に破壊された。
⑦ クック船長が上陸したのは，それより前にスペインの探検家が発見した場
所に近いところだった。
⑧ オーストラリアは，最初に発見されて以来，探検家や観光客によって大き
く姿を変えた。

■ 解答欄 ■

1	(A)		
	(B)		
2	(1)	(2)	
3	(イ)	(ロ)	(ハ)
4			

出題データ

解答と解説：本冊 p.142〜161

● ワード数：529 words

● 難易度：標準

● 目標解答時間：25分

次の英文を読み，後の問いに答えなさい。

My uncle was a hero. Like all the men in my mother's family, he was a doctor, first a family doctor and (1) a specialist. During World War II, he acted well in a dangerous situation, for which he received a medal.

5　　The story went like this: My uncle was one of a group of doctors following the fighting men. Acting on false information, the soldiers moved forward, believing the hill top on which they were advancing had been cleared of the enemy. As they began to climb the hill, the hidden enemy began to shoot, and within (a) seconds the field was

10　(a) with (b) wounded and dying men. The enemy continued to cover the area with gunfire. No one could stand up. (ア) It was more than twelve hours before airplane bombs could damage the enemy position. My uncle, crawling on his (c) stomach with supplies (b) to his back, cared for the wounded, took messages sometimes written on

15　the back of worn (d) photographs, and said prayers with dying men during all that time. (2) other American soldiers came and the enemy was (c) back, it was clear that he had saved dozens of lives.

He was given a medal and his picture was on the front page of our home town newspaper. I was about seven (3), and with a real hero

20　in my family, (イ) I instantly became the talk of the second grade. Best of all, he was allowed to have a rest and was coming to visit us. I was filled with excitement.

Secretly, I was surprised by ^(ウ) <u>these events</u>. My uncle was short, balding, and wore glasses. He was even getting a little fat. I thought
25 ^(e) <u>perhaps</u> he would look a little different after becoming a hero. ^(エ) <u>But he didn't</u>. Always a shy man, he seemed uncomfortable with all the fuss and uneasy as neighbor after neighbor came by to shake his hand. (4) I found my moment. (d) into his lap, I told him how brave I thought he was and that I was sure he was never afraid of
30 anything. Smiling, he told me that ^(オ) <u>my idea was far from true</u>, that he had been more frightened than ever before in his life. Deeply disappointed, I said, "But why did they give you a medal then?"

Gently he explained to me that ^(カ) <u>anyone who wasn't afraid in situations like war was a fool</u> and they don't give medals to people for
35 being fools. He said that ^(キ) <u>being brave does not mean being unafraid</u>. It often means being (e) and doing it anyway.

It was the first of the many teachings about courage I have received in my lifetime and ^(ク) <u>it meant a great deal to me</u>. At the time, I was afraid of the dark and deeply ashamed about this. But if my uncle who
40 was a hero was also afraid, then perhaps there was hope for me as well. I had been stopped by my fear of the dark, (f) by it, and felt small and unimportant. By telling me of his fear, my uncle had freed me. His heroism became a part of my story (5) a part of his.

■ 設問 ■

1. 空所(1)～(5)に入る最も適当なものを①～④から1つずつ選び，その番号をマークしなさい。

    (1) ① latter   ② lasting   ③ later   ④ late
    (2) ① Whether   ② If   ③ However   ④ When
    (3) ① yesterday   ② the other day   ③ at the time   ④ years

(4) ① Finally　　　② Generally　　　③ Obviously　　　④ Clearly

(5) ① but also　　　② as well as　　　③ so much as　　　④ to name

2. 下線部(ア)(イ)(エ)(オ)(カ)(キ)(ク)の意味に最も近いものをそれぞれ①〜
④から1つずつ選び，その番号をマークしなさい。

(ア) 'It was more than twelve hours before airplane bombs could
　　 damage the enemy position.'

　① 空爆で敵陣を崩すのに12時間以上かかった。

　② 12時間以上たってから敵陣を崩すため空爆を始めた。

　③ 敵軍の飛行機が破壊されるには，12時間以上かかった。

　④ 12時間以上たってから敵軍は飛行機から爆弾を落とし始めた。

(イ) 'I instantly became the talk of the second grade'

　① Everyone in the second grade immediately started to talk
　　 about me.

　② I became a speaker in a talk.

　③ I was a poor speaker.

　④ Everyone in the second grade started speaking ill of me.

(エ) 'But he didn't.'

　① But he didn't become a hero.

　② But he looked different after becoming a hero.

　③ But he looked the same as before.

　④ But he became a different man.

(オ) 'my idea was far from true'

　① my idea was anything but true

　② my idea was nothing but true

　③ my idea was more than true

　④ my idea was little less than true

(カ) 'anyone who wasn't afraid in situations like war was a fool'

　① 戦争のような状況で恐れないような，馬鹿はいない

　② 戦争のような状況で怖がらないような人は，馬鹿者だ

③ そのような状況においてこわがらないような人は, 戦争と同様に馬鹿げている。

④ そのような状況において戦争を好む者は, 馬鹿者だ

(キ) 'being brave does not mean being unafraid'

① people can be both brave and afraid at the same time

② people can never be brave when being afraid

③ people are either brave or unafraid

④ people can be both brave and unafraid at the same time

(ク) 'it meant a great deal to me'

① 勇気について学んだことが私には重荷になった

② 勇気について学んだことが私には大きな意味を持った

③ 勇気の持つ意味がやっとわかった

④ 勇気の持つ意味の大きさがやっとわかった

3. 下線部(ウ) 'these events' に含まれないものを次の①〜④から1つ選び, その番号をマークしなさい。

① 私のおじが戦争における功績で勲章をもらったこと

② 私のおじの写真が地方新聞にのったこと

③ 当時, 私が7歳であったこと

④ おじが多くの兵士の命を救ったこと

4. 空所(a)〜(f)に入る最も適当なものをそれぞれ①〜⑥から1つずつ選び, その番号をマークしなさい。ただし, 文頭に来る語も小文字にしてある。

① afraid   ② forced   ③ tied

④ climbing   ⑤ covered   ⑥ embarrassed

5. 下線部(a)〜(e)の単語の最も強いアクセントのある音節の母音が, ①〜④の単語の最も強いアクセントのある音節の母音と同じものをそれぞれ1つずつ選び, その番号をマークしなさい。

(a) 'seconds'

① contemporary   ② theme   ③ consequence   ④ medium

(b) 'wounded'
① founded　② neighborhood　③ surround　④ balloon

(c) 'stomach'
① volunteer　② sacrifice　③ corrupt　④ astonish

(d) 'photograph'
① involve　② postage　③ contour　④ broadcast

(e) 'perhaps'
① pursuit　② various　③ balance　④ permanent

■ 解答欄 ■

						3		①	②	③	④		
	(1)	①	②	③	④		(a)	①	②	③	④	⑤	⑥
	(2)	①	②	③	④		(b)	①	②	③	④	⑤	⑥
1	(3)	①	②	③	④		(c)	①	②	③	④	⑤	⑥
	(4)	①	②	③	④	4	(d)	①	②	③	④	⑤	⑥
	(5)	①	②	③	④		(e)	①	②	③	④	⑤	⑥
	(ア)	①	②	③	④		(f)	①	②	③	④	⑤	⑥
	(イ)	①	②	③	④		(a)	①	②	③	④		
	(エ)	①	②	③	④		(b)	①	②	③	④		
2	(オ)	①	②	③	④		(c)	①	②	③	④		
	(カ)	①	②	③	④	5	(d)	①	②	③	④		
	(キ)	①	②	③	④		(e)	①	②	③	④		
	(ク)	①	②	③	④								

UNIT 11

出題データ

解答と解説：本冊 p.162〜177

● ワード数：495 words
● 難易度：標準

● 目標解答時間：25分

次の英文を読み，後の問いに答えなさい。

The (a) rise of English is a remarkable success story. When Julius Caesar landed in Britain over two thousand years ago, English did not exist. Five hundred years later, Old English, incomprehensible to modern ears, was probably spoken by relatively few people with little influence. Nearly a thousand years later, at the end of the sixteenth century, when William Shakespeare was in his prime, English was the native speech of between five and seven million Englishmen.

Four hundred years later, the contrast is extraordinary. Between the seventeenth century and the present, the speakers of English, including Scots, Irish, Welsh, American and many more, traveled into every corner of the globe, carrying their language and culture with them. Today, English is used by at least seven hundred and fifty million people, and barely half of those speak it as a mother tongue. Some estimates have put that figure closer to one billion. Whatever the total, English is more widely scattered, more widely spoken and written, than any other language (1). About three hundred and fifty million people use English as a mother tongue. They are scattered across every continent and surpassed, in numbers, only by the speakers of the many varieties of Chinese.

English has a few rivals, but no equals. Neither Spanish nor Arabic, both international languages, has the same influence in the world. The

remarkable story of how English spread within predominantly English-speaking societies like the United States, Canada, Australia and New Zealand is not unique. It is a process in language that is as old as Greek
25 or Chinese. The truly significant advancement, which has occurred only in the last one hundred years or so, is the use of English, taking the most conservative estimates, by three or four hundred million people for whom it is not a native language. English has become a second language in countries like India, Kenya, Nigeria or Singapore, where it
30 is used for administration, broadcasting and education. In these countries, now (2) more than fifty, English is a vital alternative language, often unifying huge territories and diverse populations with different languages. When the late Rajiv Gandhi (b) appealed for an end to the violence that broke out after the assassination of his mother, he went on
35 television and spoke to his people in English. Then there is English as a foreign language, used in countries like Holland or Yugoslavia, where it is backed up by a tradition of English teaching. Here it is used to have contact with people in other countries, usually to promote trade and scientific research, and to the benefit of international communication
40 generally. A Dutch poet is read by a few thousands. (c) 英語に翻訳される ことで, he can be read by hundreds of thousands.

The growth of English as a global language has recently inspired the idea that we should talk not of English, but of many Englishes. The future, of course, is unpredictable, but one thing is certain — present
45 developments of English are part of a process that goes back to Shakespeare and beyond.

■ 設問 ■

1. 下線部(a)に意味の近い, 置き換え可能な名詞を文中から1つ選びなさい。

2. 下線部(b)を日本語に訳しなさい。

3. 下線部(c)を 3 語の英語に訳しなさい。

4. (1)〜(2)の空所に入る最も適当なものを，①〜④から 1 つずつ選びなさい。
  (1) ① had not been   ② has ever been
      ③ has ever done   ④ is ever been
  (2) ① numbering   ② numbers
      ③ to number   ④ which numbering

5. 次の文で本文の英文の内容に合うものは T，合わないものは F と書きなさい。
  ① Old English was already being used when the Romans invaded Britain.
  ② At the end of the sixteenth century, English was spoken in every corner of the globe.
  ③ Some estimates indicate that the number of mother-tongue speakers of English has increased to almost one billion.
  ④ Mother-tongue speakers of English outnumber those using Chinese as their first language.
  ⑤ In India, Kenya, Nigeria and Singapore, English has been adopted as a communication tool to unify people with different first languages.
  ⑥ In Holland and Yugoslavia, English has been taught as a foreign language for a long time.
  ⑦ It is no longer adequate to speak of one English.

■ 解答欄 ■

1	
2	
3	

4	(1)		(2)	

5	①	②	③	④
	⑤	⑥	⑦	

UNIT 12

出題データ

解答と解説：本冊 p.178〜199

●ワード数：685 words
●難易度：難

目標解答時間：35分

次の英文を読み，後の問いに答えなさい。

What is the connection between mind and brain? This is not purely a scientific issue; it is also a philosophical question, and an ancient one as well. (A) Over the next few decades, as scientists reveal the mechanism of the brain in greater detail, the question of the connection between our brains and our minds will become a more urgent matter for further discussion.

The brain is a physical system. It contains about 100 billion interconnected *neurons — about as many neurons as there are stars in the Milky Way. It is not the number of cells that is important here, but the connections between them. Each neuron may receive signals from thousands of others, and may, (あ) turn, send signals out to thousands more. The neurons seem to be arranged *hierarchically: those that receive signals from the senses process them and pass them on to higher systems of neurons. In the end, by mechanisms we still do not fully understand, these signals are converted by neurons in different parts of the brain (い) the final signals that produce images, smells or sounds. Thus the brain works basically by passing information from neuron to neuron. The goal of brain research would be to attain the detailed knowledge of how neurons function, or in other words, which neurons (a) are firing in any circumstance.

The fundamental question then becomes what the mind is. Formal definitions usually mention something like "the sum of mental activities," but (1) that does not tell us much. On the other hand, we all have had the experience of mind. Close your eyes and think of an

25 episode from your childhood. You probably can have a (b) fairly detailed visual image of some setting, maybe even some sounds and smells. You have these images "in mind," but where, exactly, are they? They obviously do not correspond to any input from the senses into your brain right now, even though they must (c) involve the firing of

30 neurons somewhere. In the mid-twentieth century neurosurgeons operating on the brains of conscious patients discovered that they could produce these sorts of images by applying electrical current to specific parts of the brain. Obviously, there is some sort of connection between the activity of neurons and our ability to create images, which we

35 associate (う) the concept of "mind."

But what can that connection be? Who is the "I" that says "I remember," and where is he or she located? One way of looking at this question is to consider the remark made by *René Descartes, "I think, therefore I am." In his view, the mind is something that controls the

40 physical brain. However, such a view that the mind is beyond or separated from the brain is still controversial.

If this view of the mind as something that is beyond or separated from the brain is not correct, then (2) the firing of neurons is all there is. This, however, does not work, either. Suppose that at some point in the

45 future a neuroscientist could say, "When you see the color blue, this particular set of neurons will fire (え) this particular order." Suppose that every time you saw blue, those particular neurons fired, and that they never fired in the same way when you saw anything else. Clearly, you would have established a correlation between the

50　experience of seeing blue and a particular process in the brain.

　　But, even if you could establish the correlation, you would not have explained the experience itself! You are not, after all, aware of neurons firing — you are aware of the color blue, and the most brilliant neurological research in the world cannot bridge that gap.

55　　To understand the experience itself, you have to start in a wholly different branch of science — psychology! A lot of work is being done to understand human perception and *cognition. There are two groups of people trying to bridge the gap between mind and brain. On the one side, working up from the smallest scale, are the (　ア　). On the other,

60　working down from the largest scale, are the (　イ　). Whether the two will ever come together is very much (3) an open question.

*[注] neurons　神経細胞　　hierarchically　階層的に
　　　René Descartes　ルネ・デカルト(17 世紀フランスの哲学者, 数学者)
　　　cognition　認知, 認識

■ 設問 ■

1. 下線部(A)を日本語に訳しなさい。

2. (あ)～(え)の空所に入る適当なものを, 次の①～④の中から１つ選びなさい。
　　(あ) ① for　　　　② in　　　　③ of　　　　④ on
　　(い) ① at　　　　② by　　　　③ into　　　④ through
　　(う) ① to　　　　② in　　　　③ by　　　　④ with
　　(え) ① by　　　　② in　　　　③ out　　　④ with

3. 下線部(a)～(c)の意味・内容に最も近いものを次の①～④の中からそれぞれ
　　１つ選びなさい。
　　(a) are firing
　　　① are burning bright　　　　② are exploding violently
　　　③ are disappearing　　　　④ are sending out signals

45

(b) fairly
　　① considerably　　　　　② justly
　　③ favorably　　　　　　④ beautifully

(c) involve
　　① indicate　　　　　　② be concerned with
　　③ be disturbed by　　　④ explore

4．波線部(1)〜(3)の意味・内容に最も近いものを①〜④の中からそれぞれ1つ
　選びなさい。

(1) that does not tell us much
　　① it is almost impossible for us to understand that type of
　　　definitions
　　② there is no good definition of the mind
　　③ no one explains to us the definitions of the mind
　　④ that type of definitions does not explain much about the
　　　mind

(2) the firing of neurons is all there is
　　① the neurons are firing in all circumstances
　　② all the neurons in the brain are firing at the same time
　　③ what is occurring in the brain is solely the firing of neurons
　　④ the firing of neurons cannot be controlled by the brain

(3) an open question
　　① a question to which there is no definite answer
　　② a question which is not a secret
　　③ a question which is not written in a precise manner
　　④ a question which has only one answer

5．(ア)，(イ)の空所に入る適当な語を，①と②の中からそれぞれ1つずつ選び
　なさい。
　　① neuroscientists　　　　② psychologists

6．本文の内容に合致するものを①～⑨の中から3つ選びなさい。

① The brain consists of billions of neurons which are independent of each other just like the stars in the Milky Way.

② There seems to be a certain order in the neuron system, and the input from the senses are processed and sent from lower to higher systems.

③ You can see, smell, or hear when the neurons in the brain reject the signals which have been transmitted from neurons to other neurons.

④ The neurosurgeons happened to discover that their patients had visual images in the mind when they put electrical current to a certain part of the brain.

⑤ The view that the mind controls the physical brain was totally refuted by René Descartes.

⑥ Although you are able to recognize the color blue, it is impossible for you to recognize the particular neurons which are firing when you see it.

⑦ The correlation between the experience of having images in mind and the activity of neurons has been denied by neurosurgeons.

⑧ The issue of human perception and cognition is so difficult that only psychologists are able to explain it logically.

⑨ Everything has now become clear on the question of the relationship between mind and brain as the result of research made by many scientists.

■ 解答欄 ■

1				
2	(あ)	(い)	(う)	(え)
3	(a)	(b)	(c)	
4	(1)	(2)	(3)	
5	(ア)		(イ)	
6				

桐原書店

大学入試

英語長文
ハイパー
トレーニング

東進ハイスクール・東進衛星予備校講師
安河内哲也

レベル
3

難関編

桐原書店

本書は『大学入試　英語長文ハイパートレーニング　レベル3　難関編』の装丁を変更し，新々装版として刊行するものです。

は じ め に

　大学入試の英語は何と言っても長文読解力で決まります。私立大・国立大，難関大，中堅大を問わず，英語入試問題の大部分は長文読解総合問題です。「長文」を制するものが入試英語を制す，と言っても過言ではないでしょう。

　この英語長文のシリーズは，「まじめに」「基礎から」「着実に」英文読解力を身につけたいすべての受験生の要望に応えるために，工夫の限りを尽くして作られました。

　「英文を読む」と言っても，英文読解はすべての技能を使った総合芸のようなものですから，残念ながら，「文法で読める」とか「単語で読める」とか「何かのテクニックで読める」というふうに，簡単に「何かをやればすぐできる」とは言い切れません。英文読解に必要な技能は，文法力・単語力・熟語力・速読力・大意把握力・設問解法と多岐にわたります。結局，これらをすべてバランスよく，ていねいにトレーニングするしかないのです。

　本書は，今までバラバラだった精読・速読・設問解法・単語・熟語・文法・構文・パラグラフリーディングが，レベル別にまとめて勉強できる画期的な問題集です。また，入試に必要ない専門的な知識の追求を廃し，すべての受験生が「使いやすく」「わかりやすく」「力がつく」作りになっています。

　例えばすべての英文に構造図解があり，すべての設問に解答の根拠が示されているため，学習後に疑問点が残りません。もちろん，単語・熟語は細かにリストアップされ，単語集・熟語集の機能も持たせてあります。さらに何度も音読を繰り返し，速読力を身につけるための「速読トレーニング」により，速く長文を読むトレーニングができるようになっています。

　英語はよく野球などのスポーツにたとえられますが，語彙力は筋力のようなもので，文法力はルールの理解のようなものです。筋力をつけたり，ルールを学ぶことで胸がワクワクすることはあまりありません。英文読解こそが一番大切な「試合」です。皆さんは今まさにバッターボックスに立ち，英文読解という最高に刺激的なゲームを始めるところなのです。

　本書を通じて，皆さんが胸躍る英語の世界の探求を思いっ切り楽しみ，将来，世界で通用する英語力の基礎を身につけてくれることを心から願います。

　今回の改訂では，読者の皆さんから大きな要望があった速読トレーニングのためのＣＤを付録としてつけることができました。ますます実用英語的に変化する大学入試に対応するスピードを身につけるために，大いにこのＣＤを利用してください。

2008 年 3 月

安河内　哲也

本書の利用法

● 本書を使った英文読解の勉強法

　本書は，レベル別に英文を学ぼうとする人のあらゆるニーズに応えるため，様々な工夫が施されています。精読中心・速読中心など使い方はいろいろですが，成績を伸ばすために最も効果的な本書の使用法を紹介します。

　解いて，答え合わせをするだけの無意味な学習から，将来も役に立つ"本物"の英文読解力が身につく学習へとやり方を変えてみましょう。

▶ 別冊

①問題に チャレンジ！

　目標時間をめやすに別冊の問題を解いてみる。その際にわからないものでも，わかった情報から推測して，最低解答欄だけはすべて埋める。訳は下線訳のみにとどめ，全文和訳はしないこと。

問題 ••••••••••▶

UNIT 2

出題データ

解答と解説：本冊 p.32〜45

● ワード数：401 words
● 難易度：標準

目標解答時間：20分

次の英文を読み，後の問いに答えなさい。

　Sara got her start training dogs and soon realized she was really training their owners. "I would teach people about reacting consistently to what the dogs did so that good behavior was rewarded and bad behavior punished. And I thought to myself, it's not the dogs that are
5　being inconsistent here, it's the people."

　Sara sees (1) all kinds. "You have the *gigglers who say, 'Isn't that cute.' when the puppy grabs their socks out of their hand and then get

■ 解答欄 ■

1		2		
3	(3)	(4)		(5)
4	イ	ロ		ハ
	ニ	ホ		
5				
6				
7				
8				

解答欄 ••••••••••▶
答えを書き込みましょう！

レベル構成

　このシリーズは，個人のレベルに合わせて長文読解の学習が始められるレベル別問題集です。各レベルの構成は次のようになっています。

シリーズのレベル	問題のレベル	対象レベル
レベル1 超基礎編	基礎レベル	難関高校入試～一般大学入試
レベル2 標準編	標準レベル	共通テスト～中堅大入試
レベル3 難関編	難関レベル	難関大入試

②設問解法を学ぼう！

　解答を見て赤ペンで答え合わせをする。本書の解答と解説を読んで，それぞれの選択肢や答えがどうして正解なのか，また不正解なのかをよく確認する。

UNIT 2

解答と解説　　　　　　　問題：別冊 p.5～8

■解答■

1	②			2	③	
3	(3)	③	(4)	④	(5)	①
4	イ ②		ロ ②		ハ ④	
	ニ ①		ホ ①			

5	(your) love, attention, and treats
6	what we do because of self-interest
7	a reward (awaiting them)
8	もしもあなたがあまりに無精なために犬に対して一貫した態度がとれないならば

> ※この時点で満足して次の問題に進まないことが長文読解ができるようになるコツ。解いて答えを確認してすぐ次に進むだけでは「読解力」はまったく身につかない。

← 解答

[解説]

1 下線部の直後には，犬に対して様々な対応をする，いくつかの飼い主の例が挙げられている。また，第1パラグラフでも，サラは犬ではなく飼い主に問題

2 come across には a.「理解される，印象を与える」，b.「ふと出くわす，見つける」，c.「横切ってくる」という様々な意味がある。ここでは選択肢①と④はbの意味で，選択肢②はcの意味で使ってある。本文と③の選択肢は共にaの意味で使われており，正解は③となる。bの意味は頻出なので，よく覚えておきたい。

◆選択肢の和訳
×① 彼は紙に描かれた人の絵を見つけた。
×② 彼は湾を横切るとき気分が悪くなった。
○③ 彼は実際に会ってみると写真よりもいい印象を与えた。
×④ 旅行中，彼は面白い人に出会った。

← 解説

← 選択肢の和訳

本冊

③精読とテーマ読解を学ぼう！

　徹底精読のページでそれぞれの英文の読み方や文法のポイントをしっかりと学び，英文の構造のとらえ方を学ぶ。また，パラグラフごとの要旨を確認し，英文のテーマを把握する練習もする。精読記号（→ p.14）のついた英文をていねいに読み，英文の構造を瞬間的に見抜く訓練もする。知らない構文や単語・熟語はチェックした上でしっかりと文を読みながら暗記する。

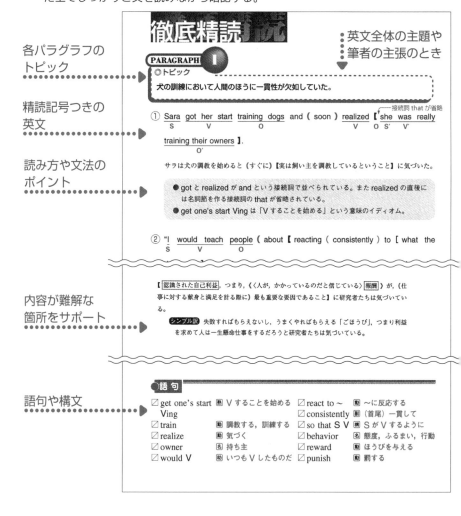

各パラグラフのトピック

徹底精読

PARAGRAPH **1**

◎トピック

犬の訓練において人間のほうに一貫性が欠如していた。

英文全体の主題や筆者の主張のとき

精読記号つきの英文

① Sara got her start training dogs and (soon) realized 【 she was really
　　 S　 V　　　　 O　　　　　　　　　　　　 V　 O S′　 V′

training their owners 】.
　　　 O′

接続詞 that が省略

サラは犬の調教を始めると（すぐに）【実は飼い主を調教しているということ】に気づいた。

読み方や文法のポイント

● got と realized が and という接続詞で並べられている。また realized の直後には名詞節を作る接続詞の that が省略されている。
● get one's start Ving は「V することを始める」という意味のイディオム。

② "I would teach people (about 【 reacting (consistently) to 【 what the
　　 S　　 V　　　 O

内容が難解な箇所をサポート

【認識された自己利益】，つまり，《〈人が，かかっているのだと信じている〉報酬 》が，（仕事に対する献身と満足を計る際に）最も重要な要因であること）に研究者たちは気づいている。

シンプル訳 失敗すればもらえないし，うまくやればもらえる「ごほうび」，つまり利益を求めて人は一生懸命仕事をするだろうと研究者たちは気づいている。

語句や構文

●語句

☐ get one's start 　熟 V することを始める
　　Ving
☐ train 　　　　　動 調教する，訓練する
☐ realize 　　　　動 気づく
☐ owner 　　　　名 持ち主
☐ would V 　　　助 いつも V したものだ

☐ react to ~ 　　熟 ～に反応する
☐ consistently 　副 （首尾）一貫して
☐ so that S V 　熟 S が V するように
☐ behavior 　　　名 態度，ふるまい，行動
☐ reward 　　　　動 ほうびを与える
☐ punish 　　　　動 罰する

8

本冊

④音読で速く読む訓練をしよう！

「速読トレーニング」を使って，左から右へと英文を読む訓練をする。まず，英語→日本語，英語→日本語，というふうに "同時通訳風" の音読で，速度を上げていく。さらに日本語が必要なくなった段階で，英語のみを音読し，意味を理解する訓練をする。何度も繰り返すことが重要。

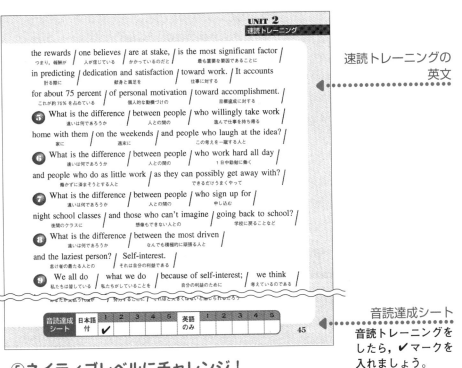

速読トレーニングの英文

音読達成シート
音読トレーニングをしたら，✔マークを入れましょう。

⑤ネイティブレベルにチャレンジ！

巻末の白文の問題英文を音読し，それと同時に明快に意味を把握することに何度もチャレンジする！ この段階で100パーセント英文が理解できることが本書の長文学習のゴールであり，こまではすべてプロセスである。100パーセント英文がわかるようになるまで，ここまでのプロセスでつまずいた所まで戻ってしっかりと学習を続ける。

●以上，1つの長文をきちんと勉強してマスターするということは，皆さんが思っているよりも，ずっとずっと大変なことです。答えが合っていたとか，主語・述語がわかるとか，そのようなことを安易にゴールに設定してはなりません。常に英文の内容を音読する速度で，100パーセント完全に理解できることをゴールに学習を進めれば，皆さんの読解力は確実にアップします。1つの英文をマスターする過程では，その英文を数十回繰り返して読むことが言語の学習では絶対に必要です。

私は**音読**をすすめます。

　日本人の英語学習者は諸外国の学習者と比較して，しばしば英語の運用能力が劣っていると言われます。理由はいろいろと考えられますが，その１つは，言語学習の基本である音読訓練を軽視しているためではないかと思います。特に大学受験の英語学習は「受験英語」という言葉で「実用英語」と分けて語られることが多く，特別な理屈の習得に終始するようなケースも多々見受けられます。

　しかし，どんな大学受験の問題を解く際にも，「英語を速く正確にきちんと読む」という「普通の英語力」が一番大切なのは言うまでもありません。

　英文読解力の基礎を築くための最高の訓練は「英文の音読」です。音読は文法や語彙の習得など，あらゆる言語能力の習得に威力を発揮しますが，特に英文読解力の育成において重要です。

英文読解の学習において音読が重要な理由

◎音読で脳が活性化する。

　東北大学の川島隆太教授によるブレイン・イメージングの最新研究により，外国語を音読した際には，前頭前野を中心とする脳の知的活動をつかさどる領域が最高度に活性化するということが発見されました。

◎左から右へと考える習慣がつく。

　全文和訳の作成を偏重するあまり，英語を日本語に「訳すこと」が「読むこと」であると勘違いしている人が多いのは残念な傾向です。日本語と英語は語順が逆ですから，きちんとした日本語に訳しながら読もうとすると，後ろから戻らざるを得ません。しかし，本来言語はその順番通りに読むものです。英語の後置修飾は，「後ろで説明」と考えます。音読をしながら後ろから戻ることはできないので，誤った右から左への流れを矯正することができます。

◎直読直解を可能にする。

　もちろんネイティブ・スピーカーは英語を日本語に訳しながら読むことはありません。そもそも外国語の習得とは，少しでもネイティブ・スピーカーの理解に近づくことですから，私たちも英語を読んで直接意味を頭に浮かべる練習をする必要があります。英語だけの音読をしながら日本語に訳すことはできませんから，英語を読みながら理解するということは，ネイティブ・スピーカーと同じプロセスで英語を読むということになります。

◎動作記憶と言語感覚が身につく。

　外国語の基礎能力の習得は，スポーツや楽器の演奏と大変似ています。これらにおいても外国語の習得においても，理屈の習得は大変重要ですが，それだけでは野球選手にもピアニストにもなれませんよね。「反復練習」こそが真の実力者を作ります。私の尊敬する大師匠でもあり，同時通訳の神様と呼ばれる國弘正雄先生は，「只管朗読（しかんろうどく）」という言葉で，何回も音読を繰り返し，言葉の理屈を体に刷り込むことの重要性を長い間唱えてこられました。この方法による学習が，外交や教育の分野の第一線で活躍する多くの英語の達人を生み出していることが，この学習法の効果を示す何よりの証明となるでしょう。

　「受験英語」と「実用英語」には，実際には何の区別もありません。センター試験や東大の入試をはじめとするほとんどの大学入試は，リスニングの導入からもわかるとおり，紛れもない実用英語の試験です。
　この本を手にした皆さんは，努力を軽視した安易な方法論の誘惑に負けることなく，将来も役に立つ英語力の習得を目指し，音読学習に励んでくださいね。

センスグループの分け方

　スラッシュなどで英文を区切る**センスグループの分け方**には，明確なルールがあるわけではありませんが，基本的には**2〜5語ほどの「意味の固まり」でリズムよく分けて**いきます。大切なのは，「切る」という作業が目標になってしまわないことです。皆さんの目標は「読んでわかる」ことであり，切り方ばかりに集中するあまり，読むのが遅くなってしまっては本末転倒です。最初はおおざっぱに切り分けてどんどん読んでいき，徐々に文法を意識した正確な切り方を覚えていきましょう。ここでは，センスグループを切り分ける際の**5つの大切なルール**を学習します。**例文を音読**しながら，**2〜5語のリズムを体得**してください。

SVOCの要素で切る

　S, V, O, C は文の**最も基本的な要素**なので，これらはセンスグループを切り分ける際にも非常に重要なヒントとなります。1つの要素が4語や5語のような大きなものになる場合は，それを1つのセンスグループとするとよいでしょう。

He told me　　　/　　a very interesting story.
S　V　O　　/　　　　　　O
彼は私に語った　/　　とても興味深い話を

Mr. Thompson found　　/　　an incredibly cheap restaurant.
　　　　S　　　　V　　/　　　　　　　　O
トンプソン氏は見つけた　　　/　　とんでもなく安いレストランを

文頭の副詞句の後ろで切る

　文頭に副詞句や副詞節が置かれる場合は，それらの**副詞句や副詞節と主語の間では必ず切って**読み進みましょう。文頭で副詞句の働きをするものとしては**前置詞句**や**分詞構文**などが考えられます。

In case of emergency,　/　you should stay calm.
　　　前置詞句　　　　/　　S　　　V　　C
緊急事態には　　　　/　　　平静を保つべきだ。

Seeing my face,　　/　　she kindly smiled.
　　分詞構文　　　/　　S　　　　V
私の顔を見て　　　/　　　彼女は優しく微笑んだ。

主語の直後に長い修飾部分が続く場合は，その**主部と述語動詞を切り分けて読**むことが重要です。通常**一拍おいて読まれ**，少々強い切れ目（**//**）となります。

The boy / singing a song / under the tree // is my brother.
主語 ＋分詞 ＋副詞句 // 述部
少年は / 歌を歌っている / 木の下で // 私の弟だ。

The products / that they produced // had many defects.
主語 ＋関係代名詞節 // 述部
製品は / 彼らが生産した // 多くの欠陥があった。

前置詞や接続詞の前で切る

前置詞や接続詞は直後に続く要素と結びついて固まりを作るため，多くの場合**その直前で切って読み**ます。前置詞とその目的語の間で切ることはまずありません。

He stayed / in the house / during the afternoon.
S V / 前置詞句 / 前置詞句
彼はとどまった / 家の中に / 午後の間は

I like him, / although everybody hates him.
主節 / 接続詞＋ S V（副詞節）
私は彼が好きだ / 皆は彼を嫌っているけれども

カンマやセミコロンなどがある箇所で切る

，（カンマ）は日本語の読点と似ていて，やはり**一拍おいて読む箇所**を示しています。当然カンマのある箇所では切って読んでいきます。—（ダッシュ）や；（セミコロン）などのマークの箇所でも切って読んでいきます。

He was born / in Beijing, / the capital of China.
主文 / 前置詞＋名詞＋カンマ / 同格説明
彼は生まれた / 北京で / 中国の首都の

I took the medicine; / otherwise / I would have died.
S VO ＋セミコロン 副詞 / S V
私は薬を飲んだ / さもなければ / 私は死んでいただろう。

英文精読記号システム

　実際に英文読解の問題を解く前に，文の中で，どのようなものがどのような品詞の働きをするのかを知っておくと大変便利です。

　このシリーズでは，名詞の働きをするものは【　】，形容詞や同格の働きをするものは《　》，修飾・説明される名詞は□に囲まれています。副詞の働きをするものは（　）という記号を使って，英文の隅々まで疑問が残らないように学習できるシステムになっています。

　英文読解の学習を進めながら，この一覧を常に参照し，少しずつ英文の仕組みを覚えていくとよいでしょう。

　また，この一覧の英文を定期的に音読し，英文の構造把握が即座にできるようになる訓練をするのもよいでしょう。

　たったこれだけの記号を本書の英文と共に使いこなせるようになるだけで，基本的な英文の構造はしっかりと把握できるようになるはずです。

● 名詞の働きをするもの

◯ 動名詞

I like 【 watching baseball games 】.
私は【 野球を見ること 】が好きだ。

I am looking forward to 【 hearing from him 】.
私は【 彼から便りがあること 】を楽しみにしている。

◯ 不定詞の名詞的用法

【 To see 】 is 【 to believe 】.
【 見ること 】は【 信じること 】である。

It is hard 【 to master a foreign language 】.
【 外国語を習得すること 】は困難である。

◯ 疑問詞＋不定詞

She taught me 【 how to operate the machine 】.
彼女は私に【 その機械をどうやって操作するのか 】教えてくれた。

I don't know 【 what to do next 】.
私は【 次に何をすべきか 】わからない。

▢ that 節「SがVするということ」

I think 【 that he is right 】.
私は【彼は正しい】と思う。

It is true 【 that he went to Hawaii 】.
【彼がハワイに行ったということ】は本当だ。

▢ if 節「SがVするかどうか」

I don't know 【 if Cathy will come 】.
私は【キャシーが来るかどうか】わからない。

The weather forecast tells us 【 if it will rain or not 】.
天気予報は【雨が降るかどうか】私たちに教えてくれる。

▢ 疑問詞節

Do you know 【 where he lives 】?
あなたは【彼がどこに住んでいるか】知っていますか。

▢ 関係代名詞の what 節

【 What impressed me most in Hawaii 】 was the beautiful sea.
【ハワイで私を最も感動させたもの】は美しい海だった。

【 What he said 】 is true.
【彼が言ったこと】は本当だ。

● 形容詞の働きをするもの

▢ 前置詞＋名詞

Look at the girl 《 in a white dress 》.
《白い服を着た》女の子を見てごらん。

The price 《 of this refrigerator 》 is too high.
《この冷蔵庫の》価格は高すぎる。

⬭ 不定詞の形容詞的用法

I have many friends 《 to help me 》.
私は 《 私を助けてくれる 》たくさんの友人 がいる。

Will you please give me something cold 《 to drink 》?
《 飲むための 》何か冷たいもの をくださいますか。

⬭ 現在分詞

Look at the building 《 standing on that hill 》.
《 あの丘の上に建っている 》建物 を見なさい。

Jim was irritated at the boys 《 making a loud noise 》.
ジムは 《 大きな音をたてている 》少年たち にイライラした。

⬭ 過去分詞

The language 《 spoken in New Zealand 》 is English.
《 ニュージーランドで話されている 》言語 は英語だ。

The ambulance carried a child 《 hit by a truck 》.
救急車は 《 トラックにはねられた 》子ども を運んだ。

⬭ 関係代名詞節

He is the boy 《 who broke the window 》.
彼が 《 窓をこわした 》少年 だ。

The book 《 which I bought yesterday 》 is interesting.
《 私が昨日買った 》本 はおもしろい。

Look at the house 《 whose roof is red 》.
《 屋根が赤い 》家 を見なさい。

⬭ 関係副詞節

I don't know the time 《 when the train will leave 》.
私は 《 電車が出発する 》時刻 を知らない。

Los Angeles is the city 《 where I want to live 》.
ロサンゼルスは 《 私が住みたい 》町 だ。

同格の働きをするもの

同格の that 節

There is |some hope| 《 that he will recover 》.
《 彼が回復するという 》|いくぶんの希望| がある。

He concealed |the fact| 《 that he had divorced his wife 》.
彼は 《 彼が妻と離婚していたという 》|事実| を隠した。

カンマによる同格補足

We visited |Beijing| , 《 the capital of China 》.
私たちは 《 中国の首都である 》|北京| を訪れた。

I met |David| , 《 an old friend of mine 》 yesterday.
私は昨日，《 私の旧友の 》|デイビッド| に会った。

副詞の働きをするもの

前置詞＋名詞

The sun rises (in the east).
太陽は (東から) 昇る。

He went to Moscow (on business).
彼は (仕事で) モスクワへ行った。

分詞構文（Ving）

(Hearing the news), she turned pale.
(そのニュースを聞いて)，彼女は青ざめた。

(Having lived in Tokyo), I know the city well.
(東京に住んだことがあるので)，東京のことはよくわかっている。

受動分詞構文（Vpp）

(Seen from the sky), the islands look really beautiful.
(空から見ると)，島々は本当に美しく見える。

17

(Compared with his brother), he is not so humorus.
（弟と比較された場合），彼はあまりおもしろくない。

従属接続詞＋S V

(Although he is against me), I won't change my plan.
（彼は私に反対だけれども），私は計画を変えない。

I went to bed early (because I was tired).
（私は疲れていたので）早く寝た。

不定詞の副詞的用法

I am very glad (to hear the news).
私は（その知らせを聞いて）とてもうれしい。

(To meet my father), I went to the city.
（父に会うために），私はその町へ行った。

18

●本書で使用している記号について

　このシリーズでは皆さんが効率よく学習を進められるように，統一した記号を使用しています。次の記号を前もって理解しておくことで,スムーズな学習ができます。

主文[主節]の構造：　　S＝主語　　V＝動詞　　O＝目的語　　C＝補語
主文[主節]以外の構造：S′＝主語　　V′＝動詞　　O′＝目的語　　C′＝補語
Vp＝動詞の過去形　　　Vpp＝動詞の過去分詞形　　　to V＝to不定詞
Ving＝現在分詞または動名詞
～＝名詞　　　　　　　.../…＝形容詞または副詞　　...../……＝その他の要素
①, ②, ③……＝並列の要素　　　　A, B＝構文などで対になる要素
❶：パラグラフ番号　　( )：省略可能　　　　　　　[ ]:言い換え可能
【 】→ 名詞の働きをするもの（名詞，名詞句，名詞節）
〈 〉→ 形容詞の働きをするもの（形容詞，形容詞句，形容詞節）
( )→ 副詞の働きをするもの（副詞，副詞句，副詞節）
□〈 〉→形容詞の働きをするものが，後ろから名詞を修飾
名＝名詞　　動＝動詞　　形＝形容詞　　副＝副詞　　前＝前置詞
代＝代名詞　　接＝接続詞　　助＝助動詞　　熟＝熟語　　構＝構文

＊名詞に後続する同格節［句］は本来名詞の働きをするものですが，本書では英文を理解しやすくするために，あえて〈 〉記号にしてあります。
＊精読解説の〈 〉や( )記号の色や太さは，英文と和文の対応を示しています。
＊従節の構造の記号は原則としてダッシュ1つで統一していますが，従節が複数あり紛らわしい場合は，理解しやすくするために，部分的にダッシュを2つつけている箇所もあります。

●英語の文型について

　本書では，各英文の主節，主文にはSVOC，それ以外にはS′V′O′C′の文型記号が付されています。学習にこれらの記号を活かすため，あらかじめ英語の5文型を理解しておくと便利です。

第1文型	主 語 ＋ 自動詞（＋修飾部分）
	S　　　　V

第2文型	主 語 ＋ be動詞類 ＋ 補 語 （＋修飾部分）
	S　　　　V　　　　C

第3文型	主 語 ＋ 他動詞 ＋ 目的語（＋修飾部分）
	S　　　V　　　O

第4文型	主 語 ＋ 他動詞 ＋ 目的語 ＋ 目的語
	S　　　V　　　O　　　　O

第5文型	主 語 ＋ 他動詞 ＋ 目的語 ＋ 補 語
	S　　　V　　　O　　　　C

＊S＝名詞, 代名詞　V＝動詞　O＝名詞, 代名詞　C＝名詞, 代名詞, 形容詞

解答と解説

問題：別冊 p.2〜4

■ 解答 ■

1	②	2	③	3	①	4	④

5	(a)	我々の水問題が起こる1つの理由は，我々住民に供給できるほど十分な自然の水がない場所に，我々住民を収容するために大都市を建設することである。
	(b)	都市での生活を豪華なものにしている水の1滴1滴は，すでに過剰取水されているコロラド川から引かれているのである。

6	②	

[解説]

1 この it は代名詞の it。直前に出てくるもう1つの it も，やはり local supply を指している。it は「十分」「不十分」と言っていることから，「水の量」のことを言っているのだとわかる。

◆選択肢の和訳
- ×① 模範例
- ○② ロサンゼルスという市が利用できる天然水の地域的な供給
- ×③ ロサンゼルスという市
- ×④ 南カリフォルニアが 1,400 万人を抱えるほどに膨れあがったという事実

2 one や ones は同じ名詞の反復を避けるのに使われる代名詞。多くの場合，直前の名詞を指す。ここでは nearby states と読み換えるのが文脈上最も適当。

◆選択肢の和訳
- ×① 河川
- ×② 導水管
- ○③ 州
- ×④ 都市

3 offender は「罪を犯す者」という意味で，ここでの「罪」とは，「貴重な水資源の浪費」のこと。単語の意味だけでなく，文脈から考えることも重要。

◆選択肢の和訳
- ○① 貴重な水を浪費しているもの
- ×② 貴重な水を大切に使っているもの
- ×③ 貴重な水を汚染していると疑われているもの
- ×④ 貴重な水を浪費しているので，他人に怒りを感じているもの

4 swallow はもともと「飲み込む」という意味。この文は水資源の浪費の話なので，その文脈に合わせて考えるとよい。

◆選択肢の和訳
- ×① 濾過する　　×② 蓄える　　×③ 飛び散らす　　○④ 消費する

5 文の構造などに注意して和訳する。
(a) この文の主語は One reason，述語動詞は is，that S V は「S が V すること」という意味の名詞節を作り，補語になっている。また，to hold ..... の部分は「目的」を表す不定詞の副詞的用法。where は関係副詞で，文末までが先行詞 places を修飾している。to supply は「供給できる」という意味で，直前の名詞を修飾している形容詞的用法の不定詞。
(b) 主語の every drop と述語動詞の is drawn の関係が採点者にわかるように和訳することが重要。

6 本文の内容との一致，不一致の理由は次のとおり。
- ×① 第1パラグラフの中ほどに，hopelessly inadequate「絶望的に不足している」と書いてある。
- ○② 第1パラグラフの後半に，同内容の記述がある。
- ×③ 第2パラグラフの後半で，筆者はこの行為を foolish「ばかげていた」と書いている。
- ×④ 第3パラグラフの初めの文で，「ネバダ州はもっとひどい」とあり，そのネバダ州の代表例として，ラスベガスのひどい状況が取り上げられている。

◆選択肢の和訳
- ×① 今日でさえ，ロサンゼルスが地域的に利用できる天然水の量はその都市の必要を満たすのに十分である。
- ○② ロサンゼルスはカナダの河川を新しい水源として見なし始めてさえいる。
- ×③ カリフォルニアの農業が乳牛のための牧草地を灌漑するために莫大な量の水を使うのも十分に正当なことである。
- ×④ ロサンゼルスやサンフランシスコのようなカリフォルニア州の都市は，水を無駄にしているという点でラスベガスよりひどい。

徹底精読

PARAGRAPH 1

◎トピック

都市の発達による水不足問題の発生。★テーマ★
例：ロサンゼルスにおける水不足。

① One reason 《 for our water problems 》 is 【 that we build great cities （ to
　　S　　　　　　　　　　　　　　　　　　V　C　　接続詞　S'　V'　　O'

hold our people （ in places 〈 where there is not enough natural water 《 to
　　　　　　　　　　　　　　　　　　　関係副詞　　　　V''　　　　　S''

supply them 》〉 ） 】.

《我々の水問題が起こる》 1つの理由 は，【（（〈《我々住民に供給できる》ほど 十分な自然
の水 がない〉 場所 に）我々住民を収容するために）大都市を建設すること】である。

> ● that S V は「S が V すること」という意味の名詞節を作る。
> ● to hold ..... の部分は「目的」を表す不定詞の副詞的用法。
> ● where は関係副詞で，文末までが先行詞 places を修飾している。
> ● to supply は形容詞的用法の不定詞。

② Southern California is the textbook example.
　　　　　S　　　　　　　V　　　　　C

南カリフォルニアはその模範例である。

③ There is a certain amount of natural water 《 that is locally available （ for
　　　　V　　　　　　　　S　　　　　　　　　　関係代名詞　V'　　　C'

the city 〈 of Los Angeles 〉》》 — that's why the city first grew （ there ）.
　　　　　　　　　　　　　　　　　　　　　　　　　　S'　　　V'

《（〈ロサンゼルスという〉 市 が）地域的に利用することができる》 ある程度の量の自然の
水 はある—そのような理由で，その市が（そこで）最初に発達したのである。

> ● that は関係代名詞の主格。
> ● why の直前には，that's the reason why ..... のように，the reason が省略さ
> れているとも考えることができる。

22

④ That local supply is not small.
　　 S　　　　 V　　 C

その地域の水の供給は少ないものではない。

- ● That は，「そのような」という意味の指示形容詞。

⑤ It is about enough (to meet ⎡the needs⎤ ⟨ of a million people or so ⟩)̶ but
　 S V　　 C

　　　　　　　　　　　　　　　　　接続詞
　 it is hopelessly inadequate (now that the area has exploded (to contain
　 S V　　　 C　　　　　　　　　　　　　　　　　 S′　　　 V′

　 fourteen million people)).

(⟨100万人かそこらの⟩ ⎡必要⎤ を満たす) くらいはほとんど十分あるのである̶しかし，（今
やその地域は膨れあがって（1,400万人を抱えるほどに）なっているので），自然の水の供
給は絶望的に不足しているのである。

- ● 文頭の It は代名詞で，前文の That local supply を指している。
- ● to contain ..... は「そして V する」という意味の，「結果」を表す副詞的用法の不
定詞。

● **語 句**

☐ reason	名 理由	☐ grow	動 成長する，発達する
☐ problem	名 問題	☐ local	形 その土地の，地域的な
☐ hold	動 持つ，収容する	☐ supply	名 供給
☐ supply	動 供給する	☐ about	副 ほとんど
☐ textbook	名 （形容詞的に）模範	☐ meet	動 （要求などを）満たす
	的な	☐ million	形 100万の
☐ example	名 例	☐ hopelessly	副 絶望的に
☐ a certain	熟 ある程度の量の〜	☐ inadequate	形 不十分な
amount of 〜		☐ now that	接 今やもう S は V する
☐ locally	副 局地的に，地域的に	S V	ので
☐ available	形 利用できる	☐ explode	動 爆発的に増加する，膨
☐ that is why	構 そのような理由で S		れあがる
S V	は V する	☐ contain	動 含む，抱える

23

⑥ That is why Los Angeles has already reached out its aqueducts **(** to suck
　　S　V　C　　　　　　S′　　　　　　　　　V′　　　　　　　　　O′

(into itself **)** | almost everything | **《** that **)** flows **(** in its own state and nearby
　　　　　　　　　　　　　　　　　　　　　　　　　　関係代名詞
　　　　　　　　　　　　　　　　　　　　　　　　　V′

ones **》》》**, and now has even begun to cast a thirsty eye **(** at | the vast
　　　　　　　　　　　　V′　　　　　　　　O′

Canadian rivers | **〈** two thousand miles away **〉**).

そのような理由でロサンゼルスは（《《（その州自体と近隣の州を）流れる》| ほとんどすべて
の水 | を（その中に）取り込むために）すでに導水管を伸ばしているのであり，そして今で
は，（〈2,000 マイル離れた〉| 広大なカナダの河川 | に）渇望の目を向け始めてさえいるのだ。

> ● Los Angeles を主語として，has already reached out ..... と has even
> 　 begun ..... という 2 つの動詞句が and によって並べられている。
> ● that は関係代名詞の主格用法。

PARAGRAPH ②

◎トピック

実際には都市よりも農地での水の使用量のほうがはるかに多い。

⑦ Everybody criticizes Los Angeles **(** sharply **)**, but **(** in this case **)** it and the
　　S　　　　V　　　　O　　　　　　　　　　　　　　　　　　　　　　　S

other California cities are **(** by no means **)** | the only offenders | **《** in that
　　　　　　　　　　　　　V　　　　　　　　　　　　　　C

state **》**.

だれもがロサンゼルスを（ひどく）批判するが，（この場合においては）ロサンゼルスや他
のカリフォルニア州の都市だけが，《その州の》| 唯一の悪者 | というわけでは（決してない）。

> ● 等位接続詞 but が 2 つの文を並べている。
> ● it は Los Angeles を指している。

24

⑧ California's farmers are actually worse.
　　　　　　　　S　　　V　　　C

カリフォルニア州の農業経営者は実際もっとひどい。

● worse は bad の比較級で，直後に than Los Angeles and the other California cities が省略されていると考えるとよい。

⑨ **（** In all **）**, California's agriculture uses about 85% **《** of the state's water **》**.
　　　　　　　　　　　S　　　　　　　V　　　O

（全体で**）**，カリフォルニア州の農業は**《**州の水の**》** 約 85% を使用している。

●語句

- reach out 熟 伸ばす
- aqueduct 名 導水管
- suck 動 吸い込む，取り込む
- flow 動 流れる
- own 形 自分自身の，それ自体の
- state 名 州
- nearby 形 近くの，近隣の
- cast 動 投げる，向ける
- thirsty 形 のどの渇いた，渇望する
- vast 形 広大な
- criticize 動 批判する
- sharply 副 鋭く，ひどく
- by no means ..... 熟 決して……でない
- offender 名 違反者
- farmer 名 農業[農場]経営者
- actually 副 実際に
- worse 形 より悪い 〈bad/ill-worse-worst〉
- in all 熟 全体で
- agriculture 名 農業

⑩ That might seem fair enough — farmers must grow crops （ so that people can
  S   V   C   S   V   O   接続詞   S′

eat ）, （ after all ） — but a huge amount 〈 of that precious water 〉 is
V′   S

wasted （ on such foolish acts 〈 as 〚 irrigating pastureland 〈 for dairy
V

cattle 〉〛 ））; it is an astonishing fact 〚 that 〚 watering grass 〈 for pasture 〉〛
                   S V   C   動名詞   接続詞   S′

swallows more water （ every year ） （ than the cities 〈 of Los Angeles and
V′   O′

San Francisco 〉〈 combined 〉）〛.

それは十分に正当なことに思えるかもしれない――（結局）（人々が食べていけるように），農業経営者は作物を育てなければならないからである――しかし，〈その貴重な水の〉かなりの量は，（《〚〈乳牛のための〉牧草地を灌漑する〛といったような》愚かな行為のために）浪費されているのである。〚〚《牧草のための》草に水をやるということ〛が，（毎年）（《ロサンゼルスとサンフランシスコの》〈2つの〉都市よりも）多くの水を消費するということ〛は驚くべき1つの事実なのである。

- ● so that は「ために」「ように」の意味で目的を表す接続詞で，副詞節を作る。
- ● it は形式主語で，that から文末までを指している。また watering は動名詞で，that 節内の主語となっている。
- ● combined という過去分詞は，the cities という名詞を修飾する形容詞のような働きをしている。ロサンゼルス・サンフランシスコ両方の都市の消費量を「合わせて」ということ。

PARAGRAPH 3

◎トピック

近隣の州における水の浪費。
例：ラスベガスにおける水の大量消費。

⑪ (Still), these California cities are bad enough, (with their lawns, fountains
　　　　　　　　　S　　　　　　　V　　　C

and jacuzzis).

(それでもなお)，(芝生，噴水，ジャクージがあって) これらカリフォルニア州の都市は十分にひどい状況だ。

● with は「所持」を表すこともでき，「～がある」「～があって」のような意味になる。

⑫ Some 《 of the cities 〈 in the neighboring states, 《 Arizona and
　　S

Nevada 》》, are even worse.
　　　　　　V　 C

《《《アリゾナ州やネバダ州といった》近隣の州 の》都市 の》いくつか は，さらにひどい。

● この文の主語は Some，述語動詞は are。the neighboring states と Arizona and Nevada は同格の関係。A, B の形で「A すなわち B」という同格の関係を表すことができる。

語句

☐ fair	形 公平な，正当な	☐ astonishing	形 びっくりさせるような
☐ crop	名 作物	☐ water	動 水をまく
☐ so that S can V	構 S が V できるように(目的)	☐ pasture	名 牧草
		☐ swallow	動 飲み込む
☐ precious	形 貴重な	☐ combine	動 結合させる，合併する
☐ such A as B	熟 B のような A	☐ lawn	名 芝生
☐ pastureland	名 牧草地	☐ fountain	名 噴水
☐ dairy cattle	名 乳牛	☐ neighboring	形 近所の，近隣の

⑬ These bone-dry states have built large cities, 《 where there used to be
  S   V   O   関係副詞   V

nothing but cactus 》.
   S

これらのからからに乾いた州は大都市を建設してしまったのだ，《かつてはサボテンしかな
かった場所に》。

> ● , where は前文を補足説明している関係副詞の非制限用法。
> ● used to は助動詞で，「過去の状態」を表す。

⑭ Las Vegas , 《 which is one 〈 of these large cities 〉 and has no apparent
  S   関係代名詞 V′ C′   V′   O′

purpose 〈 for existence 〉《 except 【 to provide a place for gambling 】 》 》,

is studded (with acre-sized pools, fountains, decorative ponds, sprinkled
 V

lawns and more than twenty irrigated golf courses); every drop 《 of the
                       S

        関係代名詞
water 〈 that makes life 《 in the city 》 luxurious 》 》 is drawn (from the
     V′ O′   C′   V

already overexploited Colorado River).

ラスベガス は，《《これらの大都市の》 1つ であり，《【ギャンブルをするための場所を提
供すること】以外の》〈存在の〉 明らかな意義 を持っていないのだが》，（1 エーカーほどの
大きさのプール，噴水，装飾的な池，水をまかれた芝生，そして 20 以上もの灌漑されたゴ
ルフコースが）散在しているのである。《〈《都市での》 生活 を豪華なものにしている〉 水
の》 1滴1滴 は，（すでに過剰取水されているコロラド川から）引かれているのである。

> ● この文の主語は Las Vegas，述語動詞は is studded。主語の直後の which は主
> 格の関係代名詞で，is, has という2つの動詞がこれに続いている。
> ● 前置詞の直後には，普通，不定詞ではなく動名詞を置くが，except は例外的に不
> 定詞や原形不定詞を置くこともできる。

- 後半の文の主語は every drop, 述語動詞は is drawn。主語の直後の that は主格の関係代名詞。
- make は第 5 文型の用法で使われている。make O C の形で「O を C にする」という意味になる。

語句

☐ bone-dry	形 からからに乾いた	☐ acre	名 エーカー(面積単位：約4,047m²)
☐ used to V	助 (かつては)V したものだ	☐ decorative	形 装飾的な
☐ nothing but ~	熟 ~だけ	☐ pond	名 池
☐ cactus	名 サボテン	☐ sprinkle	動 散水する, 散在[点在]させる
☐ apparent	形 明らかな		
☐ purpose	名 目的, 意義	☐ irrigate	動 灌漑する
☐ existence	名 存在	☐ drop	名 しずく
☐ except	前 ~以外は(の)	☐ make O C	動 O を C にする
☐ provide	動 提供する	☐ luxurious	形 豪華な
☐ gamble	動 賭け事をする	☐ draw	動 引く
☐ be studded with ~	熟 ~が散在[点在]する	〈draw-drew-drawn〉	
		☐ overexploit	動 過剰利用する

速読トレーニング

① One reason / for our water problems / is that we build great cities /
1つの理由は / 我々の水問題が起こる / 我々が大都市を建設することである /

to hold our people / in places / where there is not enough natural water /
我々住民を収容するために / 場所に / 十分な自然の水がない /

to supply them. / Southern California / is the textbook example.
我々住民に供給できるほど / 南カリフォルニアは / その模範例である

There is a certain amount / of natural water / that is locally available /
ある程度の量がある / 自然の水の / 地域的に利用することができる /

for the city of Los Angeles / — that's why / the city first grew / there.
ロサンゼルスという市が / そのような理由で / その都市が最初に発達したのである / そこで

That local supply / is not small. / It is about enough / to meet the needs /
その地域の水の供給は / 少ないものではない / ほとんど十分あるのだ / 必要を満たすくらいの /

of a million people or so / — but / it is hopelessly inadequate /
100万人かそこらの / しかし / 絶望的に不足している /

now that the area has exploded / to contain *fourteen* million people. /
今やその地域は膨れあがって / 1,400万人を抱えるほどになっている /

That is why / Los Angeles has already / reached out its aqueducts /
そのような理由で / ロサンゼルスはすでに / 導水管を伸ばしているのだ /

to suck into itself / almost everything / that flows / in its own state /
その中に取り込むために / ほとんどすべての水を / 流れる / その州と /

and nearby ones, / and now / has even begun / to cast a thirsty eye /
近隣の州を / そして今では, / 始めてさえいるのだ / 渇望の目を向けることを /

at the vast Canadian rivers / two thousand miles away.
広大なカナダの河川に / 2,000マイル離れた

② Everybody criticizes / Los Angeles sharply, / but / in this case /
だれもが批判する / ロサンゼルスをひどく / しかし / この場合においては /

it / and the other California cities / are by no means /
ロサンゼルスや / 他のカリフォルニア州の都市は / 決してない /

the only offenders / in that state. / California's farmers / are actually worse.
唯一の悪者というわけでは / その州において / カリフォルニア州の農業経営者は / 実際もっとひどい

In all, / California's agriculture / uses about 85% / of the state's water.
全体で / カリフォルニア州の農業は / 約85%を使用している / 州の水の

That might seem / fair enough / — farmers must grow crops
それは思えるかもしれない / 十分に正当なことに / 農業経営者は作物を育てなければならないからだ

so that people can eat, / after all / — but / a huge amount /
人々が食べていけるように / 結局 / しかし / かなりの量は /

of that precious water / is wasted / on such foolish acts /
その貴重な水の / 浪費されているのである / 愚かな行為のために /

　●最低10回は音読しましょう。

as irrigating pastureland / for dairy cattle; / it is an astonishing fact /
牧草地を灌漑するといったような / 乳牛のための / 驚くべき1つの事実である

that watering grass / for pasture / swallows more water / every year /
草に水をやるということが / 牧草のための / 多くの水を消費するということは / 毎年

than the cities / of Los Angeles and San Francisco combined. /
2つの都市よりも / ロサンゼルスとサンフランシスコの

❸ Still, / these California cities / are bad enough, / with their lawns, /
それでもなお / これらカリフォルニア州の都市は / 十分にひどい状況だ / 芝生

fountains / and jacuzzis. / Some of the cities / in the neighboring states, /
噴水 / そしてジャクージがあって / 都市のいくつかは / 近隣の州の

Arizona and Nevada, / are even worse. / These bone-dry states /
アリゾナ州やネバダ州といった / さらにひどい / これらのからからに乾いた州は

have built large cities, / where there used to be nothing / but cactus. /
大都市を建設してしまった / かつては何もなかった場所に / サボテン以外は

Las Vegas, / which is one of these large cities /
ラスベガスは / これらの大都市の1つであり

and has no apparent purpose / for existence / except to provide a place /
明らかな意義を持っていないのだが / 存在の / 場所を提供すること以外の

for gambling, / is studded / with acre-sized pools, / fountains, /
ギャンブルをするための / 散在しているのである / 1エーカーほどの大きさのプール / 噴水

decorative ponds, / sprinkled lawns /
装飾的な池 / 水をまかれた芝生

and more than twenty irrigated golf courses; / every drop of the water /
そして20以上もの灌漑されたゴルフコースが / 水の1滴1滴は

that makes life in the city / luxurious / is drawn /
都市での生活をする / 豪華なものに / 引かれているのである

from the already overexploited Colorado River.
すでに過剰取水されているコロラド川から

音読達成シート	日本語付	1	2	3	4	5	英語のみ	1	2	3	4	5

UNIT 2

解答と解説

■ 解答 ■

1	②			2	③	
3	(3) ③	(4) ④		(5) ①		
4	イ ②	ロ ②		ハ ④		
	ニ ①	ホ ①				

5	(your) love, attention, and treats
6	what we do because of self-interest
7	a reward (awaiting them)
8	もしもあなたがあまりに無精なために犬に対して一貫した態度がとれないならば

[解説]

1 下線部の直後には，犬に対して様々な対応をする，いくつかの飼い主の例が挙げられている。また，第1パラグラフでも，サラは犬ではなく飼い主に問題があると指摘しており，話題の中心は「飼い主」だとわかる。このことから，all kinds の直後には of owners が省略されているのだろうとわかる。kind と type は共に「種類」という意味で同義語。

2 come across には a.「理解される，印象を与える」，b.「ふと出くわす，見つける」，c.「横切ってくる」という様々な意味がある。ここでは選択肢①と④は b の意味で，選択肢②は c の意味で使ってある。本文と③の選択肢は共に a の意味で使われており，正解は③となる。b の意味は頻出なので，よく覚えておきたい。

◆選択肢の和訳
　×① 彼は紙に描かれた人の絵を見つけた。
　×② 彼は湾を横切るとき気分が悪くなった。
　○③ 彼は実際に会ってみると写真よりもいい印象を与えた。
　×④ 旅行中，彼は面白い人に出会った。

3 それぞれの文の構造や前後の文の意味などに注意して，適切なものを選ぶ。
(3)　rewards の直後に主格の関係代名詞 which が省略されており，one
　believes が挿入節となっている，文法的にも難解な箇所。be at stake は「か
　かっている」という意味なので，ここでは「人が，かかっているのだと信じ
　ている報酬」という意味。これを最も的確に言い換えたものは③。
　　◆選択肢の和訳
　　(3) 人が，かかっているのだと信じている報酬
　　　×① 失う危険を犯すことができると考えている損害賠償金
　　　×② 払う余裕があると考えている費用
　　　○③ 得ることができると考えている利益
　　　×④ 支払うことができると考えている賃金

(4)　outweigh は「(価値や重要性などで)勝る」という意味の動詞。意味を知
　らない場合でも，out と weigh に分解してみると，weigh「重み」が out「し
　のぐ」となるので，ある程度意味を推測できる。また，文脈からも「仕事の
　長期的利益」と「一時的に怠けることの利益」の関係を考えて選ぶとよい。
　　◆選択肢の和訳
　　(4)(価値や重要性などで) 勝る
　　　×① より快適であること
　　　×② より重いこと
　　　×③ より責任があること
　　　○④ より重要であること

(5)　文構造に注意して意味を正確に把握したい。主語は the cost，述語動詞は
　feel で，feel C「C のように感じられる」という第 2 文型の形で使われてい
　る。as は「それほど」「同じくらい」という意味の副詞。
　　◆選択肢の和訳
　　(5) 努力においてあなたが支払う代償がそれほど大きくないと感じられるだろう
　　　○① 努力の代償をそれほどには感じないだろう
　　　×② 努力の代償が大きすぎると感じることだろう
　　　×③ あなたの努力は代償と同じほどには感じられないだろう
　　　×④ あなたの努力はあなたが感じている代償ではないだろう

4 文の構造や空所の前後の文に注意して適切なものを選ぶ。

イ ここでは「勤勉な人」と「怠惰な人」が対比されているが，「『怠惰な人』は『家に仕事を持ち帰るという考え』をどうとらえるだろうか」と考えて，laugh at ～「笑い飛ばす，一蹴する」というマイナスイメージの選択肢を選べばよい。

ロ get away with ～で「～をうまくやってのける」という意味の重要イディオム。「怠惰な人」を形容している部分の空所なので，その文脈もヒントにしたい。

ハ sign up で「署名して(団体などに)加わる」という意味のイディオム。

ニ ここも「怠惰な人」を形容する部分だが，そのような人々は学校に「戻る」ことを想像もしないはず。go back to ～は「～に戻る」という意味のイディオム。

ホ driven「やる気満々である」という形容詞の対比となっていることから，この反対語の形容詞 lazy「怠惰な」の最上級 laziest を選べばよい。仮にdriven の意味を知らないとしても，ここまでの文脈からプラスイメージで「勤勉な」に近い意味だとわかるはずなので，その反対の意味を持つマイナスイメージの形容詞を選べばよい。

5 that ～は「そのような～」という意味で，主に直前に述べられた内容を受ける場合に使われる表現。「犬が自己利益のために欲するもの」であり，直前に述べられているのは，(your) love, attention, and treats だと考えられる。名詞に相当する部分を指摘する問題なので，名詞部分のみを抜き出す。

6 ;以下の部分が直前のいくぶん抽象的な表現を具体的に言い換えていると考えるとよい。「自分の利益のために物事を行う」ということは，その「自分の利益のための物事」こそが自分にとって最高のものだと考えることである。「自分の利益のための物事」にあたる what we do because of self-interest を直前の部分から抜き出すとよい。

7 この that は関係代名詞の主格の that。設問の「何を受けるか」というのは，「先行詞は何か」ということだと考えられる。先行詞は a reward (awaiting them)。

8 too ... to V は「あまりに…なので V できない」という意味の，「程度」を表す重要表現。be consistent with ～は「～に対して一貫している」という意味。下線部は，if が導く副詞節部分なので，訳例のように，文を完結させずに部分のみ和訳する。

徹底精読

PARAGRAPH ①

◎トピック

犬の訓練において人間のほうに一貫性が欠如していた。

―接続詞 that が省略

① Sara got her start training dogs and (soon) realized 【 she was really
　　S　　　V　　　　O　　　　　　　　　　　　V　　　O　S′　V′

training their owners 】.
　　　　　　O′

サラは犬の調教を始めると（すぐに）【実は飼い主を調教しているということ】に気づいた。

- got と realized が and という接続詞で並べられている。また realized の直後には名詞節を作る接続詞の that が省略されている。
- get one's start Ving は「V することを始める」という意味のイディオム。

② "I would teach people (about 【 reacting (consistently) to 【 what the
　　S　　V　　　　O

dogs did 】 (so that good behavior was rewarded and bad behavior
　　　　　　　　　　　　　　　　S′　　　　　　V′　　　　　　　　　S′

―was が省略

punished) 】).
　V′

「私はいつも，飼い主の皆さんに，（【（（良い行動をとればほうびがもらえ，悪い行動をとったときには罰が与えられるように）【犬がしたこと】に対して（一貫した）反応を示すこと】について）教えていました。

- so that S V は「S が V するように」という意味の目的を表す重要構文。may, will, can という助動詞と共に使われることも多い。
- bad behavior の直後には was という動詞が反復を避けて省略されている。

語句

☐ get one's start Ving	熟 V することを始める	☐ react to ~	動 ~に反応する
☐ train	動 調教する，訓練する	☐ consistently	副 （首尾）一貫して
☐ realize	動 気づく	☐ so that S V	構 S が V するように
☐ owner	名 持ち主	☐ behavior	名 態度，ふるまい，行動
☐ would V	助 いつも V したものだ	☐ reward	動 ほうびを与える
		☐ punish	動 罰する

35

③ And I thought **(to myself)**, it's not the dogs that are being inconsistent
　　S　　V　　　　　　　　　　　S　V　　C　　　　　　　　V′　　　　　C′

(here), it's the people."
　　　　　　S V　　C

そして**《内心では》**，（この点で）一貫していないのは犬ではなく，人間のほうなんだと思っ
ていました」

- it's ～ that ..... は～の部分を強調するために使われる強調構文。強調されるものは
主語・目的語・副詞句。この文では主語が強調されている。文末には that are being
inconsistent が省略されている。
- are being inconsistent は，「一貫性のないふるまいを（一時的に）している」とい
う動作の意味をこめた be 動詞の進行形の形。

PARAGRAPH 2

◎トピック

犬に対して人間が示す，異なった反応。

---

④ Sara sees all kinds.
　　S　　V　　　O

サラはあらゆるタイプの飼い主を見ている。

- kinds の直後には of people が省略されていると考えるとよい。

---

⑤ "You have the gigglers **《** who say, 'Isn't that cute,' **(** when the puppy grabs
　　S　　V　　　O　　　　　　V′　　O′　　　　　　　　　　　S′　　　V′

their socks **(out of their hand))** and then get upset **(** when the puppy
　　O′　　　　　　　　　　　　　　　　　　　　　　　　　　V′　　　　　　　S′

goes for the socks, the shoes, the couch **) 》**.
　V′

「**《（**子犬が（飼い主の手から）靴下にかみついてひったくったとき**）**は『かわいいじゃない』
と笑いながら言っているのに，**（**子犬が靴下や靴やソファーに飛びかかると**）**怒りだすよう
な**》** 人 がいます。

- say という動詞と get という動詞が and という接続詞で並べて使われている。

36

⑥ You have |the couples| 《 where one takes the strict approach and the other
  S   V   O   S′   V′   O′   S′

tries to cover up 《 when the dog does something wrong 》》."
  V′   O′   S′   V′   O′

《一方が厳しく接しようとするのに，もう一方が《犬が何か不始末をしたときには》なかっ
たことにしてしまおうとする》 男女 もいます」

シンプル訳　犬が間違いをしたとき，一方の人間はひどくしかりつけるのに，もう一方
の人間は間違いを見過ごそうとする。

● where は先行詞の the couple を「2 人の人間が関わっている状況」というように，
場所的にとらえて使われている関係副詞。

PARAGRAPH **3**

◎トピック

犬に対して一貫して自己利益を認識させる必要性。

⑦ "【 What dogs want 】," says Sara, "is your love, attention, and treats.
      S   V′ S′ V   C

「【犬が求めているのは】」，とサラは言う，「あなたの愛情であり，思いやりであり，喜びな
のです。

● 関係代名詞 what の節が引用部分の主語になっている。

語句

☐ think to oneself	熟 内心で思う	☐ get upset	熟 怒る，取り乱す
☐ inconsistent	形 (首尾)一貫していない	☐ go for 〜	熟 〜に飛びかかる
☐ here	副 この点で	☐ couch	名 ソファー
☐ kind	名 種類, タイプ	☐ couple	名 1 組の男女
☐ giggler	名 くすくす笑う人	☐ strict	形 厳しい
☐ cute	形 かわいい	☐ cover up	熟 もみ消す
☐ puppy	名 子犬	☐ attention	名 思いやり
☐ grab	動 つかむ，ひったくる	☐ treat	名 喜び

⑧ 〔 If you make it 〔 perfectly 〕 clear and consistent 【 ⟨what⟩it will take 〔 to get
　　　S′　V′　O　　　　　　　　　　　　　C′　　　　　　　関係代名詞

that reaction 〕 〕 〕, your dog will behave 〔 because of self-interest 〕.
　　　　　　　　　　　　　S　　　　V

(【〔そのような反応を得るために〕必要なもの】を《十分に》明らかにし，また(それが)首
尾一貫しているなら)，犬は（自分の利益のために）行儀よくふるまいます。

> ● make の直後の it は形式目的語で，what に続く名詞節を代用している。また，what
> の直後の it は形式主語で，to get ..... という不定詞を代用している。

⑨ But it is 〔 also 〕 a matter 《 of your self-interest 》.
　　　S　V　　　　　　　C

しかしそれは《また》《飼い主自身の利益の》 問題 でもあるのです。

⑩ 〔 〔 If you are 〔 too 〕 lazy 〔 to be consistent with your dog 〕 〕, or 〔 if you
　　　　　S′　V′　　　　C′　　　　　　　　　　　　　　　　　　　　　　　　　　　S′

〔 really 〕 don't care 【 what happens to your socks and shoes 〕 〕 〕, 〔 then 〕
　　　　　　V′　　　　　　　O′

your lack 《 of interest 》 will come across."
　　S　　　　　　　　　　V

(（もしもあなたが（あまり）に無精なために，（犬に対して一貫した態度がとれなかった
り)），(【あなたの靴下や靴がどうなろうと】《まったく》気にかけないなら))，（そのとき
には）あなたには〈関心が〉 ないこと が伝わってしまうでしょう」

> ● if 節と主節の間にはしばしば，「そのとき」「そのような場合」という意味の副詞，
> then が置かれる。

PARAGRAPH **4**

◎トピック

自己利益の認識がやる気を引き起こす主要因となる。

⑪ Researchers find 【 that perceived self-interest, 《 the rewards 《{ one
S   V   O   S′
節の挿入
関係代名詞 which の省略

believes } are at stake 》》, is the most significant factor (in predicting
V′   C′

dedication and satisfaction toward work)】.

【 認識された自己利益 , つまり, 《〈人が, かかっているのだと信じている〉 報酬 》が, 《仕事に対する献身と満足を計る際に》 最も重要な要因であること】 に研究者たちは気づいている。

シンプル訳 失敗すればもらえないし, うまくやればもらえる「ごほうび」, つまり利益を求めて人は一生懸命仕事をするだろうと研究者たちは気づいている。

● perceived self-interest の直後のカンマは, 直後で具体的に言い換える働きをする同格のカンマ。
● the rewards の後に関係代名詞の主格 which が省略されている。主格の関係代名詞は {one believes} のように直後に挿入節が入ると, 省略されることがある。

●語句

☐ make O C	動 O を C にする	☐ be consistent	熟 (意見, 行動などが)
☐ perfectly	副 十分に	with 〜	〜と一致する
☐ clear	形 明らかな	☐ care	動 気にする
☐ consistent	形 (首尾)一貫した	☐ lack	名 欠如
☐ reaction	名 反応	☐ come across	熟 理解される, 伝わる
☐ behave	動 ふるまう, 行儀よくする	☐ perceive	動 理解する, 気づく
		☐ reward	名 報酬
☐ because of	前 〜のために	☐ be at stake	熟 かかっている, 賭けられている
☐ self-interest	名 自分の利益		
☐ a matter of 〜	熟 〜の問題	☐ significant	形 重要な
☐ too ... to V	熟 あまりに…でVできない	☐ predict	動 予想する, 計る
		☐ dedication	名 献身
☐ lazy	形 怠惰な, 無精な	☐ satisfaction	名 満足

39

⑫ It accounts for 〈 about 〉 75 percent 《 of personal motivation 〈 toward
  S   V

accomplishment 〉》.

これが《〈目標達成に対する〉個人的な動機 の》《約》75% を占めている。

● It という代名詞は，直前の文中の perceived self-interest を指している。

◎トピック

働き者と怠け者の差は自己利益を認識しているかどうかである。

⑬ What is the difference 《 between people 〈 who (willingly) take work
  C   V   S

《 home with them 》《 on the weekends 》〉 and people 《 who laugh at the

idea 》》?

《〈《週末に》《進んで》仕事を《家に》持ち帰る〉人 と，《この考えを一蹴する》人 との間
の》違い は何であろうか。

● difference between A and B は「A と B の違い」という意味。ここでは 2 つの
  people という名詞が A と B に相当する。
● the idea は具体的には「週末に仕事を持ち帰るという考え」のこと。

⑭ What is the difference 《 between people 〈 who work (hard all day) 〉 and
  C   V   S

people 《 who do as little work (as they can (possibly) get away

with)》》?

《〈《1 日中勤勉に》働く〉人 と，《《《できるだけ》うまくやって》働かずに済まそうとす
る》人 との》違い は何であろうか。

40

● as ... as ～ can（V）は「～が（V できる限り）できるだけ…」という意味の重要構文。

⑮ What is the difference 《 between people 《 who sign up for night school
   C   V   S

classes 》 and those 《 who can't imagine 【 going back to school 】》》?

《〈夜間のクラスに申し込む〉人 と 《【学校に戻ることなど】想像もできない》人 との》違い は何であろうか。

● those は「人々」という意味で使うことができる。those who V で「V する人々」という意味になる。

⑯ What is the difference 《 between the most driven and the laziest person 》?
   C   V   S

《何でも積極的に頑張る人と怠け者の最たる人との》違い は何であろうか。

It is の省略
⑰ Self-interest.

それは自分の利益である。

● 直前のいくつかの疑問文に対しての解答文。It is が省略されていると考えればよい。

●語 句

☐ account for ～	熟 ～を占める	☐ all day	副 1 日中
☐ motivation	名 動機づけ	☐ as ... as ～	構 ～が（V できる限り）
☐ toward	前 ～に対して	can（V）	できるだけ…
☐ accomplishment	名 （目標）達成	☐ get away	熟 罰を受けずにうまく
☐ difference	名 違い	with ～	やる，～をうまくや
☐ willingly	副 進んで		ってのける
☐ take	動 持って行く	☐ sign up for ～	熟 ～に申し込む
☐ home	副 家に	☐ imagine	動 想像する
☐ weekend	名 週末	☐ go back to ～	熟 ～に戻る
☐ laugh at ～	熟 ～を笑い飛ばす，	☐ driven	形 やる気満々である
	一蹴する	☐ lazy	形 怠惰な

◎トピック

自己利益の認識が行動の要因となる。

⑱ We all do 【 what we do 】(because of self-interest); we think [it's the
  S   V   O   S   V O S'V' C'

─that の省略

best thing (for us)].

私たちは皆（自分の利益のために）【私たちがしていること】をしているのである，[それが
（自分にとって）一番いいからだ] と考えているのである。

- what は関係代名詞で「……すること，もの」という意味。
- think の直後には名詞節を作る接続詞の that が省略されている。

⑲ Those 《 who work (hard) 》 do (so) (because they believe [there is
  S   V   S   V   O   V'

that の省略─

a reward 《 awaiting them 》〈 that not only justifies their efforts but also
  S'

demands their dedication 〉]).

《（一生懸命に）働く》人 は，([〈自分の努力を正当化するだけでなく，献身も必要とする〉
報酬 が《自分たちを待っている》] と信じるからこそ)（そう）するのである。

- believe の直後には，名詞節を作る接続詞の that が省略されている。
- them の直後の that は関係代名詞の主格で，先行詞の a reward を修飾する形容詞節を作っている。
- not only A but (also) B は，「A ばかりでなく B も」という意味の重要構文。A B の部分には名詞に限らず様々な同一の品詞が置かれる。この場合は justifies their efforts と demands their dedication という動詞句が A B に当たる。

⑳ Those 《 who do not give their best efforts 《 on the job 》》 do so （ because
　　　S　　　　　　　　　　　　　　　　　　　　　　　　　　　V

they cannot see the long-term benefit 〈 of work 〉 outweighing the short-
S　　　V　　　　　O

term benefit 《 of laziness 》）.

《（仕事に）精魂を傾けない》人 は，（〈仕事から得られる〉長期的な利益 のほうが《怠惰
から得る》短期的な利益 に勝ることを想像できないから）そうするのである。

● see ～ Ving は「～が V するのを見る，想像する」という意味。

PARAGRAPH 10

◎トピック

目標の価値を認識することにより努力が容易となる。★ テーマ ★

㉑ Remind yourself of the value 《 of the things 〈 you want 〉》, and the cost
　　V　　　O

〈 to you 〉《 in effort 》 will not feel as great.
　　　　　　　　　　　　　V

《〈自分が望む〉もの の）価値 を思い出せば，《努力することに》〈あなたが支払う〉代償
がそれほどではないことと感じられるだろう。

● 命令文の直後での接続詞 and は「そうすれば」という意味で使われる。

● 語句

☐ await	動 待ち構える	☐ see ～ Ving	動 ～が V するのを見る，想像する
☐ not only A but also B	構 A だけでなく B も	☐ long-term	形 長期的な
☐ justify	動 正当化する	☐ benefit	名 利益
☐ effort	名 努力	☐ outweigh	動 （価値や重要性などで）勝る
☐ demand	動 要求する，必要とする	☐ short-term	形 短期的な
☐ dedication	名 献身	☐ laziness	名 怠惰
☐ give one's best efforts on ～	熟 ～に最善を尽くす	☐ remind A of B	動 A に B を思い出させる
		☐ cost	名 代償

速読トレーニング 速読トレーニング

1 Sara got her start / training dogs / and soon realized /
サラは始めた　　　　犬の調教を　　　そしてすぐに気づいた

she was really training / their owners. / "I would teach people /
実は調教しているということに　　飼い主を　　　「私はいつも飼い主の皆さんに教えていました

about reacting consistently / to what the dogs did / so that good behavior was /
一貫した反応を示すことについて　　犬がしたことに　　　良い行動をとればほうびがもらえ

rewarded / and bad behavior punished. / And I thought / to myself, /
　　　　悪い行動をとったときには罰が与えられるように　そして思っていました　内心では

it's not the dogs / that are being inconsistent / here, / it's the people." /
犬ではなく　　　　一貫していないのは　　　　この点で　人間のほうなんだと」

2 Sara sees all kinds. / "You have the gigglers / who say, /
サラはあらゆるタイプの飼い主を見ている。　くすくす笑っている人がいる　　言っている

'Isn't that cute,' / when the puppy grabs their socks / out of their hand /
『かわいいじゃない』と　「子犬が靴下にかみついてひったくったときは　　飼い主の手から

and then get upset / when the puppy goes for / the socks, / the shoes, /
そして怒りだすのです　　子犬が飛びかかると　　　靴下に　　　靴に

the couch. / You have the couples / where one takes the strict approach /
ソファーに　　男女もいます」　　　　　一方が厳しく接しようとするのに

and the other / tries to cover up / when the dog does /
もう一方が　なかったことにしてしまおうとする　犬がしたときに

something wrong." /
何か不始末を

3 "What dogs want," / says Sara, / "is your love, / attention, / and treats. /
「犬が求めているのは」　とサラは言う　「あなたの愛情であり,　思いやりであり,　喜びなのです

If you make it / perfectly clear / and consistent / what it will take /
もしもそうするなら　十分に明らかにし,　(それが)首尾一貫しているなら　必要なものを

to get that reaction, / your dog will behave / because of self-interest. /
そのような反応を得るために　犬は行儀よくふるまいます　　自分の利益のために

But it is also a matter / of your self-interest. / If you are too lazy /
しかしそれはまた問題でもあるのです　飼い主自身の利益の　　もしもあなたがあまりにも無精なために

to be consistent / with your dog, / or if you really don't care /
一貫した態度がとれなかったり　犬に対して　　まったく気にかけないなら

what happens / to your socks and shoes, / then your lack of interest /
どうなろうと　　あなたの靴下や靴が　　　あなたには関心がないことが

will come across." /
伝わるでしょう」

4 Researchers find / that perceived self-interest, /
研究者たちは気づいている　　認識された自己利益

the rewards / one believes / are at stake, / is the most significant factor /
つまり，報酬が / 人が信じている / かかっているのだと / 最も重要な要因であることに /

in predicting / dedication and satisfaction / toward work. / It accounts
計る際に / 献身と満足を / 仕事に対する /

for about 75 percent / of personal motivation / toward accomplishment. /
これが約75％を占めている / 個人的な動機づけの / 目標達成に対する /

5 What is the difference / between people / who willingly take work /
違いは何であろうか / 人との間の / 進んで仕事を持ち帰る /

home with them / on the weekends / and people who laugh at the idea? /
家に / 週末に / この考えを一蹴する人と /

6 What is the difference / between people / who work hard all day /
違いは何であろうか / 人との間の / 1日中勤勉に働く /

and people who do as little work / as they can possibly get away with? /
働かずに済まそうとする人と / できるだけうまくやって /

7 What is the difference / between people / who sign up for /
違いは何であろうか / 人との間の / 申し込む /

night school classes / and those who can't imagine / going back to school? /
夜間のクラスに / 想像もできない人との / 学校に戻ることなど /

8 What is the difference / between the most driven /
違いは何であろうか / なんでも積極的に頑張る人と /

and the laziest person? / Self-interest. /
怠け者の最たる人との / それは自分の利益である /

9 We all do / what we do / because of self-interest; / we think
私たちは皆している / 私たちがしていることを / 自分の利益のために / 考えているのである

it's the best thing / for us. / Those who work hard / do so
それが一番いいからだと / 自分にとって / 一生懸命に働く人は / そうするのである

because they believe / there is a reward / awaiting them
信じるからこそ / 報酬が / 自分たちを待っていると

that not only justifies their efforts / but also demands their dedication. /
自分の努力を正当化するだけでなく / 献身も必要とする /

Those who do not give their best efforts / on the job / do so
精魂を傾けない人は / 仕事に / そうするのである

because they cannot see / the long-term benefit / of work / outweighing
想像できないから / 長期的な利益のほうが / 仕事から得られる / 勝るということが

the short-term benefit / of laziness. /
短期的な利益に / 怠惰から得る /

10 Remind yourself / of the value / of the things / you want, /
思い出しなさい / 価値を / ものの / 自分が望む /

and the cost to you / in effort / will not feel as great.
あなたが支払う代償が / 努力することに / それほど大きくはないと感じられるだろう

音読達成シート	日本語付	1	2	3	4	5	英語のみ	1	2	3	4	5

45

解答と解説

問題：別冊 p.**9~11**

■ 解答 ■

1	(A)	⑤	2	②
	(B)	②	3	③
	(C)	③	4	①
	(D)	①	5	④
	(E)	④		

[解説]

1 このようなタイプの設問では確実に解答できる箇所から先に埋めていき，選択肢を減らしてから自信のない問題を解答するとよい。

(A) 「今日，科学作家やラジオ・テレビから科学について学ぶのはだれか？」と考える。the public で「一般大衆」という意味になる。

(B) 「科学ジャーナリストという新しい職業の何が避けられなかったのか？」と考える。また，このパラグラフでは，科学ジャーナリストという職業が「生まれた」理由が述べられていることからも，emergence「出現」が答えだとわかる。

(C) 「現在広く感じられるようになっているのは，科学が私たちの生き方に及ぼす何か？」と考える。文脈から科学は一般大衆に対して大きな「影響」を与えるようになったと読みとれるので，「影響」の意味を持つ impact が正解。

(D) 「科学ジャーナリストの仕事が上出来だと評価する際に，考慮する要素は何だろうか？」と考える。仕事に伴う「難しさ」という意味を持つ difficulty が答えとなる。

(E) 「テレビやラジオで科学はどのようにされるのか？」と考えてみると，「発表，提示」という意味を持つ presentation が答えだとわかる。

◆指示文の和訳
(A)から(E)までのそれぞれの空所を埋めるのに最も適切な語を，下に並べられた単語の中から選びなさい。どの単語も２回以上選ばないこと。マークシートに選んだものを記しなさい。

◆選択肢の和訳
① 難しさ → (D)
② 出現 → (B)
③ 影響 → (C)
④ 発表，提示 → (E)
⑤ (the public で) 一般大衆 → (A)

2 admirable grounding は「りっぱな基礎知識」という意味で，②の選択肢の expert「専門家」とは結びつかないのでこれが正解になる。また，前後の文脈からも，18 歳までの読書によって「賞賛される科学の専門家」になったとは考えられない。

◆指示文の和訳
以下のどのフレーズが下線部(1)のフレーズと置き換えることができないか。マークシートに選んだものを記しなさい。

◆選択肢の和訳
× ① 科学に関してのまともな知識を獲得した
○ ② 賞賛される科学の専門家になった
× ③ 科学の基礎事項を理解した
× ④ 科学についてかなり多くのことを学んだ
× ⑤ 自分自身で科学の基礎事項を学んだ

3 本文の内容との一致，不一致の理由は次のとおり。

× ① 第 1 パラグラフでは読書を通じて科学を学ぶことについて述べられており，本文全体においても，今日の子どもたちが読書を通じて科学の知識を学ぶ機会がほとんどないというような，読書の衰退については論じられていない。したがって，読書を否定するこの選択肢は誤り。

× ② 本文第 1 パラグラフでは，H. G. ウェルズが科学者でなかったことは書いてあるが，優れた科学作家であったことを否定する部分はない。

○ ③ 本文全体で科学ジャーナリストの一般大衆に対する大きな影響力について述べられている。また，メディアの変化に伴い，彼らの役割が増大していることが述べられているので，そのような内容から推論してこの選択肢は本文の内容に合致すると考えられる。

× ④ 第 1 パラグラフで，筆者は主に「読書」を通じて科学の基礎知識を習得したと述べている。

× ⑤ 第 1 パラグラフにおいて，「学校で科学を教わらなかった」という言及はあるが，それは「50 年前」の話であり，「最近」ではない。

◆指示文の和訳
　本文によれば以下のどの文が正しいか。マークシートに選んだものを記しなさい。
◆選択肢の和訳
　×① 今日の子どもたちは，読書から科学について学ぶ機会がほとんどない。
　×② H. G. ウェルズは実際には科学者ではなかったので，優れた科学作家ではなかった。
　○③ 今日科学ジャーナリストたちは科学を説明する大きな責任がある。
　×④ この筆者はほとんどの科学的な知識をテレビとラジオを通して得た。
　×⑤ 最近，学校では科学は教えられていない。

4　本文の However は「逆接」の意味を持つ接続副詞。それに対して①の As a result は「順接」の意味を持つので，置き換えて使用することはできない。⑤の Unfortunately「残念なことに」という単語は，それ自体は逆接の意味を持たないが，この文脈に当てはめると，逆接的な意味を帯びる。

◆指示文の和訳
　以下のどの語または語句が，下線部(2)と置き換えることができないか。マークシートに選んだものを記しなさい。
◆選択肢の和訳
　○① その結果として
　×② それはともかくとして
　×③ それにもかかわらず
　×④ それにもかかわらず
　×⑤ 残念なことに

5　本文の筆者の主張との一致，不一致の理由は次のとおり。筆者の主張と一致しているものが×，一致していないものが○（正解）になる。

　×① 本文では，「科学ジャーナリスト」の役割を，「一般大衆にテレビを通じて科学を説明する」と紹介している。また，本文の最後には「科学者によって科学は説明されない」とある。

　×② 第2パラグラフでは，「科学が私たちの生活に与える影響の大きさが背景となって，科学者だけに任せておけなくなり，必然的に科学ジャーナリストという職業が誕生した」と述べられている。

　×③ 第3パラグラフで，「社会の偏見などの困難に直面しつつも科学ジャーナリストはまずまずうまくやっている」と，筆者は科学ジャーナリストの仕事を評価している。

　○④ 本文において，筆者は時代の要請に応じて誕生した科学ジャーナリストという職業を公正な立場から読者に紹介しようとしており，科学ジャーナリストの仕事を否定してはいない。

　×⑤ 第3パラグラフの後半に同様のことが述べられている。

◆指示文の和訳

　以下のどの文に本文の筆者は同意しないか。マークシートに選んだものを記しなさい。

◆選択肢の和訳

　×① 科学者はテレビで放送される番組を完全に監督することができない。

　×② 科学は私たちの生活に大きな影響を与えているので，科学者たちにだけ任せておくべきではない。

　×③ 科学ジャーナリストは難しい仕事だが，彼らはまずまずうまくやっている。

　○④ 科学は科学ジャーナリストよりも多くのことを知っている科学者に任せるべきである。

　×⑤ マスコミが放送するあまりに多くの科学番組は，科学的な問題というよりも社会的な問題を扱っている。

徹底精読

◎トピック

新しい職業である科学ジャーナリストとは何か？★(テーマ)★

① 〖 During my lifetime 〗, <u>a new profession</u> <u>has arisen</u> — 〔that〕 《 of science
　　　　　　　　　　　　　　　S　　　　　　　　V　　　　　↘代名詞
journalist 》.

〖私が生きている間に〗, 新しい職業が現れた ―《科学ジャーナリストという》〔職業〕だ。

> ● that は名詞の反復を避けるために使われる代名詞で, この文では the profession
> という名詞の反復を避けている。

② 〖 Today 〗, <u>the public</u> <u>learn</u> 〖 about science 〗, 〖 not 〖 in the main 〗 from
　　　　　　　　S　　　　V
scientists〗, 〖 but from science writers and from 〔producers〕《 of radio and
television programmes 》〗.

〖今日〗, 一般の人たちは 〖〖主として〗科学者からではなく〗, 〖科学作家や《ラジオやテレ
ビ番組の》〔プロデューサー〕から〗〖科学について〗学ぶ。

> ● not A but B は「A ではなくて B」という意味の重要構文。A と B の部分には前
> 置詞句が置かれている。

③ <u>It</u> <u>was not</u> 〖 so 〗 〖 fifty years ago 〗.
　S　　V

〖50年前は〗〖そう〗ではなかった。

> ● It は漠然と状況を指している。また, so は前文の内容を指している。

④ I was taught no science (at school), but (by the time 《 I was
　S　　V　　　　O　　　　　　　　　　　　　　　　　　　S′　V′

eighteen 》) I had given myself an admirable grounding 〈 in science 〉(by
　　C′　　　S　　V　　　O　　　　　O
　　　　　　　　　　　　　　　(A)　　　(B)

reading Jeans, Eddington, Halden, Huxley, Wells, Einstein and Sherrington).

私は《学校では》科学をいっさい教わらなかったが，(《18歳になる》とき までに)(ジー

ンズや，エディントン，ホールデン，ハックスレイ，ウェルズ，アインシュタイン，シェリ

ントンを読んで)，〈科学の〉 りっぱな基礎知識 を身につけていた。

> ● by the time S V は「S が V するまでに」という意味の副詞節を作る接続詞。
> ● give A B は「A に B を与える」という意味。

⑤ All these men were writing science (for the general public), and all,
　　　　S　　　　　V　　　　O　　　　　　　　　　　　　　　　　　　　　　S

(except H. G. Wells), were scientists.
　　　　　　　　　　　　V　　　C

こうした人たちは皆《一般大衆向けに》科学書を書いていたし，(H. G. ウェルズを除いて)

皆が科学者だった。

> ● and の直後の all は were の主語となる代名詞で，「すべての人，皆」という意味
> で使われている。

● 語 句

☐ during 　　　 前 ～の間に
☐ lifetime 　　　名 人生
☐ profession 　　名 職業
☐ arise 　　　　 動 現れる
☐ the public 　　名 一般大衆
☐ in the main 　 熟 主として
☐ producer 　　 名 (番組)プロデューサー

☐ programme 　　名 (ラジオやテレ
　　　　　　　　　　　ビなどの)番組
☐ admirable 　　　形 りっぱな，賞
　　　　　　　　　　　賛に値する
☐ grounding 　　 名 基礎知識
☐ general public 　名 一般大衆
☐ except 　　　　 前 ～を除いて

⑥ 【 For any child 《 trying to do the same job 》 today 】, the science would be
                                                                        S
filtered (through the minds ⟨ of this new profession ⟩).
    V

【今日《同じ〔科学的な〕仕事をしようと志す》どの子ども にも），科学は（《このような新し
い職業に携わる》人々の考え方 を通して）徐々に浸透していくことになるだろう。

- through という前置詞は「～によって，～を通じて」という意味で，「手段」や「媒
  介」を表す。
- this new profession とは，前出の science journalist のこと。

⑦ 《 What kind of 》 a job are they doing?
                    O   S   V

彼らは今《どのような種類の》仕事 をしているのだろうか。

- they という代名詞は science journalists を指している。

PARAGRAPH 2

◎トピック
科学ジャーナリストが出現した2つの理由
1．科学の重要性の増大。
2．テレビの普及。

⑧ 【 First 】, there are two reasons 《 why the emergence ⟨ of the new
              V   S   S'
profession ⟩ has been inevitable 》.
             V'   C'

【まず），《こうした〈新しい職業の〉出現 が必然的だった》2つの理由 がある。

- First は「列挙」を表す論理マーカー。第3パラグラフの The second point と合
  わせて，科学ジャーナリストの仕事は何かという質問に対しての答えを並べて示す
  働きをしている。

⑨ One is 【 that science has become too important to be left to scientists 】.
S　V　C　　S′　　　　　V′　　　　　C′

1 つには【科学があまりに重要になりすぎて，科学者に任せておくことができなくなったこと】が挙げられる。

● One は「列挙」を表す論理マーカー。後出の The second reason と合わせて，科学ジャーナリストの出現の 2 つの理由を並べて示す働きをしている。

⑩ The impact 《 of science on the way 〈 we live 〉, and on the ways 〈 in
　　S

which we may die 〉》, is (now) 《 so widely 》 felt that it cannot be left
　　　　　　　　　　　　　　　　　　　V　　　　S′　　　V′

《 solely in the hands 《 of the scientists 》》.

(今日)，《〈私たちの生き〉方 や，さらには〈私たちの死に〉方 に及ぼす科学の〉影響 は
《大変幅広く》感じられているので，それを (《科学者たち》の 手 にだけ) ゆだねることはできない。

● the way (in which) S V は「S が V する方法」という意味の重要構文。
● so ... that S cannot V は「非常に…なので S は V できない」という意味の，「程度」を表す重要構文。
● it は science を指している。

●語句

☐ filter	動 徐々に浸透する	☐ leave	動 ゆだねる
☐ through	前 ～によって，～を通じて	☐ impact	名 影響
		☐ solely	副 ～だけ
☐ mind	名 考え方，知性	☐ so ... that S	構 非常に…なので
☐ emergence	名 出現	cannot V	S は V できない
☐ inevitable	形 必然的な		

⑪ It is 《 in my view 》 entirely right 【 that the planning and the applications
S V   C   S′

形式主語

《 of science 》 should be matters 〈 of public and not of private debate 〉】.
      V′   C′

《私の考えでは》【《科学の》計画や応用 は〈公の場で議論すべき〉問題 であり，〈個人的
に議論すべき〉問題 ではないということ】はまったく正しい。

- It は形式主語で接続詞の that 以下の名詞節を指している。
- public and not ..... の部分は，B (,) and not A の形で「A ではなくて B」とい
  う意味の重要構文。B, not A または not A but B とも書き換えることができる。
  ここでは，A と B の位置には前置詞(句)が置かれている。

⑫ The second reason is television.
   S   V C

第 2 の理由はテレビである。

- 科学ジャーナリストの出現の 2 つ目の理由を，この直後に述べるということを示す
  文。

⑬ A working scientist can write a newspaper article, an essay or a book 《 in his
 S   V   O

spare time 》, but he cannot make a television programme (that way).
      S   V   O

仕事を持っている科学者は《暇なときに》新聞記事や随筆や本を書くことができるが，(そ
のようにして) テレビ番組を作ることはできない。

- that way は「そのようにして」という意味で副詞の働きをする句。直前に in が省
  略されてできた形。

PARAGRAPH **3**

◎トピック

イギリスにおいて科学ジャーナリストが直面している様々な困難。

⑭ The second point is 【 that, 〔 in Britain at least 〕, science journalists face an
　　　　S　　　　　V　C　　　　　　　　　　　　　　　　　　　　S′　　　　V′

uphill task 】.
　　O′

第2点目は,【〔少なくともイギリスでは〕，科学ジャーナリストたちは困難な仕事に立ち向
かっている】という点である。

● この段落では，科学ジャーナリストの仕事に関しての2番目の重要な論点が示され
ているが，その論点をまず提示しているセンテンス。

⑮ Our culture is 〔 still deeply 〕 unscientific.
　　　S　　　　V　　　　　　　　　　　C

私たちの文化は〔今もなお極めて〕非科学的である。

語句

☐ in my view	熟 私の考えでは	☐ in one's spare time	熟 余暇に
☐ It is right that S V	構 SがVすることは 正しい	☐ at least	副 少なくとも
☐ entirely	副 まったく	☐ face	動 立ち向かう
☐ application	名 応用	☐ uphill	形 困難な
☐ private	形 個人的な	☐ task	名 仕事
☐ debate	名 議論	☐ culture	名 文化
☐ working	形 仕事を持っている	☐ deeply	副 極めて
☐ article	名 記事	☐ unscientific	形 非科学的な

⑯ We have not (yet) (fully) broken free of │the old snobbery│, 《 according
   S   V

to which work is ungentlemanly, and science is work 》.
        S′ V′   C′   S′ V′ C′

私たちは〔いまだに〕《仕事というものは非紳士的なものであり，科学は仕事なのだという》
│昔からある，気取った考え方│から〔十分に〕脱却しているわけではない。

> ● according to で 1 つの前置詞の働きをする句前置詞。これが関係代名詞の which
> の直前に置かれたと考えるとよい。この文の後半をもともとの文に戻すと，Work is
> ungentlemanly, and science is work according to the old snobbery. とな
> る。

⑰ (Given │the obvious difficulty│《 of the job 》), the new profession is not
                                                   S

doing badly.
  V

(《科学ジャーナリストという仕事が》│明らかに難しいこと│を考えるならば)，この新しい職
業はまずまずうまくやっている。

> ● Given ～は「～を考慮するならば」という意味の副詞句を作っている。

⑱ │The presentation│《 of science 》〈 on radio and television 〉《 in Britain 》
       S

seems (to me) (enormously) superior to │that│〈 in the United States 〉.
  V   C

《イギリスの》〈ラジオやテレビでの〉《科学》│番組│は，《アメリカの科学》│番組│より（はる
かに）優れているように〔私には〕思える。

> ● that は the presentation という名詞の反復を避けて使われている代名詞。

⑲ (However), there are weaknesses.
               V   S

〔しかし〕，欠点もある。

⑳ **(** In particular **)**, the media show an excessive desire **《** to present
　　　　　　　　　　　 S　　　 V　　　　　　 O
confrontation and controversy **》**; they tend to concentrate (on the social
　　　　　　　　　　　　　　　　　　　 S　 　V
consequences **〈** of science **〉** rather than on the science itself); and,

《 because science is (no longer) presented (by scientists) **》**, it appears
　　　　　　 S　　 　is　　　　　　　 V　　　　　　　　　　　　　 S　 V
《 as an impersonal and mysterious edifice, and not as something done by

human beings **》**.

(特に**)** マスコミは，**《**対立や論争を作りあげようとする**》** 欲求 が過度に強すぎる。マスコ
ミは，(科学それ自身というよりも，〈科学の〉 社会的な影響 に) 集中する傾向があるし，**《**科
学が (科学者の手で) 説明されることが **(**もうない**)** ので**)**，科学は，**《**人間がしていること
ではなく非人間的で神秘的な体系のように**》** 受け取られている。

● この文全体は，A; B; and C という形で文が並べられている。
● A rather than B では A と B の位置には，文法的に同じ形のものが置かれる。
● B (,) and not A は，B, not A，not A but B とも書き換えることができる「A で
　はなくて B」という意味の重要構文。この文では it appears 以降が B，and not A
　の形になっており，A と B の位置には前置詞句が置かれている。

● 語 句

☐ not yet	副 まだ……ない	☐ controversy	名 論争
☐ break free of 〜	熟 〜から逃れる	☐ tend to V	熟 V する傾向が
☐ snobbery	名 気取り，俗物根性		ある
☐ ungentlemanly	形 非紳士的な	☐ concentrate	動 集中する
☐ given	前 〜を考慮するならば	☐ consequence	名 影響
☐ obvious	形 明らかな	☐ A rather than B	熟 B というより
☐ presentation	名 発表，提示		もむしろ A
☐ enormously	副 非常に，はるかに	☐ present	動 提示する，説
☐ be superior to 〜	熟 〜より勝る		明する
☐ weakness	名 欠点	☐ appear as 〜	熟 〜のように受
☐ media	名 マスコミ（複数扱い）		け取られる
☐ excessive	形 過度の	☐ impersonal	形 非人間的な
☐ present	動 作りあげる	☐ edifice	名 体系
☐ confrontation	名 対立		

速読トレーニング

① During my lifetime, / a new profession has arisen
私が生きている間に　　　　　新しい職業が現れた

— that of science journalist. / Today, / the public learn / about science,
科学ジャーナリストという職業だ　　　今日　　一般の人たちは学ぶ　　科学について

not in the main from scientists, / but from science writers and from producers
主として科学者からではなく　　　　科学作家やプロデューサーから

of radio and television programmes. / It was not so / fifty years ago.
ラジオやテレビ番組の　　　　　　　そうではなかった　　50年前は

I was taught no science / at school, / but by the time I was eighteen
私は科学をいっさい教わらなかった　学校では　　だが, 18歳になるときまでに

I had given myself / an admirable grounding / in science / by reading Jeans,
身につけていた　　　りっぱな基礎知識を　　　科学の　　ジーンズを読んで,

Eddington, / Halden, / Huxley, / Wells, / Einstein / and Sherrington.
エディントン,　ホールデン,　ハックスレイ,　ウェルズ,　アインシュタイン　そしてシェリントン

All these men / were writing science / for the general public, / and all,
こうした人たちは皆,　科学書を書いていた　　一般大衆向けに　　　　そして皆が

except H. G. Wells, / were scientists. / For any child / trying to do
H. G. ウェルズを除いて　科学者だった　どの子どもにも　しようと志す

the same job / today, / the science would be filtered / through the minds
同じ〔科学的な〕仕事を　今日,　科学は徐々に浸透していくことになるだろう　人々の考え方を通して

of this new profession. / What kind of a job / are they doing?
このような新しい職業に携わる　どのような種類の仕事を　彼らは今しているのだろうか

② First, / there are two reasons / why the emergence
まず,　2つの理由がある　　　出現が

of the new profession / has been inevitable. / One is
こうした新しい職業の　　　必然的だった　　1つには挙げられる

that science has become too important / to be left
科学があまりに重要になりすぎて　　　任せておくことができなくなったことが

to scientists. / The impact of science / on the way we live,
科学者に　　　科学の影響は　　　　私たちの生き方や

and on the ways in which we may die, / is now / so widely felt
さらには私たちの死に方に及ぼす　　　今日,　大変幅広く感じられているので

that it cannot be left / solely in the hands / of the scientists. / It is
それをゆだねることはできない　手にだけ　　　科学者たちの　　それは

in my view / entirely right / that the planning / and the applications
私の考えでは　まったく正しい　計画は　　　　そして応用は

of science / should be matters / of public / and not of private debate.
科学の　　　問題であり　　　公の場で議論すべき　個人的に議論すべき問題ではないということは

The second reason / is television. / A working scientist can write /
第2の理由は　　　　テレビである　　　仕事を持っている科学者は書くことができる

a newspaper article, / an essay / or a book / in his spare time, /
新聞記事を　　　　　随筆を　　あるいは本を　　暇なときに

but / he cannot make / a television programme / that way. /
だが,　作ることはできない　　　テレビ番組を　　　　そのようにして

③ The second point is that, / in Britain / at least, / science journalists /
第2点目は　　　　　　　イギリスでは　少なくとも　科学ジャーナリストたちは

face an uphill task. / Our culture / is still deeply unscientific. /
困難な仕事に立ち向かっている, という点である　私たちの文化は　　　今もなお極めて非科学的である。

We have not yet / fully broken free / of the old snobbery, /
私たちはいまだに　十分に脱却しているわけではない　昔からある気取った考え方から

according to which work is ungentlemanly, / and science is work. /
仕事というものは非紳士的なものであり　　　科学は仕事なのだという

Given the obvious difficulty / of the job, / the new profession /
明らかに難しいことを考えるならば　科学ジャーナリストという仕事が　この新しい職業は

is not doing badly. / The presentation of science / on radio and television /
まずまずうまくやっている　　　科学番組は　　　　　　ラジオやテレビでの

in Britain / seems / to me / enormously superior / to that /
イギリスの　思える　私には　はるかに優れているように　科学番組より

in the United States. / However, / there are weaknesses. / In particular, /
アメリカの　　　　　しかし,　　　　欠点もある　　　　　特に

the media / show an excessive desire / to present confrontation /
マスコミは　欲求が過度に強すぎる　　　対立を作りあげようとする

and controversy; / they tend to concentrate / on the social consequences /
そして論争を　　　マスコミは集中する傾向があるし　社会的な影響に

of science / rather than on the science itself; / and, because science is /
科学の　　　科学それ自身というよりも　　　　　科学が

no longer presented / by scientists, / it appears / as an impersonal /
説明されることがもうないので　科学者の手で　科学は受け取られている　非人間的で

and mysterious edifice, / and not as something / done by human beings. /
神秘的な体系のように　　　ことではなく　　　　人間がしている

音読達成シート	日本語付	1	2	3	4	5	英語のみ	1	2	3	4	5

59

UNIT 4

■解答■

1	人工知能の目的は，通常は電子機器である機械を使って，人間の知的活動をできる限り多く模倣することである。
2	(イ) ⑥　　(ロ) ②　　(ハ) ⑤
3	②，③，⑤

[解説]

1　直前の文から，AI は artificial intelligence「人工知能」の略だとわかる。この文は the objectives を主語とする第 2 文型の構文。補語の部分には名詞的用法の不定詞 to imitate が置かれている。この不定詞は，下線部の最後まで続く。imitate の目的語は (as) much だが，これらの間には，by means ..... ones という副詞句が挿入されている。ones は machines の反復を避けて使われている代名詞。また，as ... as possible「できるだけ…」が，目的語の much を修飾している。

2　that の用法はそれぞれ以下の通り。
＊本文(イ)～(ハ)の that の用法
　(イ)　the area という名詞の反復を避けて使われている代名詞の that。→ ⑥
　(ロ)　all を先行詞とする関係代名詞の主格の that。→ ②
　(ハ)　hope という名詞の内容を説明する節を導いている同格の that。→ ⑤
＊選択肢①～⑥の that の用法
　① Father promised me that he would take me to Tokyo Disneyland.
　　 promise A B「A に B を約束する」という第 4 文型をとる動詞の 2 番目の目的語となる名詞節を作る接続詞の that。
　② Courage is all that matters when you face difficulties.
　　 all を先行詞とする関係代名詞の主格の that。

③ I'll rent that room you showed me first.

「その」「あの」という意味で名詞を修飾する，指示形容詞の that。

④ It turned out to be a lie <u>that</u> there would be another great earthquake in five years' time.

It という形式主語の真主語となる名詞節を作っている接続詞の that。

⑤ Everybody rejoiced over the news <u>that</u> there had been no casualties in the train crash.

the news という名詞の内容を説明する節を導く同格の that。

⑥ The climate of this country is like <u>that</u> of Japan.

climate という名詞の反復を避けて使われている代名詞の that。

◆選択肢の和訳

① 父は私に東京ディズニーランドに連れて行くと約束してくれた。

② 勇気だけが困難に直面したときに問題となる。

③ あなたが私に最初に見せてくれたあの部屋を借ります。

④ ５年以内にもう１つ別の大地震が起こるだろうという話はうそだとわかった。

⑤ その列車の衝突事故で死傷者が１人も出なかったというニュースに誰もがとても喜んだ。

⑥ この国の気候は日本の気候に似ている。

3 二重下線部(B)が指している four directions「４つの方向性」は次のとおり。

A. ロボット工学の研究（study of robotics）

B. 専門ソフトの開発（the development of expert systems）

C. 心理学（psychology）

D. 哲学的疑問の解明（philosophy）

これに選択肢が合致する，合致しない理由は以下のとおり。合致するものが ×，合致しないものが○（正解）になる。

× ① Aの方向性に関する言及と合致している。

○ ② Aに関して，「ロボットは人間の生命が危険にさらされる可能性がある条件下で作業を行うことが期待される」とは書いてあるが，「ロボットが人間の生命を危険にさらす」とは書いていない。

○ ③ Bに関して，筆者は本文で疑問を投げかける形で終わっており，「実現の可能性がない」と否定している箇所はない。

× ④ Bに関して，本文の中ほどに同内容のことが述べられている。

○ ⑤ Bに関して，「やがてコンピューターが理性を有するようになるのは明らかだ」と断定する箇所はない。

× ⑥ Cに関して，本文の後半に同内容のことが述べられている。

× ⑦ Dに関して，本文の最後のセンテンスに同内容のことが述べられている。

徹底精読

◎トピック

近年人工知能に対する関心が高まっている。★テーマ★
1. ロボット工学上の関心。
2. 人工知能プログラムの開発に対する関心。
3. 心理学上の関心。
4. 哲学上の関心。

① [An area] 《 of much interest 》(in recent years) [is] [that] 〈 referred to as
　　S　　　　　　　　　　　　　　　　　　　　　　　V　　C

[artificial intelligence], 《 often shortened simply to 'AI' 》〉.

【近年】《多くの関心を集めている》分野 は，〈《しばしば単に 'AI' と略称される》人工知能
と呼ばれている〉分野 である。

> ● that という代名詞は，the area という名詞の反復を避けて使われている。
> ● refer to O as C は「O を C と呼ぶ」という意味のイディオムが，ここでは O
> referred to as C「C と呼ばれる O」という，分詞の形容詞的用法として使われて
> いる。

② [The objectives] 《 of AI 》 [are] 【 to imitate (by means of machines, normally
　　S　　　　　　　　　　　　　V　　C①

electronic ones), as much of human mental activity as possible, and

(perhaps eventually) to improve upon human abilities (in these respects)】.
　　　　　　　　　　　　　C②

《人工知能の》目的 は，【《通常は電子機器である機械を使って》人間の知的活動をできる限
り多く模倣することであり，（おそらく，いずれは）《これらの点で》人間の能力をしのぐこ
と】である。

> ● ones という代名詞は machines という名詞の反復を避けて使われている。
> ● to imitate ..... と to improve ..... という 2 つの名詞的用法の不定詞が，and とい
> う接続詞で並べられ，補語の位置に置かれている。
> ● as ... as possible は「できる限り…」という意味の重要表現。

③ There is |interest| 《 in the results of AI 》〈 from (at least) four directions 〉.
　　　　V　　　S

《人工知能の成果に対して》〈《少なくとも》4 つの方面からの〉|関心| が向けられている。

④ (In particular) there is |the study| 《 of robotics 》.
　　　　　　　　　　V　　　　S

《特に》《ロボット工学の》|研究| がある。

●語句

☐ area	图 分野	☐ improve	熟 ～をよりよいものに
☐ interest	图 関心	upon[on] ～	する，～の上をいく
☐ refer to O as C	熟 O を C と呼ぶ	☐ respect	图 点
☐ shorten A to B	熟 A を B に短縮する	☐ results	图 結果，成果
☐ objective	图 目的，目標	☐ direction	图 方面
☐ imitate	動 模倣する	☐ in particular	熟 特に
☐ by means of ～	熟 ～を使って	☐ study	图 研究
☐ as ... as possible	熟 できる限り…	☐ robotics	图 ロボット工学
☐ eventually	副 いずれは		

⑤ Robotics is concerned with the practical requirements 《 of industry 》《 for
S   V
mechanical devices 〈(which) can perform 'intelligent' tasks — tasks 〈(which)
                          関係代名詞   関係代名詞
                        接続詞
are so complicated (that) they have previously demanded human intervention

or control 〉〉》.

ロボット工学は，《〈知的な仕事，〈すなわちあまりに複雑なので，以前には人間が介入した
り，管理したりする必要があった〉仕事—をこなすことができる〉機械装置 を求めている》
《産業界からの》実利的な要請 に関係しているものである。

　　シンプル訳 産業界は人間の代わりにロボットに困難な仕事をさせることを求めている。

● 1 行目の前置詞 for は「〜を求めて（の）」という意味で使われている。
● —（ダッシュ）は tasks という名詞の内容を直後に言い換えて，具体的に示す働きを
　している。

⑥ Those mechanical devices are expected to perform these tasks 《 with a
　S   V
speed and reliability 《 beyond any human capabilities 》》, or （ under
                          関係代名詞
unfavourable conditions 〈(where) human life could be at risk 〉）.

こうした機械装置は，《《いかなる人間の能力をも超える》スピードと信頼性 で》これらの仕
事をこなしたり，あるいは（〈人間の生命が危険にさらされる可能性がある〉好ましくない
条件 下で）こうした仕事をこなすことを期待されている。

● with ......, under ..... という 2 つの前置詞句は共に副詞的な働きをしていて，or という接続詞で並べられ，perform という動詞を修飾している。
● where は直前の名詞を説明する関係副詞。

語 句

☐ be concerned with 〜	熟 〜に関係している	☐ intervention	名 介入
☐ practical	形 実利的な	☐ be expected to V	熟 V することを期待されている
☐ requirement	名 必要，要請	☐ reliability	名 信頼性
☐ mechanical device	名 機械装置	☐ under ... conditions	熟 …の条件下で
☐ perform	動 実行する，こなす	☐ unfavourable	形 好ましくない
☐ complicated	形 複雑な	☐ be at risk	熟 危険にさらされる
☐ previously	副 以前には		

⑦ Also <u>of interest</u> �’ commercially, as well as generally 《, is |the development|
　　　　　　C 　　　　　　　　　　　　　　　　　　　　　　　　　　V　　　　　S

〝 of |expert systems|, 〈 according to which |the essential knowledge| 〝 of an
　　　　　　　　　　　　　　　　　　　　　　　　　　　S′

entire profession 》 — medical, legal, etc. — <u>is intended</u> <u>to be coded</u> into a
　　　　　　　　　　　　　　　　　　　　　　　　　　　V′　　　　　O′

computer package! 〉》.

また，《一般的にはもちろんだが，商業的にも》関心が持たれているのは，《|人工知能プロ
グラム|の》|開発|であり，〈それにより医学や法律などといった《すべての専門的な職業の
分野で》|必要不可欠な知識|がコンピュータープログラムにコード化されることが意図され
ているのだ〉。

　　シンプル訳 様々な専門職の必要知識をコンピュータープログラム化してしまおうと考
　　えられている。

● この文全体は，第2文型の補語の部分が先頭に移動した CVS という形の倒置構文。
　もともとは The development (S) ..... is (V) also of interest (C) という文だっ
　たと考えるとよい。
● 〈of＋抽象名詞〉の句は形容詞の働きをする。この文の of interest は interesting
　と書き換えることができる。
● 後半の部分はもともと，The essential knowledge ..... is intended to be coded
　into a computer package according to expert systems. という文だったと考
　えるとよい。expert systems が先行詞となり，関係代名詞の目的格の前に
　according to という句前置詞が置かれたと考える。

⑧ <u>Is</u> <u>it</u> <u>possible</u> 【that |the experience and skill| 〝 of |human members| 〝 of these
　　V　S　　C 　　　接続詞　　　　　　　　　　　　　　　　S′

professions 》》 might 《 actually 》 <u>be replaced</u> （ by such packages ）】?
　　　　　　　　　　　　　　　　　　　　　　　V′

【《〈こうした専門的な職業についている〉|人間|の》|経験と技術|が，《実際に》（コンピュー
タープログラムに）取って代わられること】などあり得るのだろうか。

　　シンプル訳 コンピューターが人間の代わりをするのだろうか。

● it は形式主語で，that 以下の名詞節を指している。

66

⑨ Or is it （ merely ）【 that long lists 《 of factual information 》 are all 〈 that
　　 V̲ S̲ 　　　　　 C 　　 S′ 　　　　　　　　　 V′ C′ 関係代名詞

can be expected to be achieved 〉】?

それとも【（単に）《事実情報の》長いリスト だけが〈完成させることが期待されている〉
すべて 】なのであろうか。

シンプル訳　それとも，単に情報を蓄えるだけなのだろうか。

● it は話題を漠然と指している代名詞。it is that S V で「それは S が V するという
　ことなのである」という意味になる。ここでは疑問文となっている。

語句

☐ commercially	副 商業的に	☐ code into ~	熟 ~にコード化する
☐ A as well as B	熟 B はもちろん A も	☐ computer package	名 コンピュータープログラムのセット
☐ expert system	名 人工知能プログラム		
☐ according to	前 ~によれば	☐ experience	名 経験
☐ essential	形 必要不可欠な	☐ skill	名 技術
☐ entire	形 すべての	☐ replace	動 取って代わる
☐ medical	形 医学の	☐ factual	形 事実の
☐ legal	形 法律の	☐ information	名 情報
☐ intend to V	熟 V する意図がある	☐ achieve	動 完成する

⑩ The question 《 of 【 whether the computers can exhibit (or simulate) genuine
  S   接続詞   S'   V'   O'

intelligence 《 clearly 》】》 has considerable social implications.
                              V   O

《【コンピューターが真の知性を《明確に》示す(すなわち人工的に再現する)ことができるか
どうか】という》問題 は，かなり大きな社会的な影響を及ぼす。

● 接続詞 whether は，「S が V するかどうか」という意味で of という前置詞の目的
  語となる名詞節を作っている。

⑪ Another area 《 in which AI could have direct relevance 》 is psychology.
  S   S'   V'   O'   V   C

《人工知能が直接関係しうるであろう》もう 1 つの分野 は，心理学である。

● could という助動詞は「……しうるだろう」という推量の意味で使われている。

⑫ It is hoped 【 that 《 by 【 trying to imitate the behaviour 《《 of a human 》
  S   V   O   接続詞

brain 《 (or that 《 of some other animal 》) 》》 (by means of an electronic

device) 】— or by 【 failing to do so 】》 — one may learn something 《 of
                                              S'   V'   O'

importance 》《 concerning the brain's workings 》】.

【《【(電子機器を使って)《〈人間の〉頭脳 《(あるいは《何か他の動物の》頭脳))の》活動
内容 を模倣しようとすること】で—あるいは【そうすることに失敗すること】で) — 〈脳の
働きに関する〉《重要な》こと がわかってくること】が期待されている。

シンプル訳 AI の研究を進めると人間の脳に関してもいろいろなことがわかってくる。

● It は形式主語で that 以下の名詞節を指している。
● or という接続詞によって，by trying ..... と by failing ..... という 2 つの前置詞句
  が並べて使われている。
● concerning ~ は「~に関して(の)」という意味で前置詞の働きをする表現。about
  と置き換えることもできる。

68

⑬ (Finally), there is |the optimistic hope| 《(that)(for similar reasons) AI
　　　　　　　　　　V　　　　S　　　　　　　　　同格の接続詞　　　　　　　　　S´

might have |something| ⟨ to say (about |deep questions| ⟨ of philosophy ⟩) ⟩,
　V´　　　　　O´

《 by providing |insights| ⟨ into |the meaning| 《 of |the concept| ⟨ of the

mind ⟩》⟩ ⟩ 》.

(最後に), 《《同様の理由で, 》人工知能は 《⟨《《精神という⟩ |概念| の》 |意味| に関しての⟩
|洞察| を加えることで, 》⟨《⟨哲学の⟩ |深遠な諸問題| に対して) 語るべき⟩ |何か| を与えるか
もしれない, という》 |楽観的な期待| がある。

シンプル訳 また, 人工知能の研究を進めると, 人間の精神の深部に対する研究が進む
ので, 深い哲学的な疑問に対する何らかの答が得られるかもしれないと期待している
人もいる。

● that は直前の hope という名詞の内容を具体的に説明する節を導く, 同格の that。
同格の that 節は文末まで続いている。

語句

☐ exhibit	動 示す	☐ electronic device	名 電子機器
☐ simulate	動 人工的に再現する	☐ fail to V	熟 V しそこねる
☐ considerable	形 (数量, 程度など	☐ concerning	前 ～に関して(の)
	が)かなりの	☐ finally	副 最後に
☐ implications	名 影響	☐ optimistic	形 楽観的な
☐ relevance	名 関係	☐ similar	形 同様の
☐ psychology	名 心理学	☐ deep	形 深遠な
☐ imitate	動 模倣する	☐ philosophy	名 哲学
☐ behaviour	名 動作, 活動	☐ provide	動 与える, 加える
☐ brain	名 脳	☐ insight	名 洞察
☐ by means of ～	熟 ～を使って	☐ concept	名 概念

速読トレーニング

I An area of much interest / in recent years is / that referred to /
多くの関心を集めている分野は　　近年　　　　　　呼ばれている分野である

as artificial intelligence, / often shortened / simply to 'AI'.
人工知能と　　　　　　しばしば略称されている　単に 'AI' と

The objectives of AI / are to imitate / by means of machines,
人工知能の目的は　　　模倣することである　　機械を使って

normally electronic ones, / as much of human mental activity as possible,
通常は電子機器である　　　　人間の知的活動をできる限り多く

and perhaps / eventually / to improve upon human abilities
おそらく，　　いずれは　　　人間の能力をしのぐことである

in these respects. / There is interest / in the results of AI
この点で　　　　関心が向けられている　人工知能の成果に対して

from at least four directions. / In particular / there is the study / of robotics.
少なくとも4つの方面からの　　　特に　　　　研究がある　　　ロボット工学の

Robotics is concerned / with the practical requirements / of industry
ロボット工学は関係している　　実利的な要請に　　　　　産業界からの

for mechanical devices / which can perform / 'intelligent' tasks
機械装置を求める　　　　こなすことができる　　「知的な仕事」を

— tasks which are so complicated / that they have previously demanded
—すなわちあまりに複雑なので　　　以前には必要があった

human intervention / or control. / Those mechanical devices / are expected
人間が介入したり　　　管理したりする　こうした機械装置は　　　期待されている

to perform these tasks / with a speed / and reliability
こうした仕事をこなすことを　スピードと　　信頼性で

beyond any human capabilities, / or under unfavourable conditions
いかなる人間の能力をも超える　　あるいは好ましくない条件下で

where human life / could be at risk. / Also of interest / commercially,
人間の生命が　　　危険にさらされる可能性がある　また，関心が持たれている　商業的にも

as well as generally, / is the development / of expert systems,
一般的にはもちろんだが　　開発であり　　　　人工知能プログラムの

according to which / the essential knowledge / of an entire profession
それにより　　　　必要不可欠な知識が　　　専門的な職業のすべての分野で

— medical, legal, etc.— / is intended to be coded
—医学や法律などといった—　コード化されることが意図されているのだ

into a computer package! / Is it possible / that the experience and skill
コンピュータープログラムに　あり得るのだろうか　経験と技術が

of human members / of these professions / might actually be replaced
人間の　　　　こうした専門的な職業についている　実際に取って代わられることなど

by such packages? / Or is it merely that / long lists /
コンピュータープログラムに　それとも単にこういうことなのだろうか　長いリストだけが

of factual information / are all / that can be expected /
事実情報の　すべてなのであろうか　期待されている

to be achieved? / The question / of whether the computers can exhibit /
完成させることが　問題は　コンピューターが示すことができるかどうかという

(or simulate) / genuine intelligence / clearly /
（あるいは人工的に再現する）　真の知性を　明確に

has considerable social implications. / Another area /
かなり大きな社会的な影響を及ぼす　もう1つの分野は

in which AI could have / direct relevance / is psychology. / It is hoped /
人工知能が持ちうるであろう　直接の関連を　心理学である　期待されている

that by trying to imitate / the behaviour of a human brain /
模倣しようとすることで　人間の頭脳の活動内容を

(or that of some other animal) / by means of an electronic device / — or /
（あるいは何か他の動物の頭脳）の　電子機器を使って　—あるいは

by failing to do so — / one may learn / something of importance /
そうすることに失敗することで—　わかってくることが　重要なことが

concerning the brain's workings. / Finally, / there is the optimistic hope /
脳の働きに関する　最後に　楽観的な期待がある

that for similar reasons / AI might have / something to say /
同様の理由で　人工知能はひょっとすると与えるかもしれない　語るべき何かを

about deep questions / of philosophy, / by providing insights /
深遠な諸問題に対して　哲学の　洞察を加えることで

into the meaning / of the concept of the mind.
意味に関しての　精神という概念の

音読達成シート	日本語付	1	2	3	4	5	英語のみ	1	2	3	4	5

UNIT 5

■ 解答 ■

1	③	6		③
2	①	7		①
3	②		(A)	②
4	④	8	(B)	⑤
5	①		(C)	④

[解説]

1 下線部はメタファー(隠喩)となっている。「私たちの知識の欠落している場所に隠れているありふれた空想上の怪物」とは,「未知の世界に対する恐怖心から人間が想像したよくある大げさな作り話」のこと。これに該当するのは③のみ。

◆選択肢の和訳
- ×① 未知の国に住んでいると信じられている架空のけだもの
- ×② 夢の中で私たちを怖がらせる幻の動物
- ○③ 未知のものに対する恐怖心が作り出した想像の産物
- ×④ 私たちがのめりこんでいるよこしまな考えとか空想

2 that は直前の内容を指している指示代名詞。直前には「気圧や海流の変化につれて,規則的に海水が温まったり冷えたりし,氷も薄くなったり,厚くなったりしている」,つまり,「北極における変化は規則的なサイクルの一部である」という内容が書かれているので,これに合致するものを選べばよい。

◆選択肢の和訳
- ○① 北極における最近の変化は北極の通常の気象変化である。
- ×② 最近の極地における気候変化にはそれがあまりに劇的なので,心配な面が多々ある。
- ×③ 両極は地球規模の気候の傾向を予測する基準としては,もう役に立っていない。
- ×④ 風と海流は北極海の水温に影響を与えなくなっている。

UNIT **5**
解答と解説

3　ここでは，北極の氷が溶けてなくなってしまうという，わずかではあるが想像できる「何」が存在するのか，と考えてみる。北極の氷がなくなるのは，「希望」することではないので①は不正解。また，まだ「事実」としてすでに存在するわけではないので③も不正解。「点，方法」という意味の way では文意は成立しないので④も不正解。正解は「可能性」という意味の chance。

◆選択肢の和訳
　×① 希望　　　○② 可能性　　　×③ 事実　　　×④ 点，方法

4　「氷がさらに溶けていく」ことと「永久流氷の消滅へと至る」という 2 つの事実の時間的連続性を考えてみる。②では順番が逆なので不正解。③では同時に起こることになるので不正解。①は単に時間的に「前に」という意味の接続詞。一方で④の until は，前に書いてある物事が継続した結果を直後に示すことができる。この文脈では，「温暖化により氷が溶ける状況が継続し，その最終結果として永久流氷の消失が起こる」と書いてあるのだから，④のほうが適当。

◆選択肢の和訳
　×① 前に　　　　　　　　　×② 後で
　×③ ……している間に　　　○④ (until SV で)その結果 S は V する

5　identify は「確認する」「同一視する」「発見する」という意味。選択肢の意味は以下の通り。氷の縮小のような自然現象を作り出すことはできないので，②と③は不正解。また，②③④は identify の語義にも反する。

◆選択肢の和訳
　○① 発見した　　×② 発明した　　×③ 作り出した　　×④ 探索した

6　jump on 〜は文字通り「〜に飛びつく」という意味。ここでは比喩的に「あまり考えずに，すぐにある言葉や事実に飛びついて受け入れてしまう」ことを意味している。this は直前の「氷の縮小」を指している。jump on だけで「間違った」ということにはならないので，①は不正解。②は完全に意味が違う。また④ jump on は「過程を速める」だけではなく，最終的に内容を受け入れることを意味しているので不正解。

◆選択肢の和訳
　×① 間違った結論に飛びつく
　×② 明白な証拠を無視する
　○③ あまりに性急に結論に達する
　×④ 思考過程を速める

7 George Peterson 氏の発言を締めくくる部分に置かれたセリフ。「未来だけが私たちに『教えて』くれる」という無生物主語構文とすればよい。自然に訳すと「未来にならなければわからない」となる。似たような表現を使った言い回しに，Time will tell.「時間が経てばわかる」がある。

◆選択肢の和訳
　○ ① 教える　　　× ② 呼ぶ　　　× ③ 記憶している　　　× ④ 助ける

8　それぞれの学者の主張は以下の通り。

(A)　**Richard Clark**:「北極の氷の消失により，北半球の気候分布が劇的に変化し，海流でさえも大きな影響を受ける」

(B)　**Mark Lewis**:「北極の環境は変化しやすく，将来のことを予測することは困難である」

(C)　**George Peterson**:「たとえ，氷の縮小が発見されたとしても，すぐにそれが完全な消失につながると考えるのは早急すぎる。また逆の冷却化現象が起こる可能性もある」

これらに照らし合わせて選択肢を検討すると次のようになる。

① どの学者の主張にも当てはまらない。

② Richard Clark 氏の主張と合致する。

③ どの学者の主張とも合致しない。

④ George Peterson 氏の主張と合致する。

⑤ Mark Lewis 氏の主張と合致する。

◆選択肢の和訳
① 地球温暖化はこの先北極の周囲にある氷が薄くなる現象に大きな役割を果たすことになる。
② 北極の氷が溶けると，北半球にある大陸の気象傾向に前例のない大規模な変化をもたらすかもしれない。→ (A)
③ 消失する北極の氷が警告なのかそれとも規則的な傾向であるのかを見分けるのはかなり容易である。
④ 最近の北極における温暖化の局面が 10 年の間に冷却化の局面に切り替わるかもしれない。→ (C)
⑤ 北極の気候は頻繁に変わるので，短期間の確実な周期変化を見つけ出すことはできない。→ (B)

徹底精読

◎トピック

近年における北極の温暖化と氷の縮小。
➡ 劇的な気候の変化の表れか？ ➡ 単なる循環的な気候変化の可能性か？

① 〖 According to the recent research 〗, the Arctic has warmed 〖 markedly 〗
　　　　　　　　　　　　　　　　　　　　　S　　　　　　V

〖 in the past two decades 〗.

〖最近の研究によると〗，北極は（最近 20 年間に）〖著しく〗温暖になっている。

● according to ～「～によれば」は 2 語で 1 つの前置詞の働きをする「句前置詞」。
　ここでは直後の名詞を伴って副詞句を作っている。

② The ocean's ice cover has thinned 〖 by an average of four feet — some 40
　　　　　S　　　　　　　　　V

percent — 〗〖 since the 1960s 〗, and the ice's margin has receded 〖 20
　　　　　　　　　　　　　　　　　　　　　S　　　　　　　　V

percent farther 〗〖 into the Arctic 〗.

洋上の氷の覆いが（1960 年代以降）〖平均 4 フィート分だけ―約 40%―〗薄くなり，氷の
へりが〖北極方向に〗（20% も）後退したとのことだ。

● by という前置詞は，「差」を表して使われることがある。

●語句

☐ according to	〖前〗～によれば	☐ thin	〖動〗薄くなる
☐ research	〖名〗研究	☐ by	〖前〗～だけ，～の差で
☐ the Arctic	〖名〗北極	☐ some	〖形〗約
☐ warm	〖動〗温まる	☐ margin	〖名〗へり
☐ markedly	〖副〗著しく	☐ recede	〖動〗後退する
☐ decade	〖名〗十年間	☐ farther	〖副〗さらに遠くに
☐ ice cover	〖名〗氷の覆い		

③ (Given 【(that) the Poles are widely seen (as indicators of global climate
　　　　　接続詞
　　　受動分詞構文
change)】), this all looks very dramatic.
　　　　　　　　　 S　　 V　　　 C

（仮に【南北の両極が（地球の気候変化の指標として）広く考えられている】とすれば），こ
のような現象はすべて非常に劇的に見える。

> ● Given that S V は「もしも S が V するとするならば」という意味の受動分詞構文
> 　のイディオム。
> ● this all「このことすべて」という代名詞は，直前の文に書いてある「北極の氷の減
> 　少」を指している。

④ But it may be just another imagined monster 《 hiding (in the blank spots
　　 S　　 V　　　　　　　　　　 C

〈 of our knowledge 〉)》.

しかし，それは《（〈私たちの知識の〉欠落している場所に）隠れている》ありふれた空想
上の怪物にすぎないのかもしれない。

> ● it という代名詞は，前に述べられている「北極での氷の減少が引き起こすであろう
> 　劇的な変化」を漠然と指している。
> ●「ありふれた空想上の怪物」という隠喩(metaphor)は，「未知の恐怖心から人間が
> 　想像した，よくある大げさな作り話の１つ」のこと。

⑤ (Perhaps) the water (regularly) warms and cools and the ice (regularly)
　　　　　　　　　 S　　　　　　　　　 V　　　　　　　 S

thins and thickens (as atmospheric pressures and water currents change).
　　 V

（ひょっとすると）（気圧や海流が変化するにつれて），海水は（規則的に）温まったり冷え
たりしているし，氷も（規則的に）薄くなったり厚くなったりしているのかもしれない。

> ● as という接続詞には「ので」「とき」「ように」「〜につれて」などの意味があるが，
> 　ここでは文脈から「〜につれて」という意味で使われている。

⑥ There's ⬚evidence⬚ 《 to suggest that 》, but it's not conclusive.
   V   S   S V   C

《そのことを示唆する》 ⬚証拠⬚ があるが，決定的な証拠というわけではない。

● that という代名詞は，直前の文に書いてある「規則的な水温の変化や循環的な氷の
  増減」を指している。

PARAGRAPH 2

◎トピック

北極の氷の消失が北半球の気候を劇的に変える危険性がある。

⑦ 《 If the Arctic continues to warm 》, the consequences could be grave.
                                          S   V   C

《もしも北極がこのまま暖まり続けるなら》，その影響は深刻なものになるだろう。

● この文での助動詞 could は「推量」を表し，「……しうるだろう」という意味で使
  われている。

● **語 句**

☐ Given that S V	構 もしもSがVすると するならば	☐ thicken	動 厚くなる
		☐ as S V	構 SがVする につれて
☐ the Poles	名 南北の両極		
☐ see O as C	熟 OをCと考える，見なす	☐ atmospheric pressure	名 気圧
☐ indicator	名 指標		
☐ climate change	名 気候変化	☐ water current	名 海流
☐ just another	熟 ありふれた	☐ evidence	名 証拠
☐ imagined	形 空想上の	☐ suggest	動 示唆する
☐ monster	名 怪物	☐ conclusive	形 決定的な
☐ hide	動 隠れる	☐ continue	動 続ける
☐ blank spot	名 空所	☐ consequences	名 影響
☐ regularly	副 規則的に，定期的に	☐ grave	形 深刻な

⑧ Some scientists think 【 there's a chance 〈 ─ remote but conceivable ─ 〉
　　　　　S　　　　　　　V　O　V′　S′

接続詞 that の省略

〈 that the ocean's summer ice cover could (completely) melt 《 at some
　同格の接続詞　　　　　　　　S″　　　　　　　　　　　　　V″

point 《 in coming decades 》》〉】.

科学者の中には【〈《《これからの数十年間においての》ある時点 で）洋上の夏の氷の覆い
が（完全に）溶け出してしまう〉〈─わずかだが考えられる─〉可能性 がある】と考えてい
る人もいる。

● think の直後には，文末までを名詞節とする接続詞の that が省略されている。
● that は a chance という名詞の内容を具体的に説明する節を作っている同格の
　that。

⑨ "The absence 〈 of ice 〉《 in the Arctic 》 would (completely) change
　　S′　　　　　　　　　　　　　　　　　　　　　V′

climate patterns 《 for the Northern Hemisphere 》," says Richard Clark , 〈 a
O′　　　　　　　　　　　　　　　　　　　　　V　　S

marine scientist 〉.

「《北極に》〈氷が〉存在しない と，《北半球の》気候分布 が（すっかり）変わってしまうだ
ろう」と，〈海洋科学者〉リチャード・クラーク は述べている。

● 引用部分の直後では，..... says Richard Clark, のように，主語と述語が逆転する
　倒置構文が使われることがある。

⑩ "《 In computer modeling 》(if you take off the ice), even the circulation
　　　　　　　　　　　　　　　　　S′　V′　　O′　　　　　　S

《 of the ocean 》 reverses."
　　　　　　　　　V

「《コンピューターで立体映像化してみると）（氷を取り除くと）《海洋の》循環 でさえ逆転
してしまいます」

78

PARAGRAPH **3**

◎トピック

氷の消失が短期間に劇的に進行する可能性がある。

⑪ Some scientists think 【 that the Arctic Ocean may have lost its summer ice
　　S　　　　　 V　　 O　　　　　 S′　　　　　 V′　　　　　 O′

（ 400,000 years ago ）, 《 when the earth was as warm as it is now 》】.
　　　　　　　　　　　　　　　　　　 S′　 V′　　　 C′

【北極海の夏の氷は，《地球が今同様に温暖であった》（ 40万年前 に）消失していたかもし
れない】と，考えている科学者もいる。

● may have Vpp は「V したかもしれない」という意味で，過去の出来事を推量す
　る場合に使われる形。

語句

☐ there's a chance that S V	構 S が V する可能性がある	☐ marine	形 海洋の
☐ remote	形 わずかな	☐ computer modeling	名 コンピューターによる立体映像化
☐ conceivable	形 考えられる	☐ take off	動 取り除く
☐ completely	副 完全に	☐ circulation	名 循環
☐ melt	動 溶け出す	☐ reverse	動 逆転する
☐ absence	名 不在	☐ the Arctic Ocean	名 北極海
☐ climate pattern	名 気候分布	☐ as it is now	構 今同様に
☐ the Northern Hemisphere	名 北半球	☐ may have Vpp	構 V したかもしれない

79

⑫ The earth has a history 《 of 【 warming and cooling (dramatically) (in
　　S　　V　　O

just decades or even years) (as environmental factors strengthen each
　　　　　　　　　　　　　　　　　　S　　　　　　　　V　　　　O

other) 】 》.

地球には《【《環境要因が相互に強まると》,《何十年あるいは何年かの間でさえ》（劇的に）
温暖化したり冷却化したりする】という》歴史 がある。

> ● of は history の内容を直後で説明する働きをする「同格」の用法の前置詞。
> ● each other は「お互い（に）」という意味の代名詞。

⑬ 《 In the Arctic 》, (for instance), sea ice reflects most solar energy, but
　　　　　　　　　　　　　　　　　　　　S　　V　　　　O

open water absorbs 《 up to 90 percent 》.
　　S　　　　V

（例えば）,《北極では》, 海の氷はほとんどの太陽エネルギーを反射するが, 氷に閉ざされて
いない海水は太陽エネルギーを《90％まで》吸収してしまう。

⑭ (So) 《 as ice cover shrinks 》, the ocean absorbs more heat,
　　　　　　　　S　　　V　　　　　S　　　V　　　O
　　　　　　　　　　　　分詞構文
((potentially) melting more ice (until a cycle 《 of increased heating and
　　　　　　　　　　　　　　　　　　　　S′

melting 》 causes the permanent ice pack to disappear)).
　　　　　V′　　　　O′

（それで）《氷の覆いが小さくなるにつれて》, 海洋はさらに多くの熱を吸収し,（（場合によっ
ては）さらに多くの氷を溶かしていくこともあるし,（その結果《増大する熱と溶解の》循
環 によって永久流氷が消滅する原因ともなっていくであろう））。

> ● melting は「そして……する」という意味で使われている「結果」の意味を表す分
> 　詞構文。
> ● until S V は直訳すると「S が V するまで」だが,「その結果 S が V する」と解釈
> 　するとわかりやすい。
> ● cause ~ to V は「（主語が原因で）~は V する」という意味の重要構文。

PARAGRAPH **4**

◎トピック

北極の環境の変化は複雑で，実際にどうなるかは時を経ないとわからない。

★ テーマ ★

⑮ But this is a simple model, and the Arctic is no simple environment.
  　　S　V　　C　　　　　　　S　　V　　　C

だがこれは単純なモデルであって，北極は決して単純な環境などではない。

⑯ "The problem 《 in the Arctic 》 is 【 there's a lot of variability 】," says Mark
  　　S′　　　　　　　　　　　　V′ C　V″　　S″　　　　　　　V　S
  （接続詞 that が省略）

Lewis , 《 a specialist 〈 of Polar climate 〉》.

「《北極に関しての》問題点 は，【大きな変動性が存在すること】なのです」と，《〈北極気候
の〉専門家 である》マーク・ルイス は述べている。

- is の直後には名詞節を作る接続詞の that が省略されている。
- Mark Lewis の直後のカンマは同格の働きをし，この人物を具体的に説明する部分
  を付加している。

語句

□ cooling	图 冷却化	□ until S V	接 その結果Sは V する
□ decades	图 何十年，数十年		
□ as	接 〜するとき	□ cycle	图 循環
□ strengthen	動 強まる	□ increased	形 増大する
□ for instance	熟 例えば	□ permanent	形 永久の
□ reflect	動 反射する	□ ice pack	图 流氷
□ solar	形 太陽の	□ simple	形 単純な
□ absorb	動 吸収する	□ no	形 決して〜ない
□ up to	前 〜まで	□ environment	图 環境
□ shrink	動 小さくなる	□ variability	图 変動（流動）性
□ potentially	副 場合によっては，潜在的には	□ specialist	图 専門家

⑰ "Conditions can be very different 〖 from one year to the next 〗, so
$\underset{\text{S}}{}$ $\underset{\text{V}}{}$ $\underset{\text{C}}{}$

year が省略 →

【 catching trends 】 is difficult."
$\underset{\text{S}}{}$ $\underset{\text{V}}{}$ $\underset{\text{C}}{}$

「北極の状態は《ある1年とその翌年とでは》まったく違っていることがあります，だから，【傾向をとらえること】が難しいのです」。

- so「だから」という意味の等位接続詞が前後の文を並べて使われている。
- the next の直後には year が省略されている。
- ここでの助動詞 can は，「……しうる」という意味で，「可能性」を表している。

⑱ George Peterson ，《 who identified the thinning ice 》, says, "People may
$\underset{\text{S}}{}$ $\underset{\text{V}}{}$ $\underset{\text{O}}{}$ $\underset{\text{S'}}{}$

jump on this and say 【 the ice cover is disappearing 】.
$\underset{\text{V'}}{}$ $\underset{\text{O'}}{}$ $\underset{\text{V'}}{}$ $\underset{\text{O'}}{}$

ジョージ・ピーターソン は《氷が小さくなっていることを発見したが》，こう述べている。「人々はこの現象に飛びついて，【氷の覆いが消滅している】と言うかもしれません。

- this という代名詞は，直前の「氷が小さくなる現象」を指している。

⑲ 〖 Well 〗, who knows?
$\underset{\text{S}}{}$ $\underset{\text{V}}{}$

《でも》，それはだれにもわからないことなのです。

- この文は「誰が知っているであろうか」と読者に問いかけることによって，「いや，実際には誰にもわからない」ということを意味する修辞疑問文。

⑳ Everything may rebound 〖 now 〗〖 for the next ten years 〗.
$\underset{\text{S}}{}$ $\underset{\text{V}}{}$

《これから》《次の10年間にわたって》すべてが元に戻るかもしれないのです。

㉑ 接続詞 that が省略

I don't think **[** you'd find many Arctic scientists willing to say, 'Yes, it's (all)
S　V　　　　　O S'　V'　　　　　　O'　　　　　　　　　C'　　　　　　S'

melting (up there), and (in another decade) we won't have any sea
　V'　　　（ up there ）,　and　（ in another decade ）　we　won't have any sea
　　　　　　　　　　　　　　　　　　　　　　　　　　　S'　　V'　　　O'

ice **]**.'

【『ええ，（北極では）氷が（すべて）溶け出しています，そして（もう10年もすると）海の氷はひとかけらも残っていないのです』などと言う気になる多くの北極科学者がいる】とは私には思えません。

- think の直後には名詞節を作る接続詞の that が省略されている。
- you'd は you would の短縮形。would は「だろう」という意味で，「推量」を表す。
- up there は地球の上（北）のほう，すなわち「北極」を指している。

㉒ Only the future will tell us."
　　S　　　　　　V　　O

時間がたってみないことには，私たちにはわからないことなのです」

- 直訳すると「未来だけが私たちに（直前の疑問の答えを）教えてくれる」となる。

●語句

☑ conditions 　名 状態
☑ catch 　動 とらえる
☑ trend 　名 傾向
☑ identify 　動 確認する，発見する
☑ jump on 〜 　熟 〜に飛びつく
☑ disappear 　動 消滅する
☑ rebound 　動 元に戻る
☑ find O C 　動 O が C であることに気づく
☑ willing 　形 〜する気になる
☑ up there 　副 そこで
☑ future 　名 未来

速読トレーニング

1 According to the recent research, / the Arctic has warmed / markedly /
最近の研究によると　　　　　　　　北極は温暖になっている　　　　　著しく

in the past two decades. / The ocean's ice cover / has thinned /
最近 20 年間に　　　　　　　洋上の氷の覆いが　　　　　薄くなり

by an average / of four feet — some 40 percent — / since the 1960s, /
平均　　　　　4 フィート分だけ　　　—約 40%—　　　　　1960 年代以降

and the ice's margin / has receded / 20 percent farther / into the Arctic. /
氷のへりが　　　　　　後退したとのことだ　20% も　　　　　　北極方向に

Given that / the Poles are widely seen / as indicators /
仮に　　　　南北の両極が広く考えられているとすれば　指標として

of global climate change, / this all / looks very dramatic. / But /
地球の気候変化の　　　　　このような現象はすべて　非常に劇的に見える　しかし,

it may be / just another imagined monster / hiding in the blank spots /
それはかもしれない　ありふれた空想上の怪物にすぎない　欠落している場所に隠れている

of our knowledge. / Perhaps / the water regularly warms and cools /
私たちの知識の　　ひょっとすると,　海水は規則的に温まったり冷えたりしているのかもしれない

and the ice / regularly thins and thickens / as atmospheric pressures /
そして氷も　　規則的に薄くなったり厚くなったり　気圧が

and water currents / change. / There's evidence / to suggest that, /
そして海流が　　　変化するにつれて　証拠があるが　そのことを示唆する

but it's not conclusive. /
決定的な証拠というわけではない

2 If the Arctic / continues to warm, / the consequences / could be grave. /
もしも北極が　このまま暖まり続けるなら　その影響は　　深刻なものになるだろう

Some scientists think / there's a chance / — remote but conceivable — /
科学者の中には考えている人もいる　可能性があると　—わずかだが考えられる—

that the ocean's summer ice cover / could completely melt / at some point /
洋上の夏の氷の覆いが　　　　　　完全に溶け出してしまう　ある時点で

in coming decades. / "The absence of ice / in the Arctic /
これからの数 10 年間においての　「氷が存在しないと　北極に

would completely change / climate patterns / for the Northern Hemisphere," /
すっかり変わってしまうだろう」と　気候分布が　　北半球の

says Richard Clark, / a marine scientist. / "In computer modeling
リチャード・クラークは述べている　海洋科学者　「コンピューターで立体映像化してみると

if you take off the ice, / even the circulation / of the ocean / reverses." /
氷を取り除くと　　　　　循環でさえ　　　　海洋の　　　逆転してしまいます」

3 Some scientists think / that the Arctic Ocean / may have lost /
考えている科学者もいる　北極海は　　　　　消失していたかもしれないと

its summer ice / 400,000 years ago, / when the earth was as warm /
夏の氷を　　　40 万年前に　　　　地球が温暖であった

as it is now. / The earth has a history / of warming and cooling /
今同様に　　　地球には歴史がある　　　温暖化したり冷却化したりするという

dramatically / in just decades / or even years /
劇的に　　　何10年　　あるいは何年かの間でさえ

as environmental factors strengthen / each other. / In the Arctic, /
環境要因が強まると　　　　　相互に　　　北極では

for instance, / sea ice reflects / most solar energy, / but /
例えば　　　海の氷は反射してしまう　　ほとんどの太陽エネルギーを　　が,

open water absorbs / up to 90 percent. / So /
氷に閉ざされていない海水は太陽エネルギーを吸収してしまう　90%まで　　それで

as ice cover shrinks, / the ocean absorbs / more heat, / potentially /
氷の覆いが小さくなるにつれて　海洋は吸収し　さらに多くの熱を　場合によっては

melting more ice / until / a cycle /
さらに多くの氷を溶かしていくこともあるし　その結果　循環によって

of increased heating and melting / causes the permanent ice pack /
増大する熱と溶解の　　　　　永久流氷が原因ともなっていく

to disappear. /
消滅する

❹ But / this is a simple model, / and the Arctic /
だが　　これは単純なモデルであって　　北極は

is no simple environment. / "The problem / in the Arctic is /
決して単純な環境などではない　　「問題点は　　北極に関しての

there's a lot of variability," / says Mark Lewis, /
大きな変動性が存在することなのです」　と, マーク・ルイスは述べている

a specialist of Polar climate. / "Conditions can be very different /
北極気候の専門家である　　「北極の状態はまったく違っていることがあります

from one year to the next, / so / catching trends is difficult." /
ある1年とその翌年とでは　だから,　傾向をとらえることが難しいのです」

George Peterson, / who identified / the thinning ice, / says, /
ジョージ・ピーターソンは　発見したが　氷が小さくなっていることを　こう述べている

"People may jump on this / and say / the ice cover is disappearing. /
「人々はこの現象に飛びついて　言うかもしれません　氷の覆いが消滅していると

Well, / who knows? / Everything may rebound now /
でも,　それはだれにもわからないことなのです　すべてが逆転するかもしれないのです

for the next ten years. / I don't think / you'd find / many Arctic scientists /
次の10年間にわたって　私には思えません　わかるとは　多くの北極科学者が

willing to say, / 'Yes, / it's all melting / up there, / and in another decade /
言う気になると　『ええ,　氷がすべて溶け出しています　北極では　そしてもう10年もすると

we won't have any sea ice.' / Only the future / will tell us." /
海の氷はひとかけらも残っていないのです」などと　時間がたってみないことには　私たちにはわからないことなのです」

音読達成シート	日本語付	1	2	3	4	5	英語のみ	1	2	3	4	5

解答と解説　　　　　　　　　　　　問題：別冊 p.19~21

■ 解答 ■

1	しつけが向上していると信じている親は，10人中1人しかいない。				
2	(A)　　　　(ニ)	(B)　　　　(ヘ)		(C)　　　　(ホ)	
3	classroom disorder				
4	(ハ)		5	(ニ)	
6	Lack of discipline				
7	(ロ)		8　最初　Schools　最後　serve		
9	(ニ), (ト)				

[解説]

1 　下線部が非常に短く，代名詞をそのまま訳すと意味が通りにくい。指示通りit が何かを明示して訳すとよい。この文の主語は only one で，one は parent の反復を避けて使われている代名詞。述語動詞 believe の直後には，名詞節を作る接続詞の that が省略されている。believe の後の it という代名詞は，discipline を指している。直訳すると「10人中1人の親だけが，しつけが向上していると信じている」となり，日本語として多少不自然なので，解答のように少しだけ日本語を整えるとよい。

2 　本文で名詞表現になっている箇所を，節を使った表現に書き換える問題。以下の下線の部分が対応箇所になる。

(A) poor teaching → teachers are not teaching well → (ニ)
(B) overcrowding → there are too many students in each class → (ヘ)
(C) lack of parental support → families do not help the school enough → (ホ)

◆問題文の和訳
　教師たちは教え方がうまくないし，教室ごとの生徒数が多すぎるし，家庭が学校を十分に支援していないと考えている人々

3　the problem の the という定冠詞は読者がすでにこの内容を知っていることを示していると考えられるので，まずこの箇所よりも前の部分に答えを探してみる。また，体罰の導入は「何」の解決策となるのか？と考えてみるとよい。

4　be in favour は「～に賛成している」という意味のイディオム。これに合致するのは(ハ)のみ。
◆選択肢の和訳
　×(イ) それを疑う
　×(ロ) それを探す
　○(ハ) それを支持する
　×(ニ) それに反対する

5　identify O as C は「O を C だと見なす」という意味。see O as C も同じように「O を C だと見なす」という意味で使うことができる。このように O as C という形を直後にとり，「見なす」という意味になるものには，他に，regard, view, consider, look on, think of がある。
◆選択肢の和訳
　×(イ) 重んじる
　×(ロ) 証明する
　×(ハ) 示す
　○(ニ) 見なす

6　直前の文において，「しつけの欠如」は学校外の要因に起因するとした上で，筆者は「その責任」は学校ではなく親にあると述べている。学校外の要因とは親や家庭のことなので，the blame は「しつけが欠如していることに対する責任」であると考えられる。直前の Lack of discipline「しつけの欠如」を抜き出して解答とすればよい。

7　work には「うまくいく」「機能する」という意味があり，それに最も近いのは(ロ)。
◆選択肢の和訳
　×(イ) 前進した
　○(ロ) うまく機能した
　×(ハ) 研究された
　×(ニ) 行動を起こした

8 この文は「学校は外部の社会と密接な関係を持っている」ということを意味しているが，第4段落後半の Schools ..... serve の文がほぼ同じ意味で使われている。

9 本文の内容との一致，不一致の理由は次のとおり。

× （イ）本文第2パラグラフでは粗暴な子どもたちに問題があると考えている親は a quarter「4分の1」，すなわち25パーセントであり，数字が食い違う。

× （ロ）「先生の質などよりも粗暴な子どもたちが問題だと考えている親が多い」と本文第2パラグラフに書いてある。

× （ハ）第3段落には，「中流階級よりも，労働者階級で体罰復活の要求が高い」ことが示されており，「あらゆる」とは言えない。

○ （ニ）第4パラグラフに書いてある。

× （ホ）第4パラグラフでは「教師側の指導者は体罰の再導入の可能性に関しては否定的だ」と述べてあり，本文と食い違う。

× （ヘ）第4パラグラフでは「教師側の指導者は人権問題などのため，体罰を支持していない」ことが述べられており，本文と食い違う。

○ （ト）本文第4段落後半から第5段落までの内容に合致する。

× （チ）教師側の意見を述べている第4パラグラフの最後の文において，「責任は親のほうにある」と書かれており，この選択肢は本文と対立する。

徹底精読

PARAGRAPH 1

◎トピック

イギリスでは大多数の親が学校での体罰の復活を支持している。★テーマ★

① **(In Britain)**, a majority of parents want corporal punishment to be
　　　　　　　　　　　S　　　　　　　　　　V　　　　　　O

reintroduced **(in schools)** **(to tackle 【 what { they perceive } is** an

increasing problem **〈 of classroom disorder 〉】)**, **(according to** an opinion

poll **《 published recently 》)**.

(イギリスで **)** **(《** 最近発表された **》** 世論調査 によれば **)**, 大多数の親が **(【〈** 教室内での無秩
序という **〉** ますます大きくなる問題 だと **{** 彼らが認識している **}** 状況 **】** に取り組むために **)**,
(学校に **)** 再度体罰を取り入れることを望んでいる。

- want ~ to V は「~に V してほしい」という意味だが，ここでは to be Vpp という受動態の形になっている。
- to tackle ..... は「……するために」という意味で「目的」を表す副詞的用法の不定詞。
- what という関係代名詞の直後に they perceive という節が挿入されている。

語句

☐ majority	图 大多数，大部分	☐ perceive	動 認識する
☐ want ~ to V	熟 ~に V してほしい	☐ disorder	图 無秩序
☐ corporal punishment	图 体罰	☐ according to	前 ~によれば
☐ reintroduce	動 再導入する	☐ opinion poll	图 世論調査
☐ tackle	動 取り組む	☐ publish	動 発表する，公表する

PARAGRAPH **2**

◎トピック

多くの親たちは学校でのしつけが低下したと考えている。

② It showed 【 that two-thirds 《 of parents 》 think 【 discipline has declined
　 S　　V　　 O　　　　　　　 S′　　　　　　　V′　　O′　　　　　　接続詞 that が省略
　　　　　　　　　　　　　　　　　　　　　　　　　　　　　　　 ┌接続詞 that が省略
《 over the past 10 years 》], (while only one in 10 believe 【 it has
　　　　　　　　　　　　　　　　　　　　　　　　 S′　　 V′　　 O′
improved 】) 】.

この世論調査から，【《親の》 3分の2 が [《過去十年以上にわたって》しつけが低下してい
る] と考えており，（一方，[しつけが向上している] と信じている親は 10 人中 1 人しかい
ない）こと】が明らかになった。

> ● it は前文の an opinion poll を指している。
> ● think と believe の直後には，それぞれ名詞節を作る接続詞の that が省略されてい
> 　る。
> ● while S V は「一方で S は V する」という意味の副詞節を作る。

③ Almost a quarter think 【 badly behaved children are the biggest problem
　　　 S　　　　 V　 O　　 S′　　　　　 V′　　　 C′
《 facing schools 》 】 ― a higher proportion (than those 《 blaming poor
teaching, overcrowding or lack 《 of parental support 》 》).

ほぼ 4 分の 1 の親が，【行儀のよくない子どもたちこそが《学校が直面している》 最大の問
題 である】と考えている―これは（《教師の教え方のつたなさ，生徒数の過密，〈親の支援
が〉欠如していること を非難する》 親 の割合より）高い割合である。

> ● a quarter の直後には of parents が省略されていると考えるとよい。
> ● those は「人々」という意味で使うこともできる。ここでは「親」のこと。

PARAGRAPH **3**

◎トピック

主に労働者階級の親たちが体罰を支持している。

④ The poll showed 【 51% 《 of parents 》 think 【 reintroduction 〈 of corporal
　　S　　　V　　O　S′　　　　　　　　　V′　O′　　S″

punishment 〉 is the answer 《 to the problem 》】】.
　　　　　　　　V″　　C″

接続詞 that が省略 / 接続詞 that が省略

この世論調査から，【《親の》 51パーセントが [《体罰の》 再導入 こそが《この問題の》 解
決策 になる】と考えていること】がわかった。

● showed，think の直後には，それぞれ名詞節を作る接続詞の that が省略されている。

⑤ 《 Among working class parents 》 60% are in favour, but the proportion falls
　　　　　　　　　　　　　　　　　　　S　　V　　C　　　　　S　　　V

to 40% 《 among middle class parents 》.

《労働者階級の親の》60% がこの意見に賛成しているが，（中産階級の親では）賛成者の割
合は 40% に下がっている。

● 等位接続詞の but が前後の文を並べている。

語句

□ show	明らかにする	□ blame	非難する
□ two-thirds	3分の2	□ overcrowding	（1教室あたりの生徒数の）過密
□ discipline	しつけ，規律		
□ decline	衰える，低下する	□ parental	親の
□ improve	うまくなる，向上する	□ reintroduction	再導入
□ quarter	4分の1	□ working class	労働者階級
□ behave	振舞う	□ be in favour	賛成している
□ proportion	割合	□ middle class	中産階級

PARAGRAPH 4

◎トピック

体罰の復活の可能性と体罰の価値を教師側は否定している。

➡ しつけの欠如の責任の多くは親側にある。

⑥ Corporal punishment was abolished (14 years ago) (throughout all state
　　　　　S　　　　　　　　　V

schools).

体罰は（すべての公立学校で）（14 年前に）廃止された。

⑦ Teachers' leaders said 【 there was │no realistic chance│ (of its
　　　　　　S　　　　　V　O　　V′　　　　　　S′

reintroduction 》】.

教師の指導者たちは【《体罰を再導入する》│少しの現実的な可能性│もない】と述べた。

● its という代名詞は corporal punishment を指している。

⑧ │David Hart│, 《 │general secretary│ (of │the National Association│ (of Head
　　　　S

Teachers 》》》, said: "Parents might want to bring it back, but it is not a
　　　　　　　　　　　　V　O　S′　　　　　V′　　　　　O′　　　　　　　S′　V′

possible option.
　　C′

《〈《学校長》│全英協会│〉│会長│》│デイビッド・ハート氏│は次のように述べた，「親ごさんは
ことによると体罰を復活させたいと望んでいるかもしれませんが，それは受け入れられる選
択肢ではありません」

● bring it back の it は corporal punishment を指している。but の直後の it は前
　文の「体罰を復活させること」という内容を指している。

⑨ I don't know │any head teachers or teachers│ 《 who want it 》 and it would
　S　　V　　　　　　　　　O　　　　　　　　　　　　　　　　　　　　　　S

violate │the European Convention│ (on Human Rights).
　V　　　　　O

私は《体罰の復活を望んでいる》校長や教師の方々 を１人も存じ上げませんし，体罰は〈人権に関する〉ヨーロッパ会議 （の決定）に違反することになります。

● ２ つの it という代名詞は，前文の「体罰の復活」を指している。

⑩ I'm not surprised（ ̄接続詞 that が省略 parents identify bad behaviour（ in schools ）**(** as a
　S　V　　　C　　　　　S′　　　V′　　　　O′

problem **))**.
　　C′

私は《親ごさんが（学校での）行儀の悪さが《問題だと》思われていることに》驚いてはおりません。

● surprised の直後には that が省略されている。この that 節は，surprised などの
感情を表す表現の直後に置かれ，驚きの根拠を表す。

⑪ Schools,（ however), can **(** only **)** operate **(** within the communities **(** they
　S　　　　　　　　　　　　　　V　　　関係代名詞 which / that が省略 ┐

serve **))**.

（しかし），学校は，**(**《学校が奉仕している》地域社会 の中で）**(** だけ）運営できるのです。

● communities の直後に目的格の関係代名詞 which または that が省略されている。

● 語 句

☐ abolish	動 廃止する	☐ convention	名 会議
☐ throughout	前 〜じゅうくまなく	☐ human rights	名 人権
☐ state school	名 公立学校	☐ be surprised	熟 Ｓ が Ｖ するとい
☐ realistic	形 現実的な	(that) S V	うことに驚く
☐ general	名 会長	☐ identify	熟 Ｏ を Ｃ と見なす
secretary		O as C	
☐ head teacher	名 校長	☐ behaviour	名 ふるまい，行儀
☐ bring back	熟 取り戻す	☐ operate	動 運営する
☐ possible	形 可能な，受け入れられる	☐ community	名 地域社会
☐ violate	動 違反する	☐ serve	動 奉仕する

⑫ $\boxed{\text{Lack}}$ 《 of discipline 》(often) <u>results</u> (from $\boxed{\text{factors}}$ 〈 outside the school 〉).
   S　　　　　　　　　　　　　　　V

《しつけの》$\boxed{\text{欠如}}$ は，《しばしば》(〈学校の管轄外の〉$\boxed{\text{要因}}$ が原因となって)起こります。

⑬ <u>A lot of the blame</u> <u>lies</u> 《 not with teachers but with parents 》."
   S　　　　　　　　　　V

この責任の多くは，《教師の側にではなく，親の側に》あるのです」

> ● not A but B は「A ではなくて B」という意味の重要構文。ここでは A，B の位置にはそれぞれ with ～という前置詞句が置かれている。

PARAGRAPH 5

◎トピック

学校での規律の低下は社会の変化のせいであり，教師側は体罰は必要ないと考えている。

⑭ $\boxed{\text{John Dunford}}$, 《 $\boxed{\text{general secretary}}$ 〈 of the Secondary Heads Association 〉》,
   S

<u>said</u>: "Corporal punishment <u>will never be discussed</u> (in our meeting).
V　O　　　S′　　　　　　　　　　V′

$\boxed{\text{ジョン・ダンフォード氏}}$ は《〈副校長協会〉$\boxed{\text{会長}}$ で》，次のように述べた。「《(私たちの会議で)》体罰について議論する予定はまったくありません。

⑮ <u>It</u> <u>never worked</u>.
   S　　V

体罰は効果がまったくなかったからです。

> ● It は代名詞で，corporal punishment を指している。
> ● この文での work は「役に立つ，効果がある」という意味で使われている。

⑯ The discipline problem is │a comment│ 〈 on society rather than on schools 〉.
       S   V   C

しつけの問題は,《学校というよりむしろ社会の質を》│反映するもの│ です。

- A rather than B は「B というよりむしろ A」という意味の重要構文。
- comment はもともと「論評」という意味だが,a comment on ～の形で「～の反映,現れ」という意味を表すこともある。

⑰ Schools work 〈 within │the context│ 〈 of 【 what happens outside 】〉〉.
     S   V

学校は(《【校外で起こること】に》│関連│ して)動いていくのです。

- what は関係代名詞で,「……なこと」「……なもの」という意味で使われている。

⑱ Children have become less obedient and 【 keeping good discipline 〈 in
    S   V   C   S

schools 】】 has become much harder (for teachers)."
             V   C

子どもたちは素直に言うことを聞かなくなってきましたし,【(学校で)良いしつけを教え続けること】は(教師には)はるかに大変な仕事になってきているのです」

- and という等位接続詞が前後の文を並べて使われていて,keeping で始まる動名詞句が後ろの文の主語になっている。
- 2つの比較級には,「以前に比べて」という含みがある。

語句

☐ lack	图 欠如	☐ discuss	動 議論する
☐ result from ～	動 ～が原因となって起こる	☐ work	動 うまくいく,機能する
☐ factor	图 要因	☐ comment	图 論評
☐ outside	前 管轄外の	☐ context	图 前後関係
☐ blame	图 責任	☐ within the context of ～	熟 ～に関連して
☐ lie with ～	熟 ～にある		
☐ not A but B	構 A ではなく B	☐ obedient	形 従順な,言うことを聞く
☐ secondary head	图 副校長		

速読トレーニング 速読トレーニング

❶ In Britain, / a majority of parents / want corporal punishment /
イギリスで　　　　大多数の親が　　　　　　体罰を望んでいる

to be reintroduced / in schools / to tackle / what they perceive /
再度取り入れることを　　学校に　　取り組むために　　親たちが認識している状況に

is an increasing problem / of classroom disorder, /
問題が増えてきていると　　　教室内での無秩序という

according to an opinion poll / published recently. /
世論調査によれば　　　　　　　最近発表された

❷ It showed / that two-thirds of parents think /
この世論調査から明らかになった　　　親の3分の2が考えており

discipline has declined / over the past 10 years, / while /
しつけが低下していると　　　過去10年以上にわたって　　一方,

only one in 10 believe / it has improved. / Almost a quarter think /
10人中1人の親だけが信じている　しつけが向上していると　ほぼ4分の1の親が考えている

badly behaved children / are the biggest problem / facing schools /
行儀のよくない子どもたちこそが　　最大の問題であると　　学校が直面している

— a higher proportion than those / blaming poor teaching, / overcrowding /
—この割合は親の割合より高い　　教師の教え方のつたなさを非難する　生徒数の過密

or lack of parental support. /
あるいは親の支援が欠如していることを

❸ The poll showed / 51% of parents think /
この世論調査からわかった　　親の51%が考えていることが

reintroduction of corporal punishment / is the answer / to the problem. /
体罰の再導入こそが　　　　　　　　　　解決策になると　　この問題の

Among working class parents / 60% are in favour, /
労働者階級の親の　　　　　　　60%がこの意見に賛成している

but the proportion falls / to 40% / among middle class parents. /
だが, 賛成者の割合は下がっている　40%に　　　中産階級の親では

❹ Corporal punishment was abolished / 14 years ago /
体罰は廃止された　　　　　　　　　　14年前に

throughout all state schools. / Teachers' leaders said /
すべての公立学校で　　　　　　教師の指導者たちは述べた

there was no realistic chance / of its reintroduction. / David Hart, /
少しの現実的な可能性もないと　　体罰を再導入する　　デイビッド・ハート氏は

general secretary / of the National Association of Head Teachers, /
会長　　　　　　　学校長全英協会の

said: / "Parents might want / to bring it back, /
次のように述べた　「親御さんはことによると望んでいるかもしれません　体罰を復活させたいと

96　　● 最低 10 回は音読しましょう。 ⋯⋯⋯⋯⋯⋯⋯▷

but / it is not a possible option. / I don't know / any head teachers /
が， それは受け入れられる選択肢ではありません 私は存じ上げませんし， 校長や

or teachers / who want it / and it would violate /
教師の方々を1人も 体罰の復活を望んでいる 体罰は違反することになります

the European Convention / on Human Rights. / I'm not surprised /
ヨーロッパ会議(の決定)に 人権に関する 私は驚いてはおりません

parents identify / bad behaviour in schools / as a problem. /
親御さんが思われていることに 学校での行儀の悪さが 問題だと

Schools, however, / can only operate / within the communities /
しかし，学校は 運営できるのです 地域社会の中でだけ

they serve. / Lack of discipline / often results from factors /
学校が奉仕している しつけの欠如は しばしば要因が原因となって起こります

outside the school. / A lot of the blame / lies not with teachers /
学校の管轄外の この責任の多くは 教師の側にあるのではなく

but with parents." /
親の側にあるのです」

5 John Dunford, / general secretary /
ジョン・ダンフォード氏は 会長で

of the Secondary Heads Association, / said: / "Corporal punishment
副校長協会の 次のように述べた 「体罰について

will never be discussed / in our meeting. / It never worked.
議論する予定はまったくありません 私たちの会議で 体罰は効果がまったくなかったからです

The discipline problem / is a comment on society / rather than on schools.
しつけの問題は， 社会の質を反映するものです 学校よりも

Schools work / within the context of / what happens outside. /
学校は動いていくのです 関連して 校外で起こることに

Children have become less obedient / and keeping good discipline /
子どもたちは素直に言うことを聞かなくなってきましたし 良いしつけを教え続けるのは

in schools / has become much harder / for teachers." /
学校で はるかに大変な仕事になってきているのです」 教師には

音読達成 シート	日本語 付	1	2	3	4	5	英語 のみ	1	2	3	4	5

解答と解説

問題：別冊 p.22~25

■ 解答 ■

1	現在まで存在したすべての種の約 90% が絶滅したという事実。						
2	②	3	③	4	1番目 ③	6番目 ④	
5	むしろ自然を保護したいという大衆の欲求を構築することに関連した社会的，文化的，心理学的な要因の複雑な意識が存在しているのだ。						
6	③, ⑦						

[解説]

1 this ～「この～」は，直前の文に書いてある「現在まで存続してきたすべての動植物の種のほぼ90パーセントが絶滅したこと」を受けている。elaborate は「～を詳しく説明する」という意味で，筆者はこの後，具体的な数値を時系列的に示し，「多くの動植物が絶滅しているという点」を詳しく説明している。

2 第1パラグラフの中ほどに，「1600年から1900年までの300年の間に75の種が絶滅した」と書いてあることから，300÷75＝4 となり，「4」年ごとに1種類の動物が絶滅したということになる。

3 第3パラグラフの前半において，「人間は気に入った動物だけを選択して保護しようとする」という，「自然保護における矛盾」を筆者は指摘している。また空所の直前で，「人間の独断で駆除されるネズミや蚊といった害獣の例」を挙げている。この矛盾について，読者に端的に問いかける文がここに置かれると考えられる。空所の直後ではそれらの害獣が駆除される感情的な理由も示されており，「どうして特定の動物だけ保護されないのか？」という③が正解となる。

◆選択肢の和訳
　×① どのようにして私たちはこれら特定の生物を保護すべきであろうか。
　×② どのようにしてこれら特定の生物は自然保護主義者に訴えるのであろうか。

○ ③ どうしてこれら特定の生物は，他と同様に，生存する権利が持てないのであろうか。
× ④ どうしてこれらの特定の生物のみが保護されるのであろうか。

4 正解文：it is not this knowledge that <u>moves</u> most members of the general public

it is ..... that は主語の部分を強調するために使われている「強調構文」。もともとの文は，<u>this knowledge</u> moves most members of the general public だったと考えればよい。主語の部分が強調され，さらに否定文となっている。

5 存在を表す〈there＋be＋名詞〉「〜がある」という構文の名詞の部分に置かれている a complex を，その語に続く形容詞句が修飾している。involved という過去分詞が直前の factors という名詞を修飾している。

6 本文の内容との一致，不一致の理由は次のとおり。

× ① 第 1 パラグラフの終わりの「絶滅の全責任が人類にあるわけではない」という部分と矛盾する。

× ② マイヤーズ氏はこのことを疑っているわけではなく，主張しているほうなので，本文とは逆。

○ ③ 第 2 パラグラフの内容と合致する。

× ④ 本文第 2 パラグラフの終わりに，「トキは専門家以外の関心はほとんど引かない」とあるので，「専門家は関心がある」と考えられる。

× ⑤ これらの生物の絶滅の危険性を比較している箇所はない。本文に根拠のない比較は不正解。

× ⑥ 第 3 パラグラフでは「特定の種の破滅に人々が無関心な理由は，それらの生物が人々に感情的な共感を引き起こすことがないからだ」と書いてあり，自然保護への無関心が理由ではない。

○ ⑦ 第 4 パラグラフの初めに，「科学的自然保護論者は精密なモデルを使って活動しているに違いない」とあり，彼らの活動が心理的要因などに起因している一般大衆とは異なり，専門的知識に基づいていることがわかる。

◆選択肢の和訳
　×① 人類は現在まで存続してきたすべての種のほぼ 90％ を絶滅させた。
　×② マイヤーズによれば，現在，絶滅の恐れがある動物は 1,000 種類以上あることは疑わしい。
　○③ ジャイアントパンダの状況は世界中によく知られている。
　×④ トキのことを心配している専門家はほとんどいないらしい。
　×⑤ トキは白サイやスマトラサイよりもはるかに絶滅に近づいている。
　×⑥ 多くの人は自然保護の状況を心配していないが，このことが人々が特定の種の破滅に寛容であることの説明になっている。
　○⑦ 一般大衆とは対照的に，科学的自然保護論者が他の種類よりもある種に注目しているのは，彼らの専門的な知識に基づくものである。

徹底精読

◎トピック

多数の動植物が現在までに絶滅している。

① It is hard (to believe or (indeed) (even) to understand) but it is
　S　V　C　　　　　　　　　　　　　　　　　　　　　　　　　　　　　S　V

名詞節を作る接続詞

(nonetheless) a fact 【(that) almost 90 percent ⟨ of all species ⟨ that
　　　　　　　　　　　C

have existed (up until now) ⟩⟩ have disappeared 】.

（信じることも（はっきり言えば）理解すること（さえも））難しいのだが，【（それにもかかわらず）《〈現在まで存続してきた〉すべての動植物種 の》ほぼ90% が絶滅してしまった】のは事実である。

- ● 2つの it は形式主語で，that 以下の名詞節を指している。
- ● to believe ..... と to understand ..... は副詞的用法の不定詞で，「……するのに」という意味で，直前の hard という形容詞の意味を限定する働きをしている。

② Norman Myers elaborates this basic point (to give an approximate historical
　　　　S　　　　　V　　　　　O

sense ⟨ of the rate ⟨ at which species have become extinct ⟩⟩).

ノーマン・マイヤーズは（《〈種が絶滅してきた〉速さ に関する》おおよその歴史的な意味合い を付与するために，）この基本的な点について詳しく説明している。

- ● this basic point とは直前の文の「現在まで存続してきたすべての動植物種の90パーセントが絶滅したこと」を指している。
- ● 後半の部分はもともと Species have become extinct at the rate. という文だったと考えるとよい。ここでは関係代名詞 which の目的格の前に前置詞 at が置かれている。

③ **(** Quite simply **)**, **(** from 1600 to 1900 **)** <u>human beings</u> <u>eliminated</u> some
　　　　　　　　　　　　　　　　　　　　　　　　　S　　　　　V

<u>seventy-five known species</u>, **《(** mostly **)** mammals and birds 》; **(** since
　　　　　　O

1900 to the present day **)** <u>they</u> <u>have eliminated</u> <u>another seventy-five</u>.
　　　　　　　　　　　　　　　　S　　　V　　　　　　　　O

(非常に単純に言えば**)**，(1600年から1900年にかけて) 人類は およそ75の既知の種 を
絶滅に追いやったが，**《(**そのほとんどが**)** 哺乳類と鳥類である**》**。(1900年以降今日に至る
までで) 人類はさらに別の75種を絶滅に追いやってきた。

● species の直後のカンマは同格の働きをし，直前の species という名詞を直後で
　詳しく言い換えている。
● 文末の seventy-five の直後には species という名詞が省略されている。

④ **(** Between 1600 and 1900 **)** the rate **《** of disappearance **》** <u>was</u>
　　　　　　　　　　　　　　　　　　　S　　　　　　　　　　　　　　V

(approximately **)** <u>one species</u> **(** every 4 years **)**; **(** in the present century **)**
　　　　　　　　　　　　C

<u>the rate</u> <u>has been</u> **(** approximately **)** <u>one species</u> **(** every year **)**.
　S　　　V　　　　　　　　　　　　　　C

(1600年から1900年の間の**)《**絶滅の**》** 速さ は，(およそ)(4年に) 1つの種の割合だっ
たが，**《**今世紀に入ってから**》** この速さは，(およそ)(1年に) 1つの種の割合になってきて
いる。

● every は数詞の前に置かれると，「～ごとに」という意味で使われる。

● 語句

☐ indeed	副 実は，はっきり言えば	☐ extinct	形 絶滅した
☐ nonetheless	副 それにもかかわらず	☐ eliminate	動 絶滅させる
☐ species	名 種	☐ mostly	副 ほとんどは
☐ disappear	動 消える，絶滅する	☐ mammal	名 哺乳類
☐ elaborate	動 詳しく説明する	☐ disappearance	名 消滅，絶滅
☐ approximate	形 おおよその	☐ approximately	副 おおよそ
☐ sense	名 意味	☐ every	形 ～ごとに
☐ rate	名 速さ		

101

⑤ Humans cannot be held (totally) responsible, (however), (for) many of
　　S　　　　　　V　　　　　　　　　　C
接続詞

these species disappeared (well before Homo sapiens appeared on the
　　S　　　　　V

planet).

(しかし), この責任が（全部）人類にあると考えることはできない。というのも，こうした
絶滅種の多くは《ホモサピエンスがこの惑星に出現するはるか以前に》消滅してしまったか
らである。

- 最初の節は hold O C「O を C だと考える」という構文の受動態。O be held C
  で「O は C であると考えられる」という意味になる。
- for は前の節に対しての理由を追加する場合に使われる等位接続詞で，「というのも
  S が V するからだ」という意味になる。

PARAGRAPH 2

◎トピック

現在も多くの動植物が消滅し続けている。

⑥ (Although Myers concluded his analysis (in 1979)), the process 《 that
　　　　　　　S′　　　V′　　　O′　　　　　　　　　　　S

he describes 》 is (undoubtedly) continuing, (for) (as he himself says),
　　　　　　　　　V
接続詞

there are (currently) over a thousand animal forms 〈 that may soon
　　V　　　　　　　　　　　　　　　　　S

disappear (from the Earth) 〉.

(マイヤーズは，(1979 年に) 分析を終了したが),《彼が説明している》過程 は（疑いなく）
今も続いているのである，というのも，(彼自身述べているように),《現在》〈今すぐにも（地
球上から）姿を消してしまうかもしれない〉動物 が 1,000 種類以上あるからである。

- 2 行目の as he himself says の as は「S が V するように」という意味の副詞節
  を作る接続詞。as you know「ご存じのように」などの as と同じ用法である。

⑦ **(** In `many parts` **《** of the world **》)** `concern` is **(** certainly **)** expressed **〈** about
　　　　　 S 　　　　　　　　　　 V

this **〉**, but **(** just as few animals can be recognized **(** by the public **))**,

(perhaps **)** `even fewer` **《** of these thousand forms **》** could be named and
　　　　　　　 S 　　　　　　　　　　　　　　　　　 V

identified.

((《世界**》**`各地`で) **〈**このことに対する**〉** `懸念` が取りざたされていることは（確か）だが，
((`一般の人が`) 認識できる動物の数はその数とちょうど同じくらい少なく)，(おそらく) **《**この 1,000 種の中で**》**名前を挙げて確認できる動物の数は `さらに少なく` なるだろう。

● 主語の直後の前置詞句は，文体を整えるために文末へ後回しにされることがある。ここではもともとの形が concern about this で，about this が文末に後回しにされている。
● even や still という副詞は「さらに」という意味で比較級を強めることができる。
● just as few animals の as は「同じくらい」（原級）の意味を表す。ここでは，前の文に出てくる a thousand animal forms を受けて，「（絶滅するかもしれない）1,000 種類とちょうど同じくらい少数の動物」ということ。一般人が知っている動物の全種類はせいぜい 1,000 種類程度であり，絶滅に瀕した 1,000 種のうち一般人が名前を知っているような動物はそれよりさらに少ない，と続いている。

●語 句

☐ hold O C	動 O を C だと考える	☐ describe	動 説明する
☐ responsible	形 責任がある	☐ undoubtedly	副 疑いなく
☐ ....., for S V	接 というのも S が V するからだ	☐ continue	動 続く
☐ disappear	動 消滅する	☐ currently	副 現在（のところ）
☐ well	副 かなり，はるか	☐ form	名 種類
☐ Homo sapiens	名 ホモサピエンス，人類	☐ concern	名 懸念，不安
☐ planet	名 惑星	☐ certainly	副 確かに
☐ conclude	動 終了する	☐ express	動 言い表す
☐ analysis	名 分析	☐ recognize	動 認める，認識する
☐ process	名 過程	☐ the public	名 一般の人
		☐ name	動 名前を挙げる
		☐ identify	動 確認する

⑧ The giant panda is recognized (internationally)(as an endangered animal),
    S   V

接続詞
and many might recognize 【(that) the white rhino and the Sumatran rhino are
    S   V

dying out 】, but the critical situation《 of the crested ibis 》is likely to attract
                   S   V C

前置詞
the attention〈 of few《(but) the specialist 》〉.

ジャイアントパンダは《絶滅の危険性がある動物として》（国際的に）認知されているし，
【白サイやスマトラサイも絶滅しかかっていることを】認識している人も多いかもしれない
が，《トキの》危機的な状況 は〈《専門家を除いては》ほとんどだれの 〉注目 も集めそう
にない。

- many や few のような数量を表す言葉は，しばしば代名詞として使われる。ここで
  は，many people, few people の意味で使われている。
- ここでの but は前置詞で「～を除いて」という意味で使われている。

PARAGRAPH ❸

◎トピック

保護すべき動植物の選択における文化的な偏向。

⑨ Concern《 for conservation 》 is a cultural factor and must be understood
  S   V①   C   V②
(as such), but (within cultures) the focus〈 of concern 〉 is (highly)
                                    S   V
selective.
  C

《自然保護についての》関心 は文化的な要因であり，《そのようなものとして》理解されな
ければならないが，（文化という範疇では）〈関心の〉焦点 は《非常に》選別的である。

シンプル訳 自然保護に関しては，人間は，あまり科学的でない主観的な考え方をする
ので，保護したい動物を主観的に選んでしまう。

- as such は「そのようなものとして」という意味のイディオムだが，ここでは「文
  化的な要因として」という意味。

⑩ |A question| 《 we could well ask 》 is: (if it is important to conserve species)
S   V S′ V′ C′

why is it that |many individuals| 《 who might well support |the ideals| 《 of
          S′

conservation 》》 also support |the attempt| 《 to destroy |certain species|
          V′   O′

《 such as the Norway rat, the tsetse fly, or the malaria-carrying mosquito 》》?

《私たちが当然のことながら尋ねる》|質問| は次のようなものである。《種を保存することが
重要ならば》，《《自然保護の》|理想| を強く支持することは当然のことだと考えている》|多く
の個人| が，また，どうして《《ノルウェーネズミ，ツェツェバエ，あるいはマラリアを媒介
する蚊といった》|特定の種| を滅ぼす|試み| に加担するのだろうか。

シンプル訳　人々は「自然を保護するのは重要だ」と唱えているのに，害獣の駆除とな
ると喜んで支持してしまうのはなぜだろうか。

● 2 行目からの why is it that は強調構文の疑問文。もともとの It is ..... that S V
という強調構文が，……の部分を尋ねる疑問詞の why の直後で疑問文の語順となっ
ている。

語句

☐ giant panda	图 ジャイアントパンダ	☐ selective	形 選別的な
☐ endangered	形 絶滅の危険にさらされた	☐ could well V	熟 当然 V する
		☐ conserve	動 保存する
☐ many	代 多数の人	☐ individual	名 個人
☐ recognize	動 認知[認識]する	☐ might well V	熟 V することを当然と考える
☐ rhino	名 サイ		
☐ die out	動 絶滅する	☐ support	動 支持する
☐ critical	形 危機的な	☐ ideal	名 理想
☐ crested ibis	名 トキ	☐ attempt	名 試み
☐ attract the attention of ~	熟 ～の注意を引きつける	☐ Norway rat	名 ノルウェーネズミ
☐ but	前 ～を除いて	☐ tsetse fly	名 ツェツェバエ
☐ concern	名 関心	☐ malaria-carrying	形 マラリアを媒介する
☐ conservation	名 (自然)保護		
☐ focus	名 焦点	☐ mosquito	名 蚊

⑪ (Quite simply), why don't these particular living creatures also have the
                                     S   V

right 《 to exist 》?
 O

（非常に簡単に言うと），なぜこうした特定の生物も《生存する》権利を持っていることに
ならないのだろうか。

⑫ Part 《 of the explanation 》, (of course), lies in the fact 〈 that such
  S   V   同格の接続詞

creatures do not bring about sympathetic emotional reactions (in people),
    S′   V′   O′

and (in these particular cases) they are seen (as causing harm (to

human beings)) 〉.

（もちろん），《このことの説明の》一部には，〈こうした生物が（人々に）同情という感情
的な反応を呼び起こさず，（こうした特殊な事例では），先に挙げた生物は（（人間に）害を
もたらしていると）考えられているという〉事実が存在する。

> ● the fact の直後の that は同格の that で，the fact という事実の内容を直後で説明
> する働きをしている。

⑬ But the question remains: why is it that conservationists choose to preserve
        S   V   V S   S′   V′   O′

only part 《 of an ecosystem 》?

しかし，次の疑問が残る。自然保護論者たちはなぜ《生態系の》一部だけを保存すること
を選ぶのだろうか。

> ● why is it that ..... は強調構文の疑問文。

PARAGRAPH 4

◎トピック

どの動植物を保護すべきかは，科学的根拠というより，むしろ文化的，心理的要因によって決まっている。★テーマ★

⑭《 Undoubtedly 》 scientific conservationists operate with a sophisticated
　　　　　　　　　　　　　　S　　　　　　　　　　V

model《 of the organization and functioning 〈 of ecosystems 〉》, but it is not
　　　　　　　　　　　　　　　　　　　　　　　　　　　　　　　　　　S　 V

this knowledge that moves most members 《 of the general public 〈 to
C

whom conservationists make appeal 〉》.

科学的自然保護論者が《〈生態系の〉構成と機能という》精密なモデルを使って仕事をしていることは(疑いない)。だが，《〈自然保護論者が訴えかけている〉一般大衆の》大多数を動かしているのはこの知識ではない。

> ● 後半の but 以下の it is ..... that ..... は強調構文。もともとの文は，this knowledge moves ...... だが，主語の this knowledge が強調されている。

●語句

☐ living creature	名 生物	☐ remain	動 残る
☐ right	名 権利	☐ conservationist	名 自然保護論者
☐ exist	動 生存する	☐ choose to V	熟 V するほうを選ぶ
☐ part of ~	熟 ~の一部	☐ preserve	動 保存する
☐ explanation	名 説明	☐ ecosystem	名 生態系
☐ lie in ~	熟 ~にある	☐ scientific	形 科学的な
☐ creature	名 生物	☐ operate	動 仕事をする
☐ bring about ~	熟 ~をもたらす	☐ sophisticated	形 精密な
☐ sympathetic	形 同情的な	☐ organization	名 構成
☐ emotional	形 感情的な	☐ functioning	名 機能
☐ reaction	名 反応	☐ move	動 動かす
☐ particular	形 特別な	☐ general public	名 一般大衆
☐ cause	動 引き起こす	☐ make appeal	熟 訴える

⑮ **(** Rather **)** there is a complex 《 of social, cultural and psychological factors
　　　　　　　　 $\underset{V}{\text{is}}$　$\underset{S}{\text{a complex}}$

〈 involved in the construction 《 of the public's desire 〈 to conserve 〉》》》.

《むしろ》《《《〈自然を保護したいという〉大衆の欲求 を》構築すること に関連した〉社会的，文化的，心理学的な要因 の》複雑な意識 が存在しているのだ。

> **シンプル訳** 「自然保護」という大衆が持つ意識は，様々な要因がからみあった複雑なものである。

● 存在を表す〈there＋be＋名詞〉「～がある」という構文での，名詞の部分に置かれている **a complex** をその語に続く形容詞句が修飾している。

● 語 句

☐ rather	副 むしろ	☐ involved	形 関連している
☐ complex	名 複雑な意識	☐ construction	名 構造
☐ psychological	形 心理学的な	☐ desire	名 欲求

CD **1**
14

速読トレーニング

1 It is hard to believe / or indeed / even to understand /
信じることも難しいのだが　　　はっきり言えば　　　理解することさえも

but it is nonetheless a fact / that almost 90 percent / of all species /
それにもかかわらず事実である　　　ほぼ 90％ が　　　すべての動植物種の

that have existed / up until now / have disappeared.
存続してきた　　　現在まで　　　絶滅してしまったのは

Norman Myers elaborates / this basic point / to give /
ノーマン・マイヤーズは詳しく説明している　この基本的な点について　付与するために

an approximate historical sense / of the rate /
おおよその歴史的な意味合いを　　速さに関する

at which species have become extinct. / Quite simply, / from 1600 to 1900 /
種が絶滅してきた　　　　　非常に単純に言えば　1600 年から 1900 年にかけて

human beings eliminated / some seventy-five known species, /
人類は絶滅に追いやったが　　　およそ 75 の既知の種を

mostly mammals and birds; / since 1900 / to the present day /
そのほとんどが哺乳類と鳥類である　　1900 年以降　今日に至るまでで

they have eliminated / another seventy-five. / Between 1600 and 1900 /
人類は絶滅に追いやってきた　　さらに別の 75 種を　　　1600 年から 1900 年の間の

the rate of disappearance was / approximately one species / every 4 years; /
絶滅の速さは　　　　　およそ 1 つの種の割合だったが　　4 年に

in the present century / the rate / has been approximately one species /
今世紀に入ってから　この速さは,　およそ 1 つの種の割合になってきている

every year. / Humans cannot be held totally responsible, / however, /
1 年に　　　この全責任が人類にあると考えることはできない　しかし

for / many of these species disappeared / well before /
というのも　こうした絶滅種の多くは消滅してしまったからである　はるか以前に

Homo sapiens appeared / on the planet.
ホモサピエンスが出現する　　この惑星に

2 Although Myers concluded his analysis / in 1979, / the process /
マイヤーズは分析を終了したが　　　1979 年に　過程は

that he describes / is undoubtedly continuing, / for, /
彼が説明している　　疑いなく今も続いているのである　というのも,

as he himself says, / there are currently / over a thousand animal forms /
彼自身述べているように　　　現在,　　動物が 1,000 種類以上あるからである

that may soon disappear / from the Earth. / In many parts / of the world /
今すぐにも姿を消してしまうかもしれない　地球上から　　各地で　　世界の

concern is certainly expressed / about this, / but /
懸念が取りざたされていることは確かだ　このことに対する　しかし

just as few animals / can be recognized / by the public,
動物の数はその数とちょうど同じくらい少なく / 認識できる / 一般の人が

perhaps even fewer of these thousand forms / could be named
おそらくこの1,000種の中でも動物の数はさらに少なくなるだろう / 名前を挙げて

and identified. / The giant panda / is recognized internationally
確認できる / ジャイアントパンダは / 国際的に認知されているし

as an endangered animal, / and many might recognize / that the white rhino
絶滅の危険性がある動物として / 認識している人も多いかもしれない / 白サイや

and the Sumatran rhino / are dying out, / but / the critical situation
スマトラサイも / 絶滅しかかっていることを / しかし / 危機的な状況は

of the crested ibis / is likely to attract the attention / of few
トキの / 注目しそうにない / ほとんどだれも

but the specialist.
専門家を除いては

❸ Concern for conservation / is a cultural factor / and must be understood
自然保護についての関心は / 文化的な要因であり / 理解されなければならない

as such, / but within cultures / the focus of concern
そのようなものとして / しかし文化という範疇では / 関心の焦点は

is highly selective. / A question / we could well ask is:
非常に限られている / 質問は次のようなものである / 私たちが当然のことながら尋ねる

if it is important / to conserve species / why is it that / many individuals
重要ならば / 種を保存することが / またどうして / 多くの個人が

who might well support / the ideals of conservation / also
強く支持することは当然のことだと考えている / 自然保護の理想を / また,

support the attempt / to destroy certain species / such as the Norway rat,
試みに加担するのだろうか / 特定の種を滅ぼす / ノルウェーネズミ,

the tsetse fly, / or the malaria-carrying mosquito? / Quite simply,
ツェツェバエ / あるいはマラリアを媒介する蚊といった / 非常に簡単に言うと

why don't these particular living creatures / also have the right
なぜこうした特定の生物も / 権利を持っていることにならないのだろうか

to exist? / Part of the explanation, / of course, / lies in the fact
生存する / このことの説明の一部には / もちろん / 事実が存在する

that such creatures / do not bring about / sympathetic emotional reactions
こうした生物が / 呼び起こさず / 同情という感情的な反応を

in people, / and in these particular cases / they are seen
人々に / こうした特殊な事例では / 先に挙げた生物は考えられている

as causing harm / to human beings. / But / the question remains:
害をもたらしていると / 人間に / しかし, / 次の疑問が残る

why is it that / conservationists choose to preserve
なぜ / 自然保護論者たちは保存することを選ぶのだろうか

only part of an ecosystem? /
生態系の一部だけを

④ Undoubtedly / scientific conservationists /
疑いない　　　　科学的自然保護論者が

operate with a sophisticated model / of the organization and functioning /
精密なモデルを使って仕事をしていることは　　　　構成と機能という

of ecosystems, / but it is not this knowledge / that moves most members
生態系の　　　　だが，この知識ではない　　　　大多数を動かしているのは

of the general public / to whom conservationists make appeal. / Rather /
一般大衆の　　　　自然保護論者が訴えかけている　　　　むしろ

there is a complex / of social, / cultural / and psychological factors /
複雑な意識が存在しているだ　　社会的，　　文化的，　　心理学的な要因の

involved in the construction / of the public's desire / to conserve.
構築することに関連した　　　　大衆の欲求を　　　　自然を保護したいという

音読達成シート	日本語付	1	2	3	4	5	英語のみ	1	2	3	4	5

解答と解説

問題：別冊 p.26〜30

■ 解答 ■

1	②	6	①
2	①	7	⑤
3	⑤	8	②
4	③	9	②
5	③		

[解説]

1 本文の「要点」を尋ねている問題なので，単に本文の一部に書いてあるかどうかだけではなく，筆者が何を言いたいのかをよく考えて選ぶ必要がある。要点との一致，不一致の理由は次のとおり。

× ① 本文は，「スイスの」英語教育と言語政策を中心に述べているので，視点が広すぎるこの選択肢は正解とはならない。

○ ② 本文の要点と一致する。

× ③ 筆者は「多くの外国語を教える必要がある」というような自らの主張を明確に示してはいない。

× ④ 本文では「スイスの」言語問題について述べられており，視点が広すぎるこの選択肢は本文の要点とはなりえない。

× ⑤ 本文において，筆者はスイスの言語政策やその問題を客観的に述べていて，「国のきずなとなる言語として英語を役立てる必要がある」というような，自らの主張を明確に示してはいない。

◆指示文の和訳
以下のどれが本文の要点を最も的確に述べていますか。選んだものをマークシートにマークしなさい。

◆選択肢の和訳
×① 英語は国際語になったので重要である。
○② スイスでは言語政策は重大な政治課題である。
×③ スイスのような国では多くの外国語を教える必要がある。
×④ 英語の重要性が増大していることを否定することは不可能である。
×⑤ スイスでは英語を「国のきずなとなる言語」として役立てる必要がある。

2 本文の内容との一致，不一致の理由は次のとおり。

○ ① 第1パラグラフにある数値と合致する。

× ② 本文第2パラグラフには，法律が確定するためには26の県の議会を通過しなければならないと書いてある。

× ③「現状では英語を学ぶ期間は1〜2年しかない」と第2パラグラフの最初に書いてある。また第4パラグラフでは，「フランス語を学校で学ぶ期間は8年」だと述べられている。

× ④ 第4パラグラフには，「学校で教えられているのは『高地ドイツ語』で，実際に話されている言葉とは違う」と書いてある。

× ⑤ 第3パラグラフには，チューリッヒは現状を打破するために大胆な決定をしたことが述べられているが，他県との協力については触れていない。

◆指示文の和訳

この記事によれば，以下のどれが正しいですか。選んだものをマークシートにマークしなさい。

◆選択肢の和訳

○① スイス系ドイツ語を話す人のほうが他の言語を話す人をひとまとめにしたよりも，多い。

×② 法律は少なくともスイスの半数以上の県によって是認されなければならない。

×③ スイスの学生はフランス語を学ぶ期間よりも2〜3年長く英語を学ぶ。

×④ スイスの学校で教えているドイツ語は，大方の人が話しているのと同じ方言である。

×⑤ チューリッヒはスイスのほかの県と協力して行動することを決定した。

3 本文の内容との一致，不一致の理由は次のとおり。内容と一致していないものが正解(○)になる。

× ① 第2パラグラフに，「スイスには教育を管理する国家省庁もない」と書いてある。

× ② 第4パラグラフの最初の文の内容と合致する。

× ③ 第2パラグラフの内容と合致する。

× ④ 第3パラグラフに述べられている「チューリッヒ県の決断」と合致する。

○ ⑤ 第2パラグラフの冒頭の文では，「1年から2年」と書いてあるので，本文と矛盾している。

◆指示文の和訳

この記事によれば以下のどれが正しくありませんか。選んだものをマークシートにマークしなさい。

◆選択肢の和訳

×① スイスには国家教育省庁がない。

×② スイスの国外にいる人は，スイスは実際よりもずっと平和であると思っている。

×③ それぞれの県が独立している自治制度のため，スイスに変化をもたらすのは容易ではない。

×④ スイスの1つの県は，ついに英語教育政策を変更する決定をした。

○⑤ 今ではスイスの学生は，1〜3年間英語を学ぶことができる。

4 not to mention 〜 は「〜は言うまでもなく」という意味の重要熟語。as well as 〜「〜と同様に」とほぼ同じような意味を表す。

◆指示文の和訳

以下のどれが意味的に(1) not to mention businessmen に最も近いですか。選んだものをマークシートにマークしなさい。

◆選択肢の和訳

　×① ビジネスマンを除いては　（except for 〜：〜を除いては）

　×② ビジネスマンの代わりに　（in place of 〜：〜の代わりに）

　○③ ビジネスマンと同様に　（as well as 〜：〜と同様に）

　×④ ビジネスマンとは無関係に　（regardless of 〜：〜とは無関係に）

　×⑤ ビジネスマンに関して　（with regard to 〜：〜に関して）

5 go out into the world とは「世の中に出る」すなわち「社会人として世間で人と競い合う」ことを比喩的に意味している。

◆指示文の和訳

以下のどれが意味的に(2) go out into the world に最も近いですか。選んだものをマークシートにマークしなさい。

◆選択肢の和訳

　×① 多くの国へと旅行する

　×② 外で遊ぶ

　○③ 社会において競争する

　×④ 大いなる成功を収める

　×⑤ 国際的な職業を選ぶ

6 as distinct from 〜 は「〜とは対照的に」という意味のイディオム。in contrast to 〜 とほぼ同じ意味を表す。

◆指示文の和訳

以下のどれが意味的に(3) as distinct from formal writing に最も近いですか。選んだものをマークシートにマークしなさい。

◆選択肢の和訳

　○① 公式文書とは対照的に　（in contrast to 〜：〜とは対照的に）

　×② 公式文書に見られるように

　×③ 公式文書の代わりに　（in place of 〜：〜の代わりに）

　×④ 顕著な公式文書においての場合と同様に

　×⑤ 公式文書に加えて　（in addition to 〜：〜に加えて）

7 work out は「〜を作り上げる」「〜を発見する」という意味のイディオム。下線部は「政策を作り出す」という意味。「解決策を決定する」の⑤に意味的には最も近い。

◆指示文の和訳
以下のどれが意味的に(4) work out a policy に最も近いですか。選んだものをマークシートにマークしなさい。

◆選択肢の和訳
× ① 彼らの権利を行使する
× ② 新たな方法を採用する
× ③ 異なった方法を見つける
× ④ 違いを狭める
○ ⑤ 解決策を決定する

8 may well V は「V するのはもっともだ」という意味のイディオムで，下線部は「委員会が賢明な勧告を編み出すことが当然考えられる」という意味。「りっぱな勧告案を作り出すことは可能である」という②の選択肢と最も意味が近い。

◆指示文の和訳
以下のどれが意味的に(5) It may well come up with wise recommendations? に最も近いですか。選んだものをマークシートにマークしなさい。

◆選択肢の和訳
× ① 委員会がいくつかの賢い勧告をすることができるのはよいことだ。
○ ② 委員会がいくつかの大変りっぱな勧告案を作り出すことは可能である。
× ③ 委員会がなんとかしてある優れた計画を勧告するのはいい考えだ。
× ④ 委員会が何らかの妥協案を勧告するかどうかは疑問だ。
× ⑤ 誰もが気に入るような勧告をするのは確実である。

9 本文から推論できるか否かの根拠は次のとおり。

× ① 本文第5パラグラフでは，委員会が，各県が独自に政策を決定できるような案を作り出す可能性を示している。

○ ② 本文第5パラグラフでは，意見の違う人々で構成される委員会は「各県に独自の決定を許す政策」を編み出す可能性を示している。ということは，国家として統一された解決策は生み出される可能性は少ないと言える。

× ③ 第5パラグラフでは，委員会による解決案の可能性が示されている。

× ④ 本文ではスイス全体を統制することは極めて困難であると述べられている。国家全体として英語の重要性を認識することになるとは，本文からは推論できない。

× ⑤ 本文第5パラグラフでは，各々の県が独自の解決策を選べる可能性が示唆されており，ある特定の集団に対してのみ圧倒的に有利な解決案が策定されるとは考えられない。

◆指示文の和訳
　この記事から以下のどれを推論することができますか。選んだものをマークシートにマークしなさい。

◆選択肢の和訳
　× ① スイスはたぶん英語教育にはいっさい変更を加えない決定をするだろう。
　○ ② たぶん統一国家スイスとしての英語教育の変更に関する政策は生まれないだろう。
　× ③ スイスが近い将来英語教育を改善することはたぶん不可能だろう。
　× ④ スイスはたぶん英語が世界で最も重要な「きずなの役割を果たす言語」であることにすぐに気づくだろう。
　× ⑤ たぶんスイスの非英語話者に圧倒的に有利な妥協が図られるだろう。

徹底精読

◎トピック

多言語国家，スイスにおける英語教育に対する要望。

① Switzerland has a language problem.
　　　　S　　　V　　　　　O

スイスは言語の問題を抱えている。

② The trouble is not | a shortage | 《 of tongues 》, (for) the Swiss have four of their
　　　S　　　V　　　C　　　　　　　　　　　接続詞　　　S　　　V　　　O

own.

この問題は《言語の》| 不足 | ではない，というのも，スイス国民は国語として4つの言語を

持っているからである。

- ここでの for は接続詞で，「というのも S が V するからだ」という意味で，後から
  理由を付け足す働きをしている。
- four の直後には tongues が省略されている。

● 語 句

☐ language　　名 言語　　　　☐ tongue　　　名 言語
☐ shortage　　名 不足　　　　☐ the Swiss　　名 スイス国民

117

③ <u>Some 65%</u> <u>speak</u> <u>one variety or another</u> 《 of Swiss-German 》, <u>18%</u> <u>speak</u>
     S   V   O   S   V

<u>French,</u> <u>10%</u> <u>speak</u> <u>Italian,</u> and (nearly) <u>1%</u> <u>speak</u> <u>one</u> 《 of <u>the four</u>
   O   S   V   O   S   V   O

<u>Romansh dialects</u> 〈 used (in <u>some</u> 《 of <u>the valleys</u> 〈 in the canton of the

Grisons 〉》 〉〉 》.

約 65% は 《スイス系ドイツ語の》 何らかの種類のもの を話し，18% がフランス語を話し，10% がイタリア語を話し，(ほぼ) 1% が 《《《《グリゾン県の》 渓谷 の》 一部 で) 使われている〉 4つあるロマンシュ語の方言 の》 1つ を話している。

- 文頭で数詞の前に Some が置かれ，「約～」という意味で使われている。
- この文全体は A, B, C, and D (A と B と C と D) という形をしていて，4つ の文が並べられている。

④ There <u>are</u> (also) <u>the languages</u> 《 of the many immigrant workers 》.
     V   S

(また) 《多くの移民労働者の》 言語 がある。

⑤ <u>The problem</u> <u>is</u> 【(that^{接続詞}) many Swiss parents, 《 not to mention <u>businessmen</u>
     S   V C   S′

《 who want to talk to colleagues abroad 》》, would like more Swiss children
                                                  V′   O′

to go out into the world (with <u>a better command</u> 〈 of English 〉) 】.

問題は，【(《国外にいる同僚と話したがっている》 ビジネスマン はもちろん)，多くのスイス人の親は，より多くのスイスの子どもたちに (《英語の》 より優れた運用能力 を持って) 世の中に出て行ってもらいたいと望んでいること】だ。

- not to mention ～ は，「～はもちろん」「～は言うまでもなく」という意味の副詞 句を作り，カンマとカンマにはさまれ文中に挿入されている。
- would like ～ to V は「～に V してほしいと思っている」という意味の重要構文。

PARAGRAPH 2

◎トピック

英語教育に関して，県の意見をまとめることは困難である。

⑥ **(At the moment)**, English is (officially) taught (for only one or two
　　　　　　　　　　　　　S　　　　　　　　　V
years) **(before** the school-leaving age **《 of 16 》)**.

（現在），英語は（公には）**《**16歳という**》**義務教育を終了する年齢になる前に）（1～2年間だけ）教えられている。

● of は同格の働きをし，A of B という形で「B という A」という意味になる。

⑦ **【 Changing such practices 】** is (never) easy **(in Switzerland)**.
　　　　　　　　S　　　　　　　　V　　　　　　　　C

（スイスでは）**【**こうした慣習を変えること**】**は（決して）やさしいことではない。

⑧ There is no national ministry **《 of education 》**.
　　　　　V　　　　S

《教育を管理する**》**国家省庁もない。

語句

□ some	形 約	□ would like ~ to V	熟 ~に V してほしいと思っている
□ one ~ or another	熟 何らかの~	□ go out	熟 出て行く
□ variety	名 種類	□ command	名 （……を）自由に使いこなせる力，運用能力
□ Romansh	名 ロマンシュ語		
□ dialect	名 方言		
□ some	代 一部	□ officially	副 公には
□ valley	名 渓谷	□ school-leaving age	名 義務教育を終了する年齢
□ canton	名 県		
□ immigrant	名 移民		
□ not to mention ~	熟 ~はもちろん	□ practice	名 慣習
□ colleague	名 同僚	□ ministry	名 省

⑨ The 26 cantons are independent 〈 in cultural and educational affairs 〉.
　　　S　　　V　　C

26 ある県は〖文化的，教育的な業務では〗それぞれ独立している。

⑩ So 26 education ministers have to meet 〈 in order to decide on
　　　　　　　　S　　　　　　　　　　V
recommendations 《 which, (to become law), 〖 then 〗 have to get

through 26 parliaments 〉》.

それで 26 人いる教育大臣は，(《《(法制化するためには)〖後に〗 26 の議会を通過しなけれ
ばならない》勧告案 を決議するために) 会合を開く必要がある。

- which は主格の関係代名詞。直後の挿入部分をとばして，have to ..... 以下の動詞
  句と結びついている。
- カンマとカンマで挟まれて使われている to become という不定詞は副詞的用法で，
  「目的」を表して使われている。

⑪ That is 【 (why) it took Switzerland more than 20 years 〔 to introduce teaching
　　　　S　V　C　　 S'　V'　　　O'　　　　　　　　O'
　　　　　　　関係副詞
《 in a second national language (German or French) 》(at the age of 11

instead of 14)〕】.

そうした理由で【スイスでは，〔(14 歳ではなく 11 歳で)《第 2 国語（ドイツ語かフランス
語）の》授業 を導入するのに〕 20 年以上もかかってしまったのである】。

- That is why S V は「そういうわけで S は V する」という意味の重要表現。why
  の直前には the reason が省略されていると考えるとよい。
- 〈it takes ～＋ 時間 ＋to V〉は「～が V するのに 時間 がかかる」という意味の形
  式主語を使った重要構文。

PARAGRAPH 3

◎トピック

チューリッヒ県における初等英語教育の試み。

⑫ (This time), 《 however 》, one canton, 《 deciding 【 it had waited long
　　　　　　　　　　　　　　　　　S

enough 】 》, has broken the deadlock.
　　　　　　　V　　　　O

（しかし）（今回は）1つの県が（【もう十二分に待ったと】判断して），この行き詰まりを打
開した。

> ● 主語と述語の間に deciding 〜 という分詞構文の副詞句が挿入されている。
> ● the deadlock「行き詰まり」とは，前出の「英語教育の導入が思うように進んで
> 　いない状態」のこと。

⑬ Zurich , 《 the most populous 《 of the cantons 》, and the heart 〈 of the
　　S

Swiss banking world 〉》, plans 【 to make English a required subject 《 at
　　　　　　　　　　　　　V　　　　　　　O

an early age 》, (maybe even from the first year 〈 of primary school 〉) 】.

《《県の中でも》最も人口の多い県 であり，〈スイスの銀行業の〉中心 である》 チューリッ
ヒ は，【英語を（早い年齢で），（たぶん 〈小学校〉1年 からでも）必修科目とすること】を
計画している。

語句

☐ independent	形 独立して	☐ national language	名 国語
☐ affairs	名 業務	☐ break the deadlock	熟 行き詰まりを打開する
☐ minister	名 大臣		
☐ meet	動 会合を開く	☐ populous	形 人口の多い
☐ recommendation	名 （正式な）勧告	☐ heart	名 中心
☐ get through	熟 通過させる	☐ banking world	名 銀行業
☐ parliament	名 議会	☐ required subject	名 必修科目
☐ introduce A in B	熟 A を B に導入する		

◎トピック

チューリッヒ県の試みは大きな論争を引き起こした。

⑭ 《 As was to be expected in a country 《 far less calm (than the world

imagines)》》, Zurich's proposal has produced an uproar.
                     S   V   O

《《(世間で想像されているほど) 平穏とはほど遠い》国 においては予期されていたことで
はあったのだが)，チューリッヒの提案は大騒動を引き起こした。

- 文頭の as は本来関係代名詞で，主節の内容を修飾する形容詞句を作っているが，
  感覚としては，副詞句のように読んでいくとよい。
- less calm は，直前の名詞を直後で修飾する後置修飾の形容詞。
- far は less calm という比較級を「はるかに」という意味で強調する働きをしてい
  る。この意味では much を使うこともできる。

⑮ 《 In educational circles 》 it is argued 【 that French will lose its strong
                               S V   S′   V′   O′

position (in German-speaking Switzerland) (eight years 〈 of school French 〉

《 before [entering the university (at 19)] 》】), and [that this could
                                                         S′

endanger the political unity 〈 of Switzerland 〉].
V′   O′

《教育界では》【フランス語はドイツ語を話すスイスの地域では優勢な立場（《(19歳で) 大
学に入る前に》〈学校でフランス語を〉 8年間学ぶこと ）を失い】，[このことが 〈スイスの〉
政治的な結束 を危険にさらす可能性がある]，という反論も出ている。

- it は形式主語で，and によって並べられている 2 つの that 節を指して使われてい
  る。
- could は「推量・可能性」を表し，「……するかもしれない」という意味で使われて
  いる。

⑯ <u>French-Swiss politicians</u> <u>are</u> <u>furious.</u>
　　　　　S　　　　　　　　V　　C

フランス系スイス人政治家は激怒している。

⑰ 〔Protests〕《 about 〔the possible damage〕〈 to 〔the teaching〕〈 of German 〉
　　S

《 in French-speaking Switzerland 》》》 <u>are</u> <u>more puzzling,</u> 《 because 〔the
　　　　　　　　　　　　　　　　　　　　　V　　　C

〔German〕〈 taught there 〉 <u>is</u> 〔High German〕, 《〔the dialect〕《 of South and
　　S　　　　　　　　　　　V　　　C

Central Germany 》》》.

《《《フランス語を話すスイスの地域においての》〈ドイツ語〉〔教育〕に対しての〉〔悪影響が出る可能性〕があるとする》〔抗議の声〕が上がり，いっそう悩ましい問題になっている。(というのは，〈そこで教えられている〉〔ドイツ語〕は，《《ドイツ南部や中央の》〔方言〕である》〔高地ドイツ語〕だからである)。

● about ..... という長い前置詞句は形容詞の働きをし，主語の Protests を修飾している。

語句

☐ expect	動 予期する	☐ unity	名 結束
☐ far	副 はるかに	☐ politician	名 政治家
☐ proposal	名 提案	☐ furious	形 激怒して
☐ uproar	名 大騒動	☐ protest	名 抗議
☐ circle	名 界	☐ damage	名 悪影響
☐ argue	動 反論する	☐ puzzling	形 悩ましい
☐ strong	形 優勢な	☐ dialect	名 方言
☐ position	名 立場	☐ High German	名 高地ドイツ語(ドイツ標準語とされる)
☐ endanger	動 危険にさらす		

⑱ But 〖 in daily life 〗, (as distinct from formal writing), <u>Swiss-Germans</u> <u>speak</u>
                                                                   S   V

 |one or the other| 〖 of their very different dialects 〗.
    O

しかし，（日常生活では），（改まった書き言葉とは対照的に），スイス系ドイツ人は《彼らが使っている非常に異なった方言の》|いずれか| を話している。

- as distinct from ~ は「~と対照的に」という意味のイディオム。
- one / the other は 2 つの物や人に対して「1 つ / もう 1 つ」という意味で使われる代名詞。

⑲ (Hence) |the liking| 〖 for |English| 〈 as a "national link language." 〉〗

（それゆえ）《〈「国のきずなとなる言語」としての〉|英語| を》|好むこと| になる。

- 名詞だけで構成された文だが，例えば「生じる」という意味の occurs のような動詞を文末に補って考えるとよい。

PARAGRAPH 5

◎トピック

委員会の設立による調停への努力。

⑳ <u>The 26 ministers</u> <u>have</u> (hurriedly) <u>set up</u> |a committee|, 《(naturally)
    S   V   O

headed (by |a professor| 〈 of French 〉)》, (to work out a policy (by the

middle of this year)).

26 人の大臣たちが（（今年半ばまでに）方針を打ち出すため）《（おのずと）（〈フランス語の〉|教授| が）率いることとなった》|委員会| を（急遽）設立した。

- to work ..... は「目的」を表す副詞的用法の不定詞。

124

㉑ It may well come up with wise recommendations 《 enabling every canton to
　S　　　V　　　　　　　　　　O
choose its own solution 》.

たぶん，委員会は《すべての県が独自の解決策を決めることができるような》賢明な勧告案
を見つけるであろう。

● It という代名詞は，前文の a committee を指している。
● may well V は「たぶん V するだろう」「V するのももっともである」という意味
　の重要構文。
● enable ～ to V は「～が V するのを可能にする」という意味。enabling は分詞
　で直前の名詞を修飾している。

㉒ The Swiss are not (easily) regimented.
　S　　　　　　　　　V

スイス国民は《容易には》統制されないのである。

語句

☐ daily life	名 日常生活	☐ work out ～	熟 ～を作り上げる，（方針を）打ち出す
☐ as distinct from ～	熟 ～とは対照的に	☐ may well V	熟 たぶん V するだろう，V するのはもっともだ
☐ hence	副 それゆえ	☐ come up with ～	熟 ～を発見する，～を提案する
☐ liking	名 好み		
☐ link	名 きずな	☐ choose	動 選ぶ，決める
☐ hurriedly	副 大急ぎで	☐ solution	名 解決策
☐ set up	熟 設立する	☐ the Swiss	名 スイス国民
☐ committee	名 委員会	☐ regiment	動 統制する
☐ head	動 取り仕切る		

速読トレーニング

① Switzerland has / a language problem. / The trouble / is not a shortage /
スイスは抱えている　　言語の問題を　　　　この問題は　　　不足ではない

of tongues, / for / the Swiss have four / of their own. /
言語の　　というのも，　スイス国民は4つの言語を持っているからである　国語として

Some 65% / speak one variety or another / of Swiss-German, / 18% speak French, /
約65%は　　何らかの種類のものを話し　　　スイス系ドイツ語の　　18%がフランス語を話し

10% speak Italian, / and nearly 1% speak / one of the four Romansh dialects /
10%がイタリア語を話し　ほぼ1%が話している　　4つあるロマンシュ語の方言の1つを

used in some of the valleys / in the canton of the Grisons. /
渓谷の一部で使われている　　　グリゾン県の

There are also the languages / of the many immigrant workers. /
また言語がある　　　　　　多くの移民労働者の

The problem is / that many Swiss parents, / not to mention businessmen /
問題は　　　　多くのスイス人の親は　　　　ビジネスマンはもちろん

who want to talk / to colleagues abroad, / would like more Swiss children /
話したがっている　　国外にいる同僚と　　　より多くのスイスの子どもたちに望んでいることだ

to go out / into the world / with a better command / of English. /
出て行ってもらいたいと　世の中に　　より優れた運用能力を持って　英語の

② At the moment, / English is officially taught / for only one or two years /
現在　　　　英語は公には教えられている　　　　1～2年間だけ

before the school-leaving age / of 16. / Changing such practices / is never easy /
義務教育を終了する年齢になる前に　16歳という　こうした慣習を変えることは　決してやさしいことではない

in Switzerland. / There is no national ministry / of education. /
スイスでは　　　国家省庁もない　　　　　　　教育を管理する

The 26 cantons are independent / in cultural and educational affairs. / So /
26ある県はそれぞれ独立している　　　文化的，教育的な業務では　　　　それで

26 education ministers / have to meet / in order to decide on recommendations /
26人いる教育大臣は　　会合を開く必要がある　　　勧告案を決議するために

which, to become law, / then / have to get through / 26 parliaments. /
法制化するためには　　後に　通過しなければならない　26の議会を

That is why / it took Switzerland / more than 20 years / to introduce /
そうした理由で　スイスではかかってしまったのである　20年以上も　　導入するのに

teaching in a second national language / (German or French) /
第2語の授業を　　　　　　　　　　　（ドイツ語かフランス語）

at the age of 11 / instead of 14. /
11歳で　　　　　14歳ではなく

③ This time, / however, / one canton, / deciding / it had waited /
今回は　　　　しかし，　　1つの県が　　判断して　待ったと

long enough, / has broken the deadlock. / Zurich, /
もう十二分に　　この行き詰まりを打開した　　チューリッヒは

the most populous of the cantons, / and the heart /
最も人口の多い県であり　　　　　　　　　中心である

of the Swiss banking world, / plans to make English / a required subject /
スイスの銀行業の　　　　　　　英語をすることを計画している　　　必修科目と

at an early age, / maybe / even from the first year / of primary school. /
早い年齢で　　　　たぶん　　　１年からでも　　　　　　　　小学校

4 As was to be expected / in a country / far less calm /
予期されていたことではあったのだが　国においては　　平穏とはほど遠い

than the world imagines, / Zurich's proposal / has produced an uproar. /
世間で想像されているほど　　チューリッヒの提案は　　大騒動を引き起こした

In educational circles / it is argued / that French will lose / its strong position /
教育界では　　　　　反論も出ている　　フランス語は失い　　　優勢な立場を

in German-speaking Switzerland / (eight years of school French /
ドイツ語を話すスイスの地域では　　（学校でフランス語を８年間学ぶこと

before entering the university at 19), / and that this / could endanger /
19歳で大学に入る前に）　　　　　このことが　　危険にさらす可能性がある，という

the political unity / of Switzerland. / French-Swiss politicians / are furious. /
政治的な結束を　　　スイスの　　　フランス系スイス人政治家は　　激怒している

Protests / about the possible damage / to the teaching of German /
抗議の声が上がり　悪影響が出る可能性があるとする　　ドイツ語教育に対しての

in French-speaking Switzerland / are more puzzling, /
フランス語を話すスイスでは　　いっそう悩ましい問題になっている

because the German taught there / is High German, / the dialect /
というのは，そこで教えられているドイツ語は　高地ドイツ語だからである　方言である

of South and Central Germany. / But / in daily life, /
ドイツ南部や中央の　　　　　　しかし，　日常生活では

as distinct from formal writing, / Swiss-Germans speak / one or the other /
改まった書き言葉とは対照的に　　スイス系ドイツ人は話している　　いずれかを

of their very different dialects. / Hence / the liking for English /
彼らが使っている非常に異なった方言の　それゆえ，　英語を好むことになる

as a "national link language." /
「国のきずなとなる言語」としての

5 The 26 ministers / have hurriedly set up a committee, / naturally /
26人の大臣たちが　　　委員会を急遽設立した　　　　　　おのずと

headed by a professor of French, / to work out a policy / by the middle of this year. /
フランス語の教授が率いることとなった　方針を打ち出すために　今年半ばまでに

It may well / come up with / wise recommendations / enabling every canton /
たぶん，委員会は　見つけるであろう　賢明な勧告案を　　すべての県ができるような

to choose its own solution. / The Swiss / are not easily regimented. /
独自の解決策を決めることが　　スイス国民は　容易には統制されないのである

音読達成 シート	日本語 付	1	2	3	4	5	英語 のみ	1	2	3	4	5

UNIT 9

■ 解答 ■

1	(A)	オーストラリア発見の多くが，かの偉大な探検家の航海と関連があるので，
	(B)	1770年6月，クックは全長70フィートの小型の船で，北に向かって用心深く航行していた。

2	(1)	③		(2)	①

3	(イ)	②	(ロ)	④	(ハ)	①

4	④, ⑦				

[解説]

1 構文などに注意して，自然な日本語に訳す。

（A）代名詞 it は前文の the discovery of Australia を指している。また，この文の前半部の節はもともと As so much of it is related with the voyages ..... という形だったが，related が強調され，文頭に置かれた倒置構文となっている。また，副詞節の部分が下線となっているので，文を完結させず，副詞的に終えること。文脈もよく考え，自然な日本語にすることが重要。

（B）この文は無生物主語構文で，直訳すると「1770年6月は彼が……しているのを発見した」となるが，日本語としては極めて不自然なので，主語の部分を副詞的に訳し，さらに目的語の部分を主語的に訳し，訳例のようにする。found という動詞に関しては無理に訳出する必要はない。一般に日本語に直訳すると不自然な無生物主語構文は，主語の部分を副詞的に訳し，目的語の部分を主語的に訳すとよい。動詞部分は無理に訳出しようとせず，文意に合わせて適切に訳す。

2 (1) so ... as ～は，しばしば否定表現と共に使われ「～ほども…」という意味になる「程度」を表す構文。so の直後に形容詞に加えて名詞を置きたい場合には，〈so＋形容詞＋a＋名詞〉という語順になる。①と②は so と as が逆。また，④は冠詞の a の位置が間違っている。

(2) この文は Nowhere in the world という否定の意味の副詞句が強調のために文頭に置かれ，直後が倒置の語順となっている。②と③は意味も通じず，文法的にも成立しない。④は倒置の語順になっていない。

3 文脈や構文などに注意して，適切なものを選ぶ。

（イ）spin a yarn はもともとは「編み糸を紡ぐ」という意味だが，比喩的に「長々と話をする」という意味でも使われる。この文脈では下線部が主部で，exciting「わくわくする」ものであり，yarns が tales「物語」という名詞とも置き換えられてもいるので，②が適当だとわかる。

（ロ）beaten track とは「踏み固められた道」，すなわち「おきまりのコース」のこと。旅行者が「何」を離れればスリルを味わうことができるのか，と考えてみるとよい。

（ハ）be to V という構文は，「予定」「運命」「義務」「可能」「意志」を表すことができるが，ここでは「可能」を表して使われている。still「まだ」という副詞が挿入されていること，受動態の不定詞が使われていることにも注意したい。

4 本文の内容との一致，不一致の理由は以下のとおり。

× ① 第1パラグラフの最初の文と矛盾している。

× ② 第3パラグラフの最初の文と矛盾している。

× ③ ここでの June は人名ではなく，無生物構文の主語となっている「6月」の意味の名詞。

○ ④ 第4パラグラフ中盤で述べられている内容と合致する。

× ⑤ 第4パラグラフには彼は「障壁に気づいていなかった」とある。

× ⑥ 第4パラグラフの中ほどの all but ..... は「もう少しで……しそうだ」，「ほとんど……」という意味で使われており，完全に破壊されたわけではない。

○ ⑦ 第3パラグラフ後半の内容と合致する。

× ⑧ 第5パラグラフでは「オーストラリアの姿はあまり変わっていない」と書いてある。

徹底精読

PARAGRAPH 1

◎トピック

人々が熱帯の海に感じる冒険心。

① There is a mystery and charm (about tropic seas) — something 《 that
   V   S①   S② 関係代名詞

awakens (in all 〈 of us 〉) the spirit 《 of adventure 》》.
V′   O′

《熱帯の海には》神秘的なものと魅力 —《(〈私たち〉皆 に)《冒険》心 を呼び覚ます》何か — がある。

- awakens という他動詞と，the spirit という目的語の間に，副詞の働きをする前置詞句が挿入されている。

② They are the romantic places 《 linked with the memories 〈 of brave sailors
  S V   C   S′

《 who, (in tiny ships), first obtained the secrets (from countries 〈 south
  関係代名詞   V′   O′

of the Equator 〉)》》》.

それら熱帯の海は《《《(小さな船に乗って),(〈赤道の南にある〉国々 から)その神秘さをはじめて手に入れた》勇敢な船乗りたち の〉記憶 につながる》ロマンチックな場所 である。

- 関係代名詞主格の who は構造的に first obtained に続くが，その間にカンマとカンマに挟まれ，副詞の働きをする前置詞句が挿入されている。
- south 以下の部分は，直前の countries を後置修飾している。

③ Exciting (indeed) were |the yarns| 《 once spun (by old seamen) 》 》 (in
　　　 C 　　　　　　　 V 　　 S

|the ports| 《 of Europe 》 》 — (mostly) |untrue tales| 〈 of the southern seas 〉!

（《《ヨーロッパの》港 で）《かつて,（年老いた水夫たちによって）語られた》冒険談 —（ほとんどは）〈南の海についての〉作り話 だが — は,（実に）胸が躍るものであった。

● この文は SVC の文の倒置形。Exciting という C を強調するために文頭に置き, V
　 (were)と S(the yarns)が逆転し, CVS という語順になっている。

PARAGRAPH 2

◎トピック

ジェイムズ・クック船長によるオーストラリア発見の物語。★(テーマ)★

④ |The discovery| 《 of Australia 》 has |a background| 〈 as romantic as |that| 《 of
　　　 S 　　　　　　　　　　　　 V 　　　 O 　　　　　　　　　　　　　　　　　 代名詞

|any other part| 〈 of the southern Pacific seas 〉 》 〉.

《オーストラリアの》発見 には 〈《《〈南太平洋の海の》他のどの地域 の》発見 にも劣らず,
ロマンチックな〉いきさつ がある。

● as romantic ...... 以下の形容詞句が, 直前の background という名詞を修飾する
　 部分を作っている。
● that という代名詞は, the discovery の反復を避けて使われている。

●語 句

☐ mystery	图 神秘的なもの	☐ spin	動 ～を紡ぐ, ～を長々
☐ charm	图 魅力	〈spin-spun-spun〉	と話す
☐ tropic	形 熱帯地方の	☐ spin a yarn	熟 作り話をする
☐ awaken	動 呼び覚ます	☐ port	图 港
☐ link with ～	動 ～につながる	☐ untrue	形 うその
☐ obtain	動 手に入れる	☐ discovery	图 発見
☐ secrets	图 神秘さ	☐ background	图 背景, いきさつ
☐ the Equator	图 赤道		

⑤ <u>Related</u> as <u>so much</u> **《** of it **》** <u>is</u> **（** with the voyages **《** of the great explorer ,
  V′   S′

〈 Captain James Cook **〉》）**, it <u>never fails to stir up</u> <u>inspiring thoughts</u> **（** in
                     S   V   O

the people **〈** of Australia **〉）**.

（《その**》** 多く が **《〈**ジェイムズ・クック船長という**〉** 偉大な探検家 の**》** 航海 と**）** 関連が
あるので，**（〈**オーストラリアの**〉** 人々 の心に）奮い立たせるような熱い思いを必ず掻き立
てることになる。

● この文の前半部の節はもともと，As so much of it is related with the voyages
...... という形だったが，related が強調され，文頭に置かれた倒置構文となってい
る。

PARAGRAPH 3

◎トピック

オーストラリア東岸の発見。

⑥ **（** As late as the year 1770 **）**, eastern Australia <u>was</u> <u>a blank</u> **（** on the map **）**.
                                     S   V   C

（1770 年ほどものちになるまで**）**，東部オーストラリアは（地図上では）空白だった。

● as ... as 〜は「〜ほども…」という意味で，強調の意味で使われている。as late
as 〜で「〜ほどものちになるまで」という意味になる。

⑦ **（** On this blank **）**, <u>Cook</u> <u>drew</u> <u>2,000 miles of coastline</u>, and <u>gave</u> **（** to the
                        S   V①   O①   V②

world **）** the first detailed descriptions **《** of most **〈** of the Pacific Ocean side
                O②

《 of a great new continent **〉》》**.

（この空白に**）** クックは 2,000 マイルに上る海岸線を書き込み，**《《〈**巨大な新大陸の**〉** 太平
洋側 の**〉** ほとんど に関する**〉** はじめての詳細な記述 を，（世界中の人々に）提示したの

だった。

> ● and という接続詞が，Cook を主語とする drew と gave という 2 つの動詞を並べている。
> ● gave という他動詞と the first detailed descriptions という目的語の間に，to the world という副詞句が挿入されている。
> ● a great new continent とは Australia のこと。

⑧ June 1770 found him 【 cautiously 】 sailing （ northwards ）【 in his tiny 70-
   <u>S</u>   <u>V</u> <u>O</u>   <u>C</u>

foot ship 】.

1770 年 6 月，クックは【全長 70 フィートの小型の船で】（北に向かって）【用心深く】航行していた。

> ● この文は無生物主語構文で，直訳すると「1770 年 6 月は彼が……しているのを発見した」となるが，日本語としては極めて不自然なので，主語の部分を副詞的に訳し，訳例のようにする。

語 句

☐ be related with ~	熟 ~と関連がある	☐ draw	動 描く
☐ voyage	名 航海		〈draw-drew-drawn〉
☐ never fail to	熟 必ず……する	☐ coastline	名 海岸線
☐ inspiring	形 ~を鼓舞する，奮い立たせるように熱い	☐ detailed	形 詳細な
		☐ description	名 記述
		☐ continent	名 大陸
☐ stir up	熟 掻き立てる	☐ find A ＋現在分詞	動 A が……しているのを見つける
☐ as late as ~	前 ~ほども最近になるまで		
		☐ cautiously	副 用心深く
☐ blank	名 空白	☐ 70-foot	形 全長 70 フィートの

⑨ The hazardous journey (ultimately) led to |areas| 〈 close to |those| 〈 discovered
　　　　　　S　　　　　　　　　　　　　　　V

(by the Spanish explorer, Luis Vase de Torres, (in 1605)) 〉 〉.

この危険な旅で，一行は《結局》〈〈《（1605 年に）スペインの探検家ルイス・ホセ・デ・
トルレスによって》発見された〉|地域| からほど近い〉|地域| にたどり着いた。

> ● close は直前の areas という名詞を修飾している，後置修飾の形容詞。
> ● those という代名詞は，the areas という名詞の反復を避けて使われている。

　　　　　　分詞構文
⑩ (Going finally ashore (near |the tip| 《 of Cape York 》)), Cook named this
　　　　　　　　　　　　　　　　　　　　　　　　　　　　　　　　S　　V①

Possession Island, and there took |formal possession| 《 of |the east coast|
　　　　O①　　　　　　　　　　　V②　　　O②

〈 of Australia 〉 (for Britain) 〉.

《ようやく（《ヨーク岬の》|先端| の近くで）上陸した際》，クックはここをポゼッション・ア
イランドと名づけ，《〈オーストラリアの〉|東海岸| を（イギリス領として）》|正式に領有| し
た。

> ● Going ..... は，文頭で副詞的な働きをしている分詞構文。
> ● 接続詞 and が Cook を主語とする 2 つの動詞 named と took を並べている。

PARAGRAPH 4

◎トピック

クイーンズランド近辺への危険な航海。

⑪ No ship had (ever) sailed |so dangerous and unknown a sea| 《 as |that|
　　S　　　　　V　　　　　　　　　　　　　O

|one| 〈 near the Queensland mainland 〉 》.

《かつて》《〈オーストラリア本土のクイーンズランド近くの〉|海| ほど》|危険で未知の海| を
航行したことがある船はなかった。

- so や as という「程度」の強調の意味を持つ副詞は、〈so[as]＋形容詞＋a＋名詞〉という語順で使われる。
- that one は that sea のことで、one という代名詞は sea という名詞の反復を避けて使われている。

⑫ Cook found $\boxed{\text{the waters}}$ 《 dotted with islands, shoals, and coral banks 》.
    S   V   O

クックは《島や浅瀬や珊瑚礁が点在する》$\boxed{海域}$ を見つけた。

⑬ His way was 《 through twisting passages and shallows 》(into $\boxed{\text{a strange}}$
   S   V

$\boxed{\text{world}}$ 《 of mystery and beauty 》).

彼は《曲がりくねった水路と浅瀬を通って》、（《神秘的で美しい》$\boxed{見たこともないような世界}$ に入りこんだ）。

●語句

☐ hazardous	形 危険な	☐ unknown	形 未知の
☐ journey	名 旅	☐ mainland	名 （オーストラリア）本土
☐ ultimately	副 結局		
☐ go ashore	熟 （船から）上陸する	☐ waters	名 海域
☐ finally	副 ようやく	☐ (be) dotted with ~	動 ～が点在する
☐ tip	名 先端		
☐ Cape York	名 （オーストラリア最北端にある）ヨーク岬	☐ shoal	名 浅瀬
		☐ coral bank	名 珊瑚礁
☐ name	動 名づける	☐ twisting	形 曲がりくねった
☐ take possession of ~	熟 ～を領有する		
		☐ passage	名 水路
☐ sail	動 航海する	☐ shallow	名 浅瀬
☐ dangerous	形 危険な		

⑭ He was **(** for a long time **)** unaware of a great barrier **《** that was closing in
   S V   C

(upon his track **)》**.

彼は **《**（航路上に）迫っていた**》** 巨大な障壁 に **（**長い間**）** 気づかなかった。

> ● be unaware of ～は「～に気づいていない」という意味だが，be 動詞と unaware
> の間に，for a long time という副詞句が挿入されている。

⑮ **(** At a spot **《** near the present site **〈** of Cooktown **〉》)**, the coral banks
                                                          S

crowded in on his ship.
    V

（《〈クックタウンと**〉** 現在呼ばれている場所 に近い**》** 地点 で），彼の船は珊瑚礁にすっか
り取り囲まれてしまった。

⑯ The ship **(** finally **)** ran aground and was **(** all but **)** lost **(** on one **《** of the
   S   V①   V②

treacherous banks **》)**.

【ついに**）** 彼の船は座礁してしまい，**（《**この危険な珊瑚礁の**》** 1つ で）（ほとんど）身動き
がとれなくなった。

> ● all but は almost と同じ意味で，「もう少しで……しそうになる」，「ほとんど……」
> という意味で使われている。
> ● 接続詞 and は，The ship を主語として ran と was という，2 つの動詞を並べて
> 使っている。

⑰ The thrilling story **《** of that accident and the masterful saving **〈** of ship and
            S

crew **〉》** is one **《** of the highlights **〈** of Australia's early history **〉》**.
          V   C

《こうした事件や **〈**船と乗組員が**〉** 見事に救助 される**》** 手に汗握る話 は，**《〈**オーストラリ
アの初期の歴史の**〉** ハイライト の**》** 1つ になっている。

● この文の主語は the thrilling story で，of 以下の前置詞句はこれを修飾する形容詞
句。述語動詞は is。

⑱ 《 Nowhere in the world 》 is there a coastline 《 protected (by such a
                                    ̄V̄   ̄ ̄S̄ ̄
formidable barrier 〈 as Australia's north-eastern boundary 《 to the Coral

Sea 》〉) 》.

《世界中のどこにも》，《（〈《珊瑚海方面の》オーストラリアの北東の境界 ほど〉 手ごわい障
壁 によって）保護されている》 海岸線 は存在しない。

● nowhere in the world という副詞句が，強調のため文頭に置かれた倒置構文。こ
のように否定的な副詞句が文頭に移動した場合，直後は be 動詞や助動詞が前に出
た疑問文のような語順となる。

● 語 句

□ for a long time	熟 長い間	□ treacherous	形 危険な
□ be unaware of ~	熟 ～を気づかずにいる	□ thrilling	形 わくわくさせる，手に汗握る
□ barrier	名 障壁		
□ close in ~	熟 ～に迫る，接近する	□ masterful	形 見事な
□ track	名 航路	□ saving	名 救助
□ spot	名 地点	□ crew	名 乗組員
□ present	形 現在の	□ highlight	名 ハイライト，見所
□ site	名 場所	□ nowhere	副 どこにもない
□ crowd in	熟 ～に押し寄せる	□ coastline	名 海岸線
□ run aground	熟 座礁する	□ protect	動 保護する
□ all but	熟 もう少しで……しそうになる，ほとんど	□ formidable	形 手ごわい，恐ろしい
□ be lost	熟 姿が見えなくなる，身動きがとれなくなる	□ boundary	名 境界

PARAGRAPH 5

◎トピック

オーストラリア東岸部に今でも感じられる冒険心。

⑲ (While our knowledge 《 of the area 》 has made great advances (since
 S′　　　　　　　　　　　　　　 V′　　　 O′

the days 〈 of discovery 〉)), little superficial change has taken place.
　　　　　　　　　　　　　　　　　 S　　　　　　　　 V

(《この海域に関する》私たちの知識 は (〈発見された〉当時 からは) 大いに進歩したが)、
目に見える変化はほとんど起こっていない。

> ● while S V は「S が V するが」「S が V する一方で」という意味の「譲歩」や「対
>   照」を表す副詞節を作る。
> ● little は「ほとんど……ない」という意味の準否定語として使われている。

⑳ (By comparison with older lands), settlement 《 along the mainland 》 is
　　　　　　　　　　　　　　　　　　　　　 S　　　　　　　　　　　　　　　 V

(still) limited and, (in many places), pioneer (in character).
　　　　　　　　　　　　　　　　　　　　　 C

(より古い内陸部と比べて)、《オーストラリア本土沿岸への》移民 は (今もなお) 限られて
おり、(多くの場所では)、(性質的に) 開拓者的である。

> ● by[in] comparison with ～は「～と比較すると」という意味の重要表現。

138

㉑ **《** For the visitor **《** who leaves the beaten track **》》**, there is (still) to be
                                                                                V

had the thrill 〈 of adventure 〉 and the lure **《**of exploration**》**.
    S①   S②

（**《**おきまりの旅行コースから外れる**》**訪問客 にとって），（いまだに）〈冒険の〉スリル と
《探検の**》**魅力 を経験することができるのである。

- be still to be had の部分は be to V 構文。この構文は「予定」「運命」「義務」「可能」「意志」を表すが，ここでは「可能」を表している。
- 後半の文はもともと，The thrill of adventure and the lure of exploration is still to be had there. だったと考えるとよい。この文が there が文頭に置かれた倒置構文となり，主部と述部が逆転した。

●語句

☐ while S V	構 S が V するが，S が V する一方で	☐ pioneer	名 開拓者
		☐ character	名 性質
☐ area	名 海域	☐ beaten track	名 おきまりの旅行コース
☐ make advance	熟 進歩する		
☐ superficial	形 目に見える，表面的な	☐ be still to be Vpp	熟 いまだに V できる
☐ take place	熟 起こる		
☐ by comparison with ~	熟 ～と比べて	☐ adventure	名 冒険
		☐ lure	名 魅力
☐ settlement	名 移民，植民	☐ exploration	名 探検
☐ mainland	名 (オーストラリア) 本土		

速読トレーニング

1 There is a mystery and charm / about tropic seas /
神秘的なものと魅力がある　　　熱帯の海には

— something that awakens / in all of us / the spirit of adventure. /
—呼び覚ます何か　　　私たち皆に　　　冒険心を

They are the romantic places / linked with the memories / of brave sailors /
熱帯の海はロマンチックな場所である　　　記憶につながる　　　勇敢な船乗りたちの

who, in tiny ships, / first obtained the secrets / from countries south /
小さな船に乗って　　　その神秘をはじめて手に入れた　　　南にある国々から

of the Equator. / Exciting indeed / were the yarns /
赤道の　　　実に胸が躍るものであった　　　冒険談は,

once spun by old seamen / in the ports of Europe / — mostly untrue tales /
かつて, 年老いた水夫たちによって語られた　　　ヨーロッパの港で　　　—ほとんどは作り話だが

of the southern seas! /
南の海についての

2 The discovery of Australia / has a background / as romantic /
オーストラリアの発見には　　　いきさつがある　　　ロマンチックな

as that of any other part / of the southern Pacific seas. / Related as so much of it /
他のどの地域の発見にも劣らず,　　　南太平洋の海の　　　その多くが関連があるので

is with the voyages / of the great explorer, / Captain James Cook, /
航海と　　　偉大な探検家　　　ジェイムズ・クック船長の

it never fails to / stir up inspiring thoughts / in the people / of Australia. /
必ず　　　奮い立たせるような熱い思いを掻き立てることになる　　　人々の心に　　　オーストラリアの

3 As late as the year 1770, / eastern Australia was a blank / on the map. /
1770 年ものちになるまで　　　東部オーストラリアは空白だった　　　地図上では

On this blank, / Cook drew / 2,000 miles of coastline, /
この空白に　　　クックは書き込み　　　2,000 マイルに上る海岸線を

and gave to the world / the first detailed descriptions /
世界中の人々に提示したのだった　　　はじめての詳細な記述を

of most of the Pacific Ocean side / of a great new continent. / June 1770 /
太平洋側のほとんどに関する　　　巨大な新大陸の　　　1770 年 6 月,

found him / cautiously sailing northwards / in his tiny 70-foot ship. /
クックは　　　北に向かって用心深く航行していた　　　全長 70 フィートの小型の船で

The hazardous journey / ultimately led to areas / close to those /
この危険な旅で,　　　一行は結局地域にたどり着いた　　　地域からほど近い

discovered by the Spanish explorer, / Luis Vase de Torres, /
スペインの探検家によって発見された　　　ルイス・ホセ・デ・トルレス

in 1605. / Going finally ashore / near the tip of Cape York, /
1605 年に　　　ようやく上陸した際　　　ヨーク岬の先端の近くで

Cook named this Possession Island, / and there took formal possession
クックはここをポゼッション・アイランドと名づけ　　　正式に領有した

of the east coast of Australia / for Britain. /
オーストラリアの東海岸を / イギリス領として /

4 No ship had ever sailed / so dangerous and unknown a sea / as that one
かつて航行したことがある船はなかった / 危険で未知の海を / 海ほど

near the Queensland mainland. / Cook found the waters / dotted with islands,
オーストラリア本土のクイーンズランド近くの / クックは海域を見つけた / 島が点在する

shoals, / and coral banks. / His way was /
浅瀬が / そして珊瑚礁が / 彼は通って /

through twisting passages and shallows / into a strange world /
曲がりくねった水路と浅瀬を / これまでに見たこともないような世界に入りこんだ /

of mystery and beauty. / He was / for a long time /
神秘的で美しい / 彼は / 長い間 /

unaware of a great barrier / that was closing in / upon his track. / At a spot /
巨大な壁壁に気づかなかった / 迫っていた / 航路上に / 地点で /

near the present site of Cooktown, / the coral banks crowded in /
現在クックタウンと呼ばれている場所に近い / 珊瑚礁にすっかり取り囲まれてしまった /

on his ship. / The ship / finally ran aground / and was all but lost /
彼の船は / 彼の船は / ついに座礁してしまい / ほとんど身動きが取れなくなった /

on one of the treacherous banks. / The thrilling story / of that accident /
この危険な珊瑚礁の1つで / 手に汗握る話は / こうした事件や /

and the masterful saving / of ship and crew / is one of the highlights /
見事に救助される / 船と乗組員が / ハイライトの1つになっている /

of Australia's early history. / Nowhere in the world / is there a coastline /
オーストラリアの初期の歴史の / 世界中のどこにも / 海岸線は存在しない /

protected / by such a formidable barrier /
保護されている / 手ごわい障壁によって /

as Australia's north-eastern boundary / to the Coral Sea. /
オーストラリアの北東の境界ほど / 珊瑚海方面の /

5 While our knowledge / of the area / has made great advances /
私たちの知識は / この海域に関する / 大いに進歩したが /

since the days of discovery, / little superficial change / has taken place. /
発見された当時からは / 目に見える変化は / ほとんど起こっていない /

By comparison with older lands, / settlement along the mainland /
より古い内陸部と比べて / オーストラリア本土沿岸への移民は /

is still limited / and, in many places, / pioneer in character. / For the visitor /
今もなお限られており / 多くの場所では / 性質的に開拓者である / 訪問客にとって /

who leaves the beaten track, / there is still to be had /
おきまりの旅行コースから外れる / いまだに経験することができるのである /

the thrill of adventure / and the lure of exploration.
冒険のスリルを / そして探検の魅力を

音読達成シート	日本語付	1	2	3	4	5	英語のみ	1	2	3	4	5

141

UNIT 10

■ 解答 ■

1	(1)	③	3		③
	(2)	④	4	(a)	⑤
	(3)	③		(b)	③
	(4)	①		(c)	②
	(5)	②		(d)	④
2	(ア)	①		(e)	①
	(イ)	①		(f)	⑥
	(エ)	③	5	(a)	①
	(オ)	①		(b)	④
	(カ)	②		(c)	③
	(キ)	①		(d)	②
	(ク)	②		(e)	③

[解説]

1 文の構造や空所の前後の意味に注意して，適当なものを選ぶ。

(1) 空所の少し前の first「初めは」という副詞と対比させて，職業が「後に」
専門家へと変わったと考えるとよい。

　◆選択肢の和訳
　　×① 後者の　　　×② 永続する　　　○③ 後に　　　×④ 遅い

(2) 文の構造から，この空所には接続詞が入ると考えられる。「譲歩」や「仮
定」の意味を持った①や②では文意に適合しない。「時」を表す接続詞の④
を選べばよい。

142

◆選択肢の和訳

×① Whether（接続詞：……しようとしまいと）

×② If（接続詞：……するならば）

×③ However（副詞：しかしながら）

○④ When（接続詞：……するとき）

(3) 筆者は自分の人生において，大きな教訓となった子どもの頃の出来事に関して語っているので，①や②ではつじつまが合わない。また④の years だけでは過去を表す副詞として使うことはできない。

◆選択肢の和訳

×① 昨日　　×② 先日　　○③ その当時　　×④ 数年

(4) 筆者はおじと話す瞬間を前から待ちわびてきた。「ついに」その瞬間が到来したと考えるとよい。

◆選択肢の和訳

○① ついに　　×② 一般的に　　×③ 明白に　　×④ 明白に

(5) as well as ～は「～と同様に」という意味の重要表現。この文脈では「おじの話してくれた教訓は，おじの人生と『同様に』私の人生にも大きな影響を与えた」ということが述べられている。①は not only という表現と共に使われ，not only A but (also) B で「A ばかりではなく B」という意味になるが，ここでは not only がないので答えにはならない。③や④では「同様に」に類する意味は表現することはできない。

◆選択肢の和訳

×① A ばかりではなく B も（not only A but (also) B で）

○② ～と同様に

×③ ～と同じ量の

×④ 名づけるために

2 文の前後の意味やイディオムに注意して適当なものを選ぶ。

（ア）下線部の意味に適合しているのは①のみ。③は，破壊されたのは enemy position「敵陣」で，飛行機とは書いていないので誤り。

（イ）本文は「私はすぐに 2 年生の間での話題の中心となった」という意味。この意味を表しているのは①のみ。

◆選択肢の和訳

○① 2 年生全員がすぐに私のことをうわさし始めた。

×② 私は講演会の講師になった。

×③ 私は話しべただった。

×④ 2 年生全員が私の悪口を言い始めた。

（エ）didn't の直後には look a little different が省略されている。「違ったように見えなかった」とは，すなわち「以前と同じだった」ということ。

◆選択肢の和訳
×① しかし，おじは英雄にはならなかった。
×② しかし，おじは英雄になってから別人のように見えた。
○③ しかし，おじは以前と変わっていなかった。
×④ しかし，おじは別人になってしまった。

（オ）far from ..... は「決して……ではない」「……とはほど遠い」という意味の重要イディオム。同じ意味で使うものに anything but ..... がある。なお，nothing but ..... は only と置き換えることができ，「単なる……」「……にすぎない」という意味。

◆選択肢の和訳
○① 私の考えは事実とまったく違っていた
×② 私の考えは単なる事実にすぎなかった
×③ 私の考えは事実以上のものだった
×④ 私の考えは事実でもあった

（カ）この文の主語は anyone で，who から war までの部分がこの主語を修飾する形容詞節を作っている。like は「〜のような」という意味の前置詞。was がこの文の述語動詞。この文構造に忠実に訳してあるのは選択肢のうちで②のみ。

（キ）本文を訳すと「勇敢であることは怖がらないということではない」となる。これは「勇敢であっても恐怖を抱くことはある」と解釈できる。

◆選択肢の和訳
○① 人は勇敢であると同時にこわがりでもあり得る
×② 人は怖がっているときは決して勇敢にはなれない
×③ 人は勇敢かこわがらないかのどちらかである
×④ 人は勇敢であると同時に恐れないことがあり得る

（ク）a great deal は much と置き換えることもでき，「多量」という意味の名詞として使われている。mean a great deal は「多くを意味する」，すなわち「大きな意味を持つ」ということ。この意味を正確に表しているのは②のみ。

◆下線部(ア)〜(ク)の和訳
（ア）飛行機による爆撃で敵陣に損害を与えることができたのは 12 時間以上たってからのことだった。
（イ）私はすぐに 2 年生のうわさの的になった。
（エ）しかし，彼は（以前と少しも変わって）いなかった。

（オ）私の考えは事実とまったく違っていた
（カ）戦争のような状況で怖がらないような人は，馬鹿者だ
（キ）勇敢であることは怖がらないということではない
（ク）このことが私には大きな意味を持った。

3 筆者が驚いた these events とは「おじの活躍」である。筆者自身の年齢に驚いたとは考えられない。

4 それぞれの空所の前後の前置詞や語法，文脈に注意して，わかるものから順に解いていくとよい。空所に入るものは次のとおり。

(a) be covered with ～：～に覆われている → ⑤

(b) tied to ～：～に結びつけられて → ③
    直前の with が付帯状況の働きをするものであることにも注意。

(c) force ～ back：～を押し戻す → ②
    本文では受動態で使われている

(d) climb into ～：～によじ登ってもぐりこむ → ④
    into という前置詞よりも，どのような動作をしたのかに注目して解くとよい。

(e) be afraid：恐れている → ①
    この文脈では，極限状況で「恐れを抱きながらも行動する」ことが述べられている。前後関係から考えてこの形容詞を選択するとよい。

(f) embarrassed by ～：～にまごつかされて → ⑥
    おじからの教訓を得る前の筆者は，どのような状況だったかを考えるとよい。

5 それぞれの単語の発音は以下のとおり。

(a) seconds [sékənds]
   ① contemporary [kəntémpərèri]　　② theme [θíːm]
   ③ consequence [kánsəkwèns]　　④ medium [míːdiəm]

(b) wounded [wúːndid]
   ① founded [fáundid]　　② neighborhood [néibərhùd]
   ③ surround [səráund]　　④ balloon [bəlúːn]

(c) stomach [stʌmək]
   ① volunteer [vàləntíər]　　② sacrifice [sǽkrəfàis]
   ③ corrupt [kərʌpt]　　④ astonish [əstániʃ]

(d) photograph [fóutəgrǽf]
   ① involve [inválv]　　② postage [póustidʒ]
   ③ contour [kántuər]　　④ broadcast [brɔ́ːdkæst]

(e) perhaps [pərhǽps]
   ① pursuit [pərs(j)úːt]　　② various [véəriəs]
   ③ balance [bǽləns]　　④ permanent [pə́ːrmənənt]

◆選択肢の和訳
(a) ちょっとの間 → ①
   ① 同時代の　　② 主題　　③ 結果　　④ 中間
(b) 負傷した → ④
   ① 設立した　　② 近所　　③ 囲む　　④ 気球
(c) 胃 → ③
   ① ボランティア　　② 犠牲　　③ 堕落した　　④ 驚かす
(d) 写真 → ②
   ① 巻き込む　　② 郵便料金　　③ 輪郭　　④ 放送(する)
(e) おそらく → ③
   ① 追跡　　② 様々な　　③ 均衡　　④ 永久的な

徹底精読

PARAGRAPH ❶

◎トピック

叔父は戦争の勇士だった。

① My uncle was a hero.
    S   V   C

私のおじは英雄でした。

② (Like all the men 《 in my mother's family 》), he was a doctor, (first) a
                                             S V   C①

family doctor and (later) a specialist.
  C②   C③

(《母方の家族の》 すべての男たち と同様)，おじは医者でしたが，《初めは》家庭医で，（後に）専門医になりました。

- Like は「〜のような」という意味の前置詞として使われていて，文頭で副詞句を作っている。

③ (During World War II), he acted (well) (in a dangerous situation), for
                                     S V

which he received a medal.
  S′ V′   O′

(第2次世界大戦中)，おじは（危険な状況の中で）《りっぱに》職務を果たしましたので，そのために勲章をもらいました。

- 非制限用法の for which 以下の関係代名詞節は，前の文全体の内容を先行詞としている。この for は「理由」を表している。

●語句

☑ hero   图 英雄
☑ family doctor 图 家庭医（家族のかかりつけの医者）
☑ specialist   图 専門医
☑ act   動 行動する，職務を果たす
☑ medal   图 勲章

147

◎トピック

おじの戦中における軍医としての活躍。

④ The story went **（** like this **）**:
　　S　　　V

そのときの話とは（このようなものでした）。

● this という代名詞は，直後に続く内容を指している。

⑤ My uncle was one **《** of a group **〈** of doctors **《** following the fighting men **》〉》**.
　　S　　　V　 C

おじは **《〈《**従軍**》**医師**〉**団 の**》** 1 人 でした。

⑥ **（** Acting **（** on　false　information **））**, the　soldiers　moved **（** forward **）**,
　　　／分詞構文　　　　　　　　　　　　　　　　　　　　　　　　S　　　　　V

（ believing **【** the hill top **《** on which they were advancing **》** had been cleared
　／分詞構文　┌─接続詞 that が省略　S′　　　　　　　　　　　　　　　　　V′

of the enemy **】 ）**.

（（（誤った情報に）従って），兵士たちは **（【《**彼らが向かっている**》** 丘の上 は敵が一掃され
ていると**】** 信じて）（前に）進みました。

● Acting ..... と believing ..... は，副詞的な働きをし，「·····して」「·····しながら」
という「付帯状況」の意味を表している分詞構文。
● believing の直後には名詞節を作る接続詞の that が省略されている。
● clear A of B は「A から B を一掃する」という意味の重要表現。ここでは be
cleared of 〜「〜を一掃されている」という受動態の形で使われている。また，こ
の of は「分離」を表している。

⑦ **（** As they began to climb the hill **）**, the hidden enemy began to shoot, and
　　　S′　V′　　O′　　　　　　　　　　　　S　　　　　　V　　　O

（ within seconds ） the field was covered **（** with wounded and dying men **）**.
　　　　　　　　　　　S　　　 V

（丘を登り始めると），身を潜めていた敵が発砲し始めました，そして（すぐに）戦場は（負傷兵や死にそうな兵士で）埋め尽くされてしまいました。

● as S V の as は，「ので」，「とき」，「ように」，「につれて」などの意味の副詞節を作る。ここでは，文脈から「とき」という意味で使われていると判断すればよい。

⑧ The enemy continued to cover the area **(** with gunfire **)**.
   S   V   O

敵は付近一帯に（銃撃を）浴びせ続けました。

⑨ No one could stand up.
   S   V

だれ1人として立ち上がることができないほどでした。

⑩ It was more than twelve hours **(** before airplane bombs could damage the
 S V   C   S′   V′

enemy position **)**.
   O′

（飛行機による爆撃で敵陣に損害を与えることができたのは）12時間以上たってからのことでした。

● 主語の It は時間を漠然と表す，「非人称の it」。

語句

☐ follow	動 ついて行く	☐ be covered with~	熟 ~で覆われる，~で埋め尽くされる
☐ fighting man	名 軍人	☐ wounded	形 負傷した
☐ act on ~	熟 ~に従って行動する	☐ dying	形 死にそうな
☐ false	形 誤った	☐ continue	動 続ける
☐ soldier	名 兵士	☐ cover	動 射撃する
☐ move	動 前進する	☐ gunfire	名 銃撃
☐ forward	副 前方に	☐ stand up	熟 立ち上がる
☐ advance	動 向かう	☐ bomb	名 爆撃
☐ climb	動 登る	☐ damage	名 損害
☐ hidden	形 身を潜めた	☐ position	名 陣地
☐ within seconds	熟 すぐに		

⑪ My uncle, 〔 crawling 〘 on his stomach 〙〔 with supplies tied to his back 〕〕,
　　　　 S　　　　　　　　　／分詞構文

cared for the wounded, took ｜messages｜ 《 sometimes written 〔 on ｜the back｜
V①　　　　　　　　　V②　　O①

〈 of worn photographs 〉〕》, and said prayers 〔 with dying men 〕〔 during
　　　　　　　　　　　　　　　　V③　　O②

all that time 〕.

おじは 〔〔必要なものを背中にくくりつけて〕〔腹這いで〕前進しながら〕，負傷者の手当て
をし，《時には〔〈擦り切れた写真の〉｜裏側｜に〕書き留められた》｜伝言｜を受け取り，《死に
行く兵士とともに》《その間中ずっと》祈りを捧げたりしました。

- 〈with＋名詞＋分詞〉は「〜を……（な状態）にして」という意味の付帯状況の構文。
  この文のような分詞の他に，形容詞や前置詞句も使われる。
- A, B, and C「A，B，そしてC」という形は同種類の要素を並べることができる
  が，ここでは，cared for と took と said という3つの動詞が並べて使われている。
- the wounded「負傷者」のように〈the＋形容詞〉は「…な人々」という意味で使
  うこともできる。

⑫ 〔 When other American soldiers came and the enemy was forced back 〕, it
　　　　　　 S′　　　　　　　　　V′　　　　　S′　　　　　　V′　　　　　S

was clear 【 that he had saved dozens of lives 】.
 V　　C　　　　　S′　　V′　　　　O′

《他のアメリカ人兵士がやってきて，敵が後退を余儀なくされると》，【彼が何十人もの兵士
の命を救ったこと】が明らかになりました。

- it は形式主語で that 以下の名詞節を指している。

150

PARAGRAPH **3**

◎トピック

おじの訪問への高まる期待。

⑬ He was given a medal and his picture was (on the front page ⟪ of our
　 S　V　　　O　　　　　　　 his picture was　 S　　　V

home town newspaper ⟫).

彼は勲章を授与され，そのときの彼の写真が（⟪郷里の新聞の⟫ 第 1 面 に）掲載されまし
た。

> ● give A B「A に B を与える」という第 4 文型の構文の A を主語にして受動態にす
>   ると，この文のように，A be given B「A は B をもらう」の形になる。

⑭ I was about seven (at the time), and (with a real hero in my family), I
　 S　V　　　　C

(instantly) became the talk ⟪ of the second grade ⟫.
　　　　　　　　　 V　　　　 C

（当時）私は 7 歳くらいでしたが，（一族の本当の英雄とともに），私は【すぐに】⟪2 年生の⟫
うわさの的 になりました。

> ● 〈with＋名詞＋前置詞句〉は「～を……（な状態）にして」という意味の付帯状況の構
>   文。この文のような前置詞句の他に，形容詞や分詞も使われる。

語句

☐ crawl on one's stomach	熟 腹這いで前進する	☐ be forced back	熟 後退を余儀なく される
☐ supplies	名 必要なもの	☐ it was clear that S V.	構 S が V することが 明らかになった
☐ tie	動 ひもなどで結ぶ		
☐ care for ～	熟 ～の手当てをする	☐ save	動 ～を救う
☐ the wounded	形 負傷した兵士	☐ dozens of ～	熟 何十もの～
☐ take a message	熟 伝言を受ける	☐ front page	名 第 1 面
☐ worn	形 擦り切れた	☐ at the time	熟 当時
☐ say prayers	熟 祈りを捧げる	☐ talk	名 うわさの的

⑮ **(** Best of all **),** he was allowed to have a rest and was coming **(** to visit us **).**
　　　　　　　　　　S　　V①　　　　　O　　　　　　　　　　V②

(ちょうどいいことに**)**，おじは休暇を取ることを許可され，**(**私たちの元に**)**戻ってくることになりました。

> ● 進行形はその時点から見た未来を表すことができるが，was coming ..... は「過去の時点から見た未来」を表して使われている。

⑯ I was filled **(** with excitement **).**
　S　　V

私の心は**(**興奮で**)**満ちあふれていました。

PARAGRAPH 4

◎トピック

以前通りだったおじは，戦中には恐怖を感じていたと筆者に告げた。

⑰ **(** Secretly **),** I was surprised **(** by these events **).**
　　　　　　　　S　　V

(心の中では**)**私は**(**こうした出来事に**)**驚いていました。

⑱ My uncle was short, balding, and wore glasses.
　　S　　V　　C①　　C②　　　V　　O

おじは背が低く，はげかかっていて，メガネをかけていました。

⑲ He was **(** even **)** getting **(** a little **)** fat.
　S　　V　　　　　　V　　　　　　　　C

彼は**(**少し**)**太って**(**さえ**)**いました。

　　　　　　　　　　┌── 接続詞 that の省略
⑳ I thought **[(** perhaps **)** he would look **(** a little **)** different **(** after becoming
　S　V　　O　　　　　　　　S′　　V′　　　　　　　　　　　C′

a hero **)]**.

[(英雄になってからは**)(**たぶん**)(**少しは**)**違って見えるのだろうと**]**私は思っていました。

152

㉑ But <u>he</u> <u>didn't</u>.
　　　S　　V
　　　　　　　look different が省略

でも，おじは以前と少しも変わっていませんでした。

● didn't の直後には look different が省略されている。

㉒ (Always a shy man), <u>he</u> <u>seemed</u> <u>uncomfortable</u> (with all the fuss) and
　　　　　　　　　　　　　　S　　V　　　　C①
　　　being が省略

<u>uneasy</u> (as <u>neighbor after neighbor</u> <u>came by</u> (to shake his hand)).
　C②　　　　　　　S'　　　　　　　　V'

(相も変わらずはにかみやで)，(大騒ぎをされて) 居心地が悪い様子でしたし，(隣家の人た
ちが次から次へと家にやってきては (おじと握手をしていく) ので) 落ち着かないようでし
た。

● 文頭の部分はもともと，Always being a shy man という分詞構文だったと考え
るとよい。分詞構文ではしばしば being は省略される。

㉓ (Finally) <u>I</u> <u>found</u> <u>my moment</u>.
　　　　　　　S　　V　　　O

(やっとのことで) 私の機会を見つけました。

<hr>

● 語 句

☐ best of all	熟 ちょうどいいことに	☐ shy	形 はにかんで
☐ be allowed to V	熟 V することを許可される	☐ uncomfortable	形 居心地が悪い
		☐ fuss	名 大騒ぎ
☐ rest	名 休暇	☐ uneasy	形 落ち着かない
☐ excitement	名 興奮	☐ neighbor	名 隣人
☐ secretly	副 内密に，心の中で	☐ neighbor after neighbor	熟 隣家の人たちが次から次へと
☐ event	名 出来事		
☐ balding	形 はげかかった	☐ come by	熟 立ち寄る
☐ fat	形 太った	☐ moment	名 時，機会
☐ look different	熟 違って見える		

㉔ (Climbing (into his lap)), I told him 【 how brave 〔 I thought 〕 he was 】
              分詞構文   S V O O①   C′   S′ V′
                                         (A) (B①)

and 【 that I was sure 〔 he was never afraid of anything 〕 】.
      O②   S′ V′ C′   S′ V′   C′
      (B②)

((おじのひざに) 乗って), 私は【おじがとても勇敢だと思っていること】, 〔〔おじにはこわいものなんて何もないんじゃないかと〕確信していること〕 を告げました。

> ● tell A B 「A に B を告げる」の第 4 文型の構文の B の部分に, how ...... と that ......という 2 つの名詞節が並べて使われている。

㉕ (Smiling), he told me 【 that my idea was far from true 】, 〔 that he had
             S V O O①   S′   V′   C′   O②   S′ V′

been more frightened (than ever before in his life) 〕.
         C

(おじは笑って), 【それが事実とまったく違っていること】, 〔(おじの人生でこれほど) こわかったことはなかったこと〕 を私に話してくれました。

> ● tell A B 「A に B を告げる」という第 4 文型の構文の B の部分に, カンマで並べられた 2 つの that 節が並べられている。

㉖ ((Deeply) disappointed), I said, "But why did they give you a medal
                 分詞構文
                                 S V O   S′ V′ O′   O′

(then)?"
  then

((ひどく) がっかりして), 私はこう言いました, 「でも, (それじゃ,) どうして勲章をもらえたの？」

> ● disappointed は受動分詞構文。これはもともと Deeply being disappointed という受動態の分詞構文だったが, being が省略されることにより, 過去分詞形が前に出たと考えるとよい。

154

PARAGRAPH **5**

◎トピック

戦争中には恐怖を感じるのは当然だというおじの話。

㉗ **(** Gently **)** he explained **(** to me **)** 【 that anyone 〈 who wasn't afraid **(** in
           S   V   O   S′

situations 《 like war 》 〉 〉 was a fool and they don't give medals **(** to people **)**
                     V′   C′   S′   V′   O′

(for being fools **)** 】.

おじは，【〈（《戦争のような》状況 で）こわがらないような〉人 は馬鹿者で，勲章は**（**愚か**）（**人には**）**与えられないということ】を（私に）（優しく）説明してくれました。

- explained という他動詞の目的語となる that 節内には，and という接続詞によって 2 つの文が並んで使われている。
- for being fools は「愚か者であることに対して」の意味で，Thank you for ～ などの for と同じ用法。

㉘ He said 【 that [being brave] does not mean [being unafraid] 】.
   S V   O   S′   V′   O′

おじは【[勇敢であること] は [こわがらないということ] ではない】と言いました。

- 2 つの being はともに動名詞で，that 節内の文の主語と目的語として使われている。

語句

□ climb	動 登る，乗る	□ frightened	形 こわい
□ lap	名 ひざ	□ disappointed	形 がっかりして
□ brave	形 勇敢な	□ gently	副 優しく
□ sure	形 確信する	□ situation	名 状況
□ far from ～	副 ～から遠い，まったく異なる		

㉙ It （ often ） means 【 being afraid 】 and ［ doing it （ anyway ）］.
S ⎯ V ⎯⎯ O① ⎯⎯⎯⎯⎯ O② ⎯⎯⎯⎯⎯

勇敢であることは（しばしば）【こわがり】そして［（そうであるにもかかわらず）行動すること］なのだとも言いました。

● 文頭には He said that ..... が省略されていると考えるとよい。

◎トピック

おじの与えてくれた教訓により作者自身も自らの恐怖を克服することができた。

★（テーマ）★

㉚ It was the first 《 of the many teachings 〈 about courage 〉《 I have received
S ⎯ V ⎯ C

関係代名詞 which の省略

（ in my lifetime ）》》 and it meant a great deal （ to me ）.
S ⎯ V ⎯⎯ O ⎯⎯⎯⎯⎯

このような考え方は《《《（これまでの人生で）受け入れてきた》〈勇気についての〉いろいろな教訓 の中でも》初めてのもの であり，このことが（私には）大きな意味を持ちました。

● It は直前の文に書いてある「おじが示してくれた教え」を指している。
● courage の直後には，関係代名詞の目的格の which が省略されている。

㉛（ At the time ）, I was afraid （ of the dark ） and （ deeply ） ashamed
S ⎯ V ⎯⎯ C① ⎯⎯⎯⎯⎯ C②

（ about this ）.

（その頃），私は（暗闇が）こわかったのですが，（このことを）（ひどく）恥ずかしく思っていました。

● 代名詞 this はこの文の前半の「筆者の暗闇に対する恐れ」を指している。

㉜ But (if 〔my uncle〕《 who was a hero 》 was also afraid), (then)
         S′   V′   C′

(perhaps **)** there was hope (for me) **(** as well **)**.
                V   S

でも, **(**もしも《英雄である》〔おじ〕でも恐ろしいと思うならば**)**, (そうすると) **(**たぶん**)**(私にも) **(**同様に**)** 望みはあるのです。

● if S1 V1, (then) S2 V2 は「S1 が V1 するならば, (その場合)S2 は V2 する」という意味の重要構文。if と then は相関的に用いられる。

㉝ I had been stopped (by 〔my fear〕《 of the dark 》), embarrassed (by it),
 S   V①   V②

and felt small and unimportant.
   V③   C

私は (《暗闇への》〔恐怖心〕によって) 制止され, (それで) 決まりの悪い思いをし, 自分を小さなつまらない人間のように感じていました。

● had Vpp という過去分詞形は, 「過去のある時点までの継続や経験や完了」を表す。本文では筆者が 7 歳の時点までの「継続」を表して使われている。

語句

☐ anyway	副 それにもかかわらず	☐ at the time	熟 その頃
☐ first	名 初めてのこと	☐ be ashamed	熟 恥ずかしく思う
☐ teaching	名 教訓	☐ fear	名 恐怖心
☐ courage	名 勇気	☐ embarrass	動 決まりの悪い思いをさせる
☐ mean	動 意味を持つ		

㉞ (By 【 telling me of his fear 】), my uncle had freed me.
S V O

おじは(【自分の恐怖心について私に話すこと】によって)，私を解放してくれたのです。

● of は about と同じように「～について」という意味で使われている。

㉟ His heroism became a part 〈 of my story 〉(as well as a part《 of his 》).
S V C① C②

おじの英雄的な行動は，(《おじの経歴の》一部 であると同様に)〈私の経歴の〉一部 にもなったのです。

●語句

free	動 解放する	as well as ～	熟 ～と同様に，～はもちろん
heroism	名 英雄的な行動		
story	名 経歴		

速読トレーニング

① My uncle was a hero. / Like all the men / in my mother's family, /
私のおじは英雄でした / すべての男たちと同様 / 母方の家族の

he was a doctor, / first a family doctor / and later a specialist. /
おじは医者でしたが / はじめは家庭医で / 後に専門医になりました

During World War II, / he acted well / in a dangerous situation, /
第2次世界大戦中 / おじはりっぱに職務を果たしましたので / 危険な状況の中で

for which he received a medal. /
そのために勲章をもらいました

② The story went like this: / My uncle was / one of a group of doctors /
そのときの話とはこのようなものでした / おじは / 医師団の1人でした

following the fighting men. / Acting on false information, /
従軍 / 誤った情報に従って

the soldiers moved forward, / believing / the hill top /
兵士たちは前進しました / 信じて / 丘の上は

on which they were advancing / had been cleared / of the enemy. /
彼らが向かっている / 一掃されていると / 敵が

As they began / to climb the hill, / the hidden enemy / began to shoot, /
始めると / 丘を登り / 身を潜めていた敵が / 発砲し始めました

and within seconds / the field was covered / with wounded and dying men. /
そしてすぐに / 戦場は埋め尽くされてしまいました / 負傷兵や死にそうな兵士で

The enemy continued / to cover the area with gunfire. /
敵は続けました / 付近一帯に銃撃を浴びせ

No one could stand up. / It was more than twelve hours
だれ1人として立ち上がることができないほどでした / 12時間以上たってからのことでした

before airplane bombs / could damage the enemy position. / My uncle, /
飛行機による爆撃で / 敵陣に損害を与えることができたのは / 私のおじは

crawling on his stomach / with supplies tied / to his back, /
腹這いで前進しながら / 必要なものをくくりつけて / 背中に

cared for the wounded, / took messages / sometimes written / on the back
負傷者の手当てをし / 伝言を受け取り / 時には書き留められた / 裏側に

of worn photographs, / and said prayers / with dying men /
擦り切れた写真の / 祈りを捧げたりしました / 死に行く兵士とともに

during all that time. / When other American soldiers came /
その間中ずっと / 他のアメリカ人兵士がやってきて

and the enemy was forced back, / it was clear / that he had saved /
敵が後退を余儀なくされると / 明らかになりました / 彼が救ったことが

dozens of lives. /
何十人もの兵士の命を

159

③ He was given a medal / and his picture was on the front page /
彼は勲章を授与され / そのときの彼の写真が第１面に掲載されました /

of our home town newspaper. / I was about seven / at the time, /
郷里の新聞の / 私は７歳くらいでしたが / 当時

and with a real hero / in my family, / I instantly became the talk /
本当の英雄とともに / 一族の / 私はすぐにうわさの的になりました /

of the second grade. / Best of all, / he was allowed / to have a rest /
２年生の / ちょうどいいことに / おじは許可され / 休暇を取ることを /

and was coming to visit us. / I was filled / with excitement.
私たちの元に戻ってくることになりました / 私の心は満ちあふれていました / 興奮で

④ Secretly, / I was surprised / by these events. / My uncle was short, /
心の中では / 私は驚いていました / こうした出来事に / おじは背が低く、 /

balding, / and wore glasses. / He was even getting a little fat. /
はげかかっていて / メガネをかけていました / 彼は少し太ってさえいました /

I thought / perhaps / he would look / a little different /
私は思っていました / たぶん / 見えるのだろうと / 少しは違って /

after becoming a hero. / But he didn't. /
英雄になってからは / でも，おじは以前と少しも変わっていませんでした /

Always a shy man, / he seemed uncomfortable / with all the fuss /
相も変わらずはにかみやで / 居心地が悪い様子でしたし / 大騒ぎをされて /

and uneasy / as neighbor after neighbor / came by / to shake his hand. /
落ち着かないようでした / 隣家の人たちが次から次へと / 家にやってきては / おじと握手をしていくので /

Finally / I found my moment. / Climbing into his lap, /
やっとのことで / 私の機会を見つけました / おじのひざに乗って /

I told him / how brave / I thought / he was / and that I was sure /
私は告げました / とても勇敢だと / 思っていること / おじが / 確信していることを /

he was never afraid of anything. / Smiling, / he told me /
おじにはこわいものなんて何もないんじゃないかと / おじは笑って / 私に話してくれました /

that my idea was / far from true, / that he had been more frightened /
私の考えが / 事実とまったく違っていること / これほどこわかったことはなかったことを /

than ever before in his life. / Deeply disappointed, / I said, /
おじの人生で / ひどくがっかりして / 私はこう言いました /

"But why did they / give you a medal then?" /
「でも，それじゃ，どうして / 勲章をもらえたの？」 /

⑤ Gently he explained to me / that anyone who wasn't afraid /
おじは優しく説明してくれました / こわがらないような人は /

in situations like war / was a fool / and they don't give medals /
戦争のような状況で / 馬鹿者である / 勲章は与えられないということを /

to people for being fools. / He said / that being brave /
愚かな人には / おじは言いました / 勇敢であることは /

does not mean / being unafraid. / It often means / being afraid /
意味しないと　　こわがらないということを　勇敢であることはしばしば　　こわがり

and doing it anyway. /
そしてそうであるにもかかわらず行動することなのだと

6 It was the first / of the many teachings / about courage /
このような考え方は初めてのものであり　いろいろな教訓の中でも　　勇気についての

I have received / in my lifetime / and it meant a great deal / to me. /
私が受け入れてきた　これまでの人生で　このことが大きな意味を持ちました　　私には

At the time, / I was afraid of the dark / and deeply ashamed / about this. /
その頃　　　私は暗闇が怖かったのですが　ひどく恥ずかしく思っていました　このことを

But / if my uncle / who was a hero / was also afraid, / then perhaps /
でも,　もしもおじでも　英雄である　　恐ろしいと思うならば　そうするとたぶん

there was hope / for me as well. / I had been stopped / by my fear /
望みはあるのです　私にも　　　私は制止され　　恐怖心によって

of the dark, / embarrassed by it, / and felt small /
暗闇への　　それで決まりの悪い思いをし　自分を小さな人間のように感じていました

and unimportant. / By telling me / of his fear, /
そしてつまらない　おじは私に話すことによって　自分の恐怖心について

my uncle had freed me. / His heroism became / a part of my story /
私を解放してくれたのです　おじの英雄的な行動は, なったのです　私の経歴の一部にも

as well as a part of his.
おじの経歴の一部であるとともに

音読達成シート　日本語付 1 2 3 4 5　英語のみ 1 2 3 4 5

161

UNIT 11

■ 解答 ■

1	growth				
2	勃発した暴力行為の停止を求めた				
3	Translated into English				
4	(1)	②		(2)	①

5	①	F	②	F	③	F	④	F
	⑤	T	⑥	T	⑦	T		

[解説]

1　本文 The rise of English という部分の rise は名詞で，「興隆」すなわち「成長」という意味で使われている。これとほぼ同じ意味を表す表現が本文第4パラグラフの最初の部分にある the growth of English。これを発見し，「成長」という意味の growth を答えとすればよい。

2　for という前置詞には，「〜を求めて」という意味があり，appeal for 〜は「〜を求めて訴える」，すなわち「〜を求める」ということ。that は関係代名詞の主格。break out は，事件や戦争などが「勃発する」という意味。動詞部分に下線が引かれているので，動詞で止める形で文を終えるとよい。

3　「A を B に訳す」という意味で使われる熟語は translate A into B。これをA を主語にした受動態の形にすると，A be translated into B「A は B に訳される」となる。これを分詞構文とし，Being translated into English とし，先頭の Being を省略し，受動分詞構文とすれば3語に収まる。

4　文脈や，時制などの文法に注意して，正しいものを選ぶ。
（1）ここでは，「英語が，他のどんな言語が現在までに広まったよりも広範囲に広まった」ことが述べられているので，過去から現在までのことを表す現

162

在完了形を選択すればよい。また，has ever been scattered の scattered が省略されたと考え，②を答えとする。

(2) ここでの number は他動詞で，「(数が，合計で)〜に及ぶ」という意味で使われている。②では直前の countries を修飾することはできない。また，③の不定詞は「未来的」意味を持つので文意に適さない。また，④は which の直後に are と be 動詞がなければ成立しないので不正解。形容詞的働きをし，直前の名詞を修飾することができる現在分詞の① numbering を選択する。

5 本文の内容との一致(T)，不一致(F)の理由は以下のとおり。

F ① 第1パラグラフで，ローマ軍が上陸したときにはまだ英語は存在してはいなかったと述べられている。ローマ人たちとは本文中の Julius Caesar の軍隊のこと。

F ② 第1パラグラフの終わりには 16 世紀末には英語はイギリス人の母国語であったとある。また第2パラグラフの最初には，それから4世紀後に世界に普及していったとある。

F ③ 第2パラグラフには7億5千万人が英語を使い，そのうち半分程度が母国語として使っていると書いてあり，数値が一致しない。

F ④ 第2パラグラフでは英語の話者の数は，数の上では中国語だけには負けているとある。

T ⑤ 第3パラグラフ中盤の内容と合致している。

T ⑥ 第3パラグラフ後半部分にこれらの国には英語教育の伝統があると述べられているので，本文に合致する。

T ⑦ 第4パラグラフの最初の文の内容と合致している。

◆選択肢の和訳

×① 古英語はローマ人がグレート・ブリテン島に侵入したときすでに使われていた。

×② 16 世紀末には，英語は世界の隅々で使われていた。

×③ 英語を母語とする話者の数は，10 億近くまで増加したことが見積もりによって明らかになっている。

×④ 英語を母語とする話者は中国語を第1言語として使っている人より数の上で勝っている。

○⑤ インド，ケニヤ，ナイジェリア，シンガポールでは，異なる第1言語を使っている人々を統合するコミュニケーションの道具として英語が採用されている。

○⑥ オランダやユーゴスラビアでは，英語は長い間外国語として教えられてきた。

○⑦ 1つの英語について語るのはもはや十分とは言えない。

徹底精読

PARAGRAPH 1

◎トピック

英語の興隆 ➡ 16 世紀におけるイギリスでの普及。★ テーマ ★

① The rise 《 of English 》 is a remarkable success story.
    S   **V**   **C**

《英語の》興隆 は注目すべき成功の物語である。

● この文の rise は「興隆，上昇」という意味の名詞で，文の主語になっている。

② 《 When Julius Caesar landed (in Britain) 《 over two thousand years
              S′   **V′**

ago 》), English did not exist.
         S   **V**

《ジュリアス・シーザーが《2000 年以上前に》（グレート・ブリテン島に）上陸したとき》英語は存在していなかった。

● over が数詞の前に置かれると，「～よりも多く」「～を超えて」という意味になる。

③ 《 Five hundred years later 》, Old English , 《 incomprehensible (to modern
                                S

ears) 》, was (probably) spoken (by relatively few people 《 with little
                                V

influence 》).

《500 年後》, 古英語 は，《（現代人の耳には）理解不能で》，《おそらく》（《ほとんど影響力を持たない》比較的少数の人々 によって）話されていた。

● incomprehensible ～ ears は直前の名詞に補足的な説明を加える働きをしている。ここでは incomprehensible という形容詞句が主語と述語の間にカンマとカンマで挟まれて補足的に挿入されている。

④ 〔 Nearly a thousand years later 〕, (at the end of the sixteenth century ,

《 when William Shakespeare was in his prime 》), English was the native
    (関係副詞)   S′   V′   S   V   C

speech 〈 of between five and seven million Englishmen 〉.

《ほぼ1000年後》, (16世紀末 には, 《ウィリアム・シェークスピアが全盛期を迎え》),
英語は 〈500万から700万人に上るイングランド人の〉 母語 になっていた。

● when という関係副詞が直前の「時」を表す名詞を補足的に説明している。このように特定できる名詞や固有名詞が先行詞となる場合はカンマを使い, 非制限用法が使われる。

PARAGRAPH 2

◎トピック

英語の世界全体への普及。

⑤ 〔 Four hundred years later 〕, the contrast is extraordinary.
                                  S   V   C

《400年後》, この違いは桁外れなものになっている。

●語句

□ rise	名 興隆	□ nearly	副 ほぼ
□ remarkable	形 注目すべき	□ be in one's prime	熟 全盛期を迎える
□ land	動 上陸する		
□ Britain	名 グレート・ブリテン島	□ native speech	名 母語
□ exist	動 存在する	□ Englishman	名 イングランド人
□ Old English	名 古英語		
□ relatively	副 比較的に	□ contrast	名 違い
□ influence	名 影響力	□ extraordinary	形 桁外れな

⑥ 〘 Between the seventeenth century and the present 〙, the speakers 〈 of
                                                         S

English 〙, 〈 including Scots, Irish, Welsh, American and many more 〉,

traveled 〘 into every corner 〈 of the globe 〉〙, 〘 carrying their language
V

and culture (with them)〙.

（17 世紀から現在に至るまでに），《英語を》話す人々 は，〈スコットランド人，アイルラン
ド人，ウェールズ人，アメリカ人，その他多くの地域の人々を含んで〉，《《地球の》隅々 を
くまなく》旅し，《その言語と文化を（彼らと共に）伝えていった）。

> ● including は「〜を含めて」という意味で前置詞として使われる。
> ● carrying は分詞構文で，「……しながら」「そして……する」という「付帯状況」の
> 　意味で使われている。

⑦ 〘 Today 〙, English is used (by 〘 at least 〙 seven hundred and fifty million
                   S   V

people), and barely half 〈 of those 〉 speak it (as a mother tongue).
                      S   V O

（今日），英語は（《少なくとも》7 億 5 千万人の人々によって）使われ《このうちの》かろ
うじて半数 が（母語として）英語を話している。

> ● barely は「かろうじて……」という意味で，ぎりぎりその数値に達しているという，
> 　「肯定的な意味」を持っている。
> ● those という代名詞はこの文前半の ...... people を指して使われている。

⑧ Some estimates have put that figure (closer to one billion).
      S   V   O

英語を話す人の人数は（十億人に近いと）評価している見積もりもある。

> ● 〈put 〜＋副詞〉の形で「〜を……と見積もる」の意味を表す。

⑨ 〔 Whatever the total 〕, English is 〔 more widely 〕 scattered, 〔 more

—may be / is が省略

S

V

scatterd, spoken and written が省略—

widely 〕 spoken and written, 〔 than any other language has ever been 〕.

S′

V′

〔合計の人数がどうであれ〕，英語は（ほかのどの言語よりも）〔これまでより広範囲に〕拡散し（より広く）話したり書かれたりしている。

● Whatever は「たとえどんな〜でも」という，「譲歩」を表す副詞節を作っている。the total の直後には be 動詞の is もしくは may be が省略されていると考えるとよい。
● been の直後には scattered, spoken and written が省略されている，と考えてみる。

⑩ About three hundred and fifty million people use English 〔 as a mother

S

V

O

tongue 〕.

およそ 3 億 5 千万人が英語を〔母語として〕使っている。

語 句

☐ present	名 現在		☐ mother tongue	名 母語
☐ include	動 含む		☐ estimate	名 見積もり
☐ Scot	名 スコットランド人		☐ put	動 評価する
☐ Irish	名 アイルランド人		☐ figure	名 数字
☐ Welsh	名 ウェールズ人		☐ billion	名 十億
☐ corner	名 隅		☐ total	名 合計
☐ carry	動 持っていく，伝える		☐ widely	副 広範囲に，広く
☐ culture	名 文化		☐ scatter	動 まき散らす，拡散
☐ at least	副 少なくとも			する
☐ barely	副 かろうじて……している			

167

⑪ They are scattered **(** across every continent **)** and surpassed, **(** in numbers **)**,
   　S　　V

(only by the speaks **《** of the many varieties **〈** of Chinese **〉》)**.

英語を母語とする話者は《すべての大陸に》散らばり，（数字の上で）数が勝っているのは
《《〈中国語の〉多種多様な方言 を》話す人々 だけ》である。

> ● 代名詞の They は，前文の「英語を母語として話す人々」を指している。

◎トピック
英語を母語としない国々への英語の普及と，国際語としての地位の確立。

⑫ English has a few rivals, but no equals.
   　S　　V　　O①　　　　O②
英語には 2，3 のライバルとなる言語があるが，英語に匹敵する言語はない。

⑬ Neither Spanish nor Arabic , **《** both international languages **》**, has the same
   　　　　S　　　　　　　　　　　　　　　　　　　　　　　　　　　V　　O

influence **(** in the world **)**.

《ともに国際語である》スペイン語やアラビア語 も，《世界中で》英語と同じような影響力
は及ぼしてはいない。

> ● neither A nor B は「A も B も……ない」という否定の意味を持ち，2 つの物や人
> に関して使われる。

168

⑭ [The remarkable story] 《 of 【 how English spread （ within [predominantly
           S   S′   V′

[English-speaking societies] 〈 like the United States, Canada, Australia and

New Zealand 〉 》 】 》 is not unique.
                         V   C

《【英語がどのようにして（〈アメリカ合衆国，カナダ，オーストラリア，ニュージーランドのような〉[圧倒的に英語が話されている社会] に）広まっていったか】という》[注目すべきいきさつ] は他に例がないわけではない。

> ● how S V は「どのように S が V するか」「S が V する方法」という意味の名詞節を作ることができる重要構文。
> ● be not unique とは「独自の例ではない」，つまり「他にも例がある」ということ。

⑮ It is a process in [language] 《 that is as old （ as Greek or Chinese ）》.
  S V   C   V′ C′

それは《（ギリシャ語や中国語ほども）古い》[言語] に見られる過程である。

> ● as ... as ～は「～ほども…」という意味で，「強調」の意味で使われることがある。

● 語 句

☐ scatter	動 散らばる	☐ spread	動 広まる
☐ continent	名 大陸	☐ predominantly	副 圧倒的に
☐ surpass	動 勝る	☐ English-speaking	形 英語が話されている
☐ rival	名 ライバル，競争相手		
☐ equal	名 匹敵するもの	☐ society	名 社会
☐ neither A nor B	構 A も B もどちらも……ない	☐ unique	形 他に例がない
		☐ process	名 過程
☐ influence	名 影響力	☐ Greek	名 ギリシャ語
☐ remarkable	形 注目すべき		

⑯ The truly significant advancement , 《 which has occurred 《 only in the last
    └─ S ─┘   ↗関係代名詞

one hundred years or so 》》, is the use 〈 of English 〉, (taking the most
                            V   C   ↗分詞構文

conservative estimates), 〈 by three or four hundred million people 《 for

whom it is not a native language 》〉.
      S′ V′   C′

真に重要な進歩は , 《《 (わずかに最近 100 年ほどの間に) 起こってきたもので》, (もっとも
控えめに見積もってみても), 《《英語が母語ではない》 3 億ないし 4 億の人々 が〉〈英語を〉
使っている ということである。

> ● この文の主語は advancement, 述語動詞は is。この間に, カンマにはさまれて主
>   語の advancement を先行詞とする主格の関係代名詞 which が作る形容詞節が挿
>   入されている。
> ● by 以下の前置詞句は「〜による (英語の) 使用」という意味で, the use にかかっ
>   ているが, taking ..... estimates の副詞句がカンマとカンマにはさまれ, その間
>   に挿入されている。

⑰ English has become a second language (in countries 《 like India, Kenya,
    └S┘   └──V──┘ └────C────┘

Nigeria or Singapore 》), 〈 where it is used 《 for administration,
                            ↗関係副詞   S′ V′

broadcasting and education 》》》.

英語は (《 インド, ケニア, ナイジェリア, シンガポール のような〉 国々 では) 第 2 言
語となっていて, 〈英語が 《行政, 放送, 教育分野で) 使われている〉。

> ● 本文のように関係詞の先行詞が固有名詞の場合には原則としてカンマを用い,「補足
>   説明」の働きをする関係詞の非制限用法が使われる。

⑱ 〔 In these |countries| ,《 _now numbering_ more than fifty 》〕, English is a vital
　　　　　　　　　　　　　　　　　　　分詞構文　　　　　　　　　　　　S　　V
alternative language, 〔（ often ） _unifying_ huge territories and |diverse|
　　　　　　　C　　　　　　　　　　　分詞構文
|populations| 〈 with different languages 〉〕.

（|こうした国々| では，《現在では 50 か国以上にのぼるが》），英語は必要不可欠な代替言語
であり，（（しばしば）広大な領土と〈異なる言語を使っている〉|多様な人々| を統合してい
る）。

> ● often 以下の部分は分詞構文で，「そして……する」という意味の「付帯状況」の意
> 味で使われている。

⑲ 〔 When the late Rajiv Gandhi _appealed_ (for |an end| 《 to |the violence|
　　　　　　　　　　　　　　　　S′　　　V′
〈(that)_broke out_ (after |the assassination| 《 of his mother 》)〉》)〕, he went
　　関係代名詞　　　　　　　　　　　　　　　　　　　　　　　　　　　　　　S　V①
〔 on television 〕 and _spoke_ (to his people in English).
　　　　　　　　　　　　　V②

（故ラジブ・ガンジーが（《〈（《母親の》|暗殺| 後に）勃発した〉|暴力行為| の）|停止| を求め
た）とき），彼は（テレビに）出演して（民衆に英語で）語りかけた。

> ● ここでは for という前置詞が「～を求めて」という意味で使われている。

語 句

□ significant	形 重要な	□ vital	形 必要不可欠な
□ advancement	名 進歩	□ alternative	形 代替の
□ occur	動 起こる	□ unify	動 統合する
□ or so	副 ～ほど	□ territory	名 領土
□ take estimate	熟 見積もる	□ diverse	形 多様な
□ conservative	形 控えめな	□ late	形 故
□ second language	名 第 2 言語［国語］	□ violence	名 暴力行為
□ administration	名 行政	□ break out	熟 勃発する
□ broadcasting	名 放送	□ assassination	名 暗殺
□ number	動 合計～に上る	□ go on ～	熟 ～に出演する

171

⑳ (Then) there is |English| ⟨ as a foreign language ⟩, ⟨ used in |countries|
　　　　　　　　 V　　 S

⟪ like |Holland or Yugoslavia|, ⟨～(where) it is backed up (by |a tradition| ⟪ of
　　　　　　　　　　　　　　　　関係代名詞

English teaching ⟩) ⟩ ⟩ ⟩ ⟩.

(それから) ⟪⟪⟨ (⟪英語教育の⟫ |伝統| により) 英語が確立している⟩ |オランダやユーゴス
ラビア| のような⟫ |国々| で使われている⟩ ⟨外国語としての⟩ |英語| がある。

> ● English に続く部分は，これを修飾する形容詞句となっている。

㉑ (Here) it is used (to have contact with |people| ⟪ in other countries ⟩),
　　　　　 S　 V

⟪ usually to promote trade and scientific research ⟩, and (to |the benefit| ⟨ of

international communication generally ⟩).

(ここでは) (⟪他の国の⟫ |人々| と連絡を取り合うため)，(通常，貿易や科学研究を促進する
ため)，それにも増して (⟨全般的な国際コミュニケーションの⟩ |ため| に) 英語が使われて
いる。

> ● 代名詞 it は「外国語としての英語」を指している。
> ● この文での be used to V という形は「V するために使用される」ということ。受
> 動態の be used の直後に，「目的」を表す副詞的用法の不定詞が置かれている。

㉒ A Dutch poet is read （ by a few thousands ）.
　　　S　　　　V

オランダのある詩人は《数千人の読者に》読まれている。

> ● a few thousands は名詞扱いでここでは「数千人の人々」を表している。このように thousands は名詞扱いで，「多数の人々や物」を表して使うことができる。

　　　　　――Being が省略
㉓ （ Translated （ into English ） ）, he can be read （ by hundreds of thousands ）.
　　　　　　　　　　　　　　　　　　　S　　　　V

《（英語に）翻訳されれば》彼の詩は《何十万人もの読者に》読まれるかもしれない。

> ● Translated は受動分詞構文。直前に Being が省略されて過去分詞が文頭に出たと考えるとよい。
> ● hundreds of ～は「何百もの～」という意味で不特定多数の人や物を表す場合に使われる。

語 句

☐ Holland	图 オランダ	☐ trade	图 貿易
☐ Yugoslavia	图 ユーゴスラビア連邦共和国（現在はセルビア・モンテネグロ，ボスニア・ヘルツェゴビナなどに分裂）	☐ research	图 研究
		☐ (be) to the benefit of ～	熟 ～の一助とする
		☐ generally	副 一般的には
		☐ Dutch	形 オランダの
☐ back up	熟 支援する，裏づける	☐ poet	图 詩人
☐ tradition	图 伝統	☐ translate	動 翻訳する
☐ have contact with ～	熟 ～と連絡を取り合う	☐ hundreds of thousands	熟 何十万もの
☐ promote	動 促進する		

173

PARAGRAPH 4

◎トピック

1. 英語の多様化。
2. はるか過去から続いてきた英語の歴史。

㉔ The growth〈 of English 〉《 as a global language 》has 《 recently 》
　　S

inspired the idea《 that we should talk not 《 of English 》, but 《 of many
　V　　　O　　　　　S′　　 V′

Englishes 》》.

《世界語として》〈英語が〉成長することにより《私たちは《単一の英語について》語るの
ではなく《多くの英語について》語るべきだという》考えが《最近》生じてきた。

- この文は無生物主語構文。直訳では「英語の成長が……考えを与える」となり極め
  て不自然。主語の部分を副詞的に訳すと自然な日本語になる。
- not A but B は「A ではなくて B」という意味。ここでは A と B の部分に，副詞
  の働きをする前置詞句が並べられている。

㉕ The future,《 of course 》, is unpredictable, but one thing is certain ─ present
　　S　　　　　　　　　 V　　 C　　　　　 S　　V　 C

developments《 of English 》are part《 of a process 〈that goes back 《 to
　　S　　　　　　　　　　 V　 C　　　　 a process　　関係代名詞

Shakespeare and beyond 》〉》.

《もちろん》将来を予測することはできないが，確かなことが１つある ─《英語の》現在の
発展は《〈《シェークスピア以前の時代にまで》さかのぼる》過程の》一部であると。

- ─（ダッシュ）は直前の one thing を直後で詳しく示す「具体化」の働きをしている。

●語句

☐ growth	名 成長	☐ go back to ～	熟 ～にまでさかの
☐ global	形 世界の		ぼる
☐ inspire	動 （考え着想を）与える	☐ and beyond	副 そしてそれより
☐ unpredictable	形 予測不能な		も先へと

速読トレーニング

1 The rise of English / is a remarkable success story.
英語の隆盛は / 注目すべき成功の物語である

When Julius Caesar / landed in Britain / over two thousand years ago,
ジュリアス・シーザーが / グレート・ブリテン島に上陸したとき / 2000 年以上前に

English did not exist. / Five hundred years later, / Old English,
英語は存在していなかった / 500 年後 / 古英語は

incomprehensible to modern ears, / was probably spoken
現代人の耳には理解不能で / おそらく話されていたので

by relatively few people / with little influence.
比較的少数の人々によって / ほとんど影響力を持たなかった

Nearly a thousand years later, / at the end of the sixteenth century,
ほぼ 1000 年後 / 16 世紀末には

when William Shakespeare / was in his prime,
ウィリアム・シェークスピアが / 全盛期を迎え

English was the native speech / of between five
英語は母語になっていた / 500 万から

and seven million Englishmen.
700 万人に上るイングランド人の

2 Four hundred years later, / the contrast is extraordinary.
400 年後 / この違いは桁外れなものになっている

Between the seventeenth century / and the present,
17 世紀から / 現在に至るまでに

the speakers of English, / including Scots, Irish, Welsh, American
英語を話す人々は / スコットランド人, アイルランド人, ウェールズ人, アメリカ人,

and many more, / traveled into every corner / of the globe,
その他多くの地域の人々を含んで / 隅々をくまなく旅し / 地球の

carrying their language and culture / with them. / Today, / English is used
その言語と文化を伝えていった / 彼らと共に / 今日 / 英語は使われている

by at least seven hundred and fifty million people, / and barely half of those
少なくとも 7 億 5 千万人の人々によって / このうちのかろうじて半数が

speak it / as a mother tongue.
英語を話しているにすぎない / 母語として

Some estimates have put that figure / closer to one billion.
英語を話す人の人数を評価している見積もりもある / 10 億人に近いと

Whatever the total, / English is more widely scattered,
合計の人数がどうであれ / 英語はこれまでより広範囲に拡散し

more widely spoken and written, / than any other language has ever been.
より広く話したり書かれたりしている / ほかのどの言語よりも

175

About three hundred and fifty million people / use English /
およそ3億5千万人が　　　　　　　　　　英語を使っている

as a mother tongue. / They are scattered / across every continent /
母語として　　　　英語を母語とする話者は散らばり　　　すべての大陸に

and surpassed, / in numbers, / only by the speakers /
数が勝っているのは　　数字の上で　　話す人々だけである

of the many varieties of Chinese. /
中国語の多種多様な方言を

3 English has a few rivals, / but no equals. /
英語には2,3のライバルとなる言語があるが　英語に匹敵する言語はない

Neither Spanish nor Arabic, / both international languages, /
スペイン語やアラビア語も　　　ともに国際語である

has the same influence / in the world. / The remarkable story of
英語と同じような影響力を及ぼしてはいない　世界中で　　注目すべきいきさつは

how English spread /
英語がどのようにして広まっていったかという

within predominantly English-speaking societies / like the United States, /
圧倒的に英語が話されている社会に　　　　　　アメリカ合衆国,

Canada, / Australia / and New Zealand / is not unique. /
カナダ,　オーストラリア,　ニュージーランドのような　他に例がないわけではない

It is a process in language /
それは言語に見られる過程である

that is as old as Greek or Chinese. / The truly significant advancement, /
ギリシャ語や中国語ほども古い　　　真に重要な進歩は

which has occurred / only in the last one hundred years or so, /
起こってきたもので　　わずかに最近100年ほどの間に

is the use of English, / taking the most conservative estimates, /
英語を使っているということである　もっとも控えめに見積もってみても

by three or four hundred million people /
3億ないし4億の人々が

for whom it is not a native language. /
英語が母語ではない

English has become a second language / in countries /
英語は第2言語となっていて　　国々では

like India, Kenya, Nigeria or Singapore, / where it is used /
インド, ケニア, ナイジェリア, シンガポールのような　使われている

for administration, / broadcasting / and education. / In these countries, /
行政,　　放送,　　教育分野で　　こうした国々では,

now numbering more than fifty, / English is a vital alternative language, /
現在では合計50か国以上にのぼるが　英語は必要不可欠な代替言語であり

often unifying huge territories / and diverse populations /
しばしば広大な領土を統合している　　　　そして多様な人々を

with different languages. / When the late Rajiv Gandhi appealed /
英語と異なる言語を使っている　　　故ラジブ・ガンジーが求めたとき

for an end / to the violence / that broke out / after the assassination /
停止を　　　暴力行為の　　　勃発した　　　暗殺後に

of his mother, / he went on television / and spoke to his people /
母親の　　　　彼はテレビに出演して　　　民衆に語りかけた

in English. / Then there is English / as a foreign language, /
英語で　　　それから英語がある　　　外国語としての

used in countries / like Holland or Yugoslavia /
国々で使われている　　　オランダやユーゴスラビアのような

where it is backed up by a tradition of English teaching. / Here /
英語教育の伝統により英語が確立している　　　　ここでは

it is used / to have contact / with people in other countries, /
英語が使われている　連絡を取り合うため　　他の国の人々と

usually to promote / trade and scientific research, /
促進するため　　　通常貿易や科学研究を

and to the benefit of international communication generally. /
全般的な国際コミュニケーションのために

A Dutch poet is read / by a few thousands. / Translated into English, /
オランダのある詩人は読まれている　数千人の読者に　　英語に翻訳されれば

he can be read / by hundreds of thousands. /
彼の詩は読まれかもしれない　何十万人もの読者に

4 The growth of English / as a global language /
英語が成長することにより　　世界語として

has recently inspired the idea / that we should talk / not of English, /
考えが最近生じてきた　　　私たちは語るのではなく　単一の英語について

but of many Englishes. / The future, / of course, / is unpredictable, /
多くの英語について語るべきだという　将来を　もちろん　予測することはできない

but one thing is certain / — present developments of English /
しかし確かなことが1つある　　　英語の現在の発展は

are part of a process / that goes back / to Shakespeare and beyond. /
過程の一部であると　　さかのぼる　　シェークスピア以前の時代にまで

音読達成シート	日本語付	1	2	3	4	5	英語のみ	1	2	3	4	5

177

■ 解答 ■

1	今後数十年間で，科学者が脳の機能をより詳しく解明してゆくにつれて，人間の脳と心の関係に対する問題は，さらに議論を進めなければならない，よりさしせまった問題となるであろう。							
2	(あ)	②	(い)	③	(う)	④	(え)	②
3	(a)	④		(b)	①		(c)	②
4	(1)	④		(2)	③		(3)	①
5	(ア)	①			(イ)	②		
6	②，④，⑥							

[解説]

1 over は「～(年月)に渡って」という意味の副詞句を作っている。また，接続詞の as は「つれて」という意味で解釈するとよい。in greater detail は「より詳細に」という意味。for further discussion の部分は，直訳すると「さらなる議論のための」だが，「さらに議論を進めなければならない」のように自然に訳すとよい。

2 文脈などから適切なイディオムになる語を選ぶ。
(あ) in turn で「今度は，次に」という意味のイディオム。他に「順番に」という意味もある。
(い) convert A into B で「A を B に変える」という意味。本文では，A be converted into B「A は B に変えられる」という受動態の形になっており，by neurons や in different part of the brain という副詞句が into の前に挿入されている。
(う) associate A with B で「A から B を連想する，A と B を関連づける」と

いう意味のイディオム。本文では関係代名詞の目的格の直後で使われている
ため，目的語の A が欠落し，空所には with が入る。

（え）order という名詞には，「順番」「秩序」「注文」「命令」などの意味がある
が，ここでは「順番」という意味で使われている。この意味の order は直前
に前置詞の in を置き，in ..... order という形で，「……な順番で」という意
味で使う。

3 難関大の語彙の問題は，その単語の部分だけではなく，前後の文脈をよく考
えて，答えを絞り込むことが必要。

（a） このパラグラフでは，脳内の生態的仕組みが述べられており，後半では神
経細胞による信号伝達の方法が解説されている。in other words をヒントに
この部分が直前の「神経組織が機能する」という部分の言い換えだと考えれ
ば，神経組織の機能である「信号伝達」が答えであろうとわかる。

◆選択肢の和訳
 ×① 明るく燃えている
 ×② 激しく爆発している
 ×③ 消滅している
 ○④ 信号を送り出している

（b） fairly には「かなり」「公正に」という意味があるが，本文では「かなり」
の意味で使われている。

◆選択肢の和訳
 ○① かなり
 ×② 正しく
 ×③ 好ましく
 ×④ 美しく

（c） involve には「巻き込む」「関係する」という意味があるが，本文では「関
係する」という意味で使われている。

◆選択肢の和訳
 ×① 示す
 ○② ～と関係している
 ×③ ～によって乱される
 ×④ 探索する

4 文脈や文の構造に注意して適切なものを選ぶ。

（1） that は直前に書いてある「精神活動の総計」というわかりにくい「心」に
対する定義。tell us much「私たちにあまり多くを伝えない」とは，この定

義が「心とは何か」という疑問の答えをあまり示してはいないということ。

◆選択肢の和訳
　×① そのような種類の定義を私たちが理解することはほとんど不可能である。
　×② 「心」に対しての正確な定義は存在しない。
　×③ だれも「心」の定義に関して私たちに説明しない。
　○④ そのような種類の定義は「心」についてあまり説明とはならない。

(2)　この文の主語は the firing，述語動詞は is である。all は「すべてのもの」
という名詞として使われており，直後には関係代名詞の that が省略されて
いる。直訳すると，「神経細胞が信号を発することが，存在するすべてであ
る」となる。これに合致するのは③のみ。

◆選択肢の和訳
　×① 神経細胞はすべての状況において信号を送っている。
　×② 脳内のすべての神経細胞は同時に信号を発している。
　○③ 脳内で起こっているのは神経細胞が信号を発することのみである。
　×④ 神経細胞が信号を送ることは脳によっては制御されない。

(3)　この文での open は「未解決の」という意味で使われている。「未解決」は
「答えが存在しない」と言い換えることができるので，①が正解となる。open
の意味がわからなくても，それぞれの選択肢を文脈に当てはめて，最も筋が
通る①を選べばよい。

◆選択肢の和訳
　○① 明確な答えが存在しない疑問
　×② 秘密ではない疑問
　×③ 正確な方法では記されてはいない疑問
　×④ たった1つだけの答えを持った疑問

5　「神経細胞」という小さな視点から精神活動を解明しようとするのは
neuroscientists「神経科学者」，「知覚や認知」という大きな視点から精神活動
を解明しようとするのが psychologist「心理学者」だと考えるとよい。

6　本文の内容との一致，不一致の理由は以下のとおり。
　×① 本文第2パラグラフには，それぞれの細胞は他と独立しているのではな
　　　く，互いに信号を送りあっていると書いてある。
　○② 本文第2パラグラフの内容と合致する。
　×③ 本文第2パラグラフには「拒絶が感覚に通ずる」とはどこにも書いては
　　　いない。
　○④ 本文第3パラグラフの内容と合致する。

× ⑤ デカルトの見方では，この選択肢とは逆に「心が脳を支配している」と考えられる。

○ ⑥ 本文第6パラグラフの内容と合致する。

× ⑦ 神経外科医は心の映像と神経細胞の活動の相関関係を立証しようと努めており，「否定された」とは書かれていない。

× ⑧ 心理学者と神経科学者が両面から研究を進めていると本文第7パラグラフでは述べられている。

× ⑨ 本文第7パラグラフには，この問題は「まだはっきりした答えが出ていない」と書いてある。

◆選択肢の和訳

× ① 脳は銀河の星のように1つ1つがばらばらの何十億という神経細胞から成り立っている。

○ ② 神経細胞のシステムには，一定の順序があるらしく，五感を通して得られた情報は加工され，下部システムから上部システムに送られていく。

× ③ 人は脳内の神経細胞が神経細胞から神経細胞へと送られてきた信号を拒絶するときに見たり，匂いをかいだり，聞いたりできる。

○ ④ 神経外科医たちは，脳の特定部位に電流を流したとき，彼らの患者が心に映像を浮かべることができることをたまたま発見した。

× ⑤ 心が器官としての脳を支配しているという意見は，ルネ・デカルトによって完全に誤りであることが証明された。

○ ⑥ 人は青い色を認識することができるが，青い色を見ているときに信号を発している特定の神経細胞を認識することは不可能である。

× ⑦ 心に映像を思い浮かべる経験と神経細胞の活動との間の相関関係は，神経外科医によって否定された。

× ⑧ 人間の知覚と認知の問題は非常に難しいので，心理学者だけがこの問題を理論的に説明することができる。

× ⑨ 多くの科学者による研究の結果，心と脳の関係という問題に関して，今ではすべてのことが解明されてきた。

徹底精読

PARAGRAPH 1

◎トピック

心と脳の関係とは？ ★(テーマ)★

① What is | the connection | 《 between mind and brain 》?
  C   V   S

《心と脳の》|関係| はどうなっているのだろうか。

② This is not 《 purely 》 a scientific issue; it is (also) a philosophical
  S   V   C   S   V   C①

question, and an ancient one 《 as well 》.
              C②

これは《純粋に》科学的な問題ではなく，（また）哲学的な問題でもあり，《また同様に》昔からある問題でもある。

● 代名詞の This と it は前文の質問を指している。
● 代名詞の one は issue という名詞の反復を避けて使われている。

③ 《 Over the next few decades 》, (as scientists reveal | the mechanism | 《 of
                                        S′   V′   O′

the brain 》《 in greater detail 》), | the question | 〈 of the connection between
                                         S

our brains and our minds 〉 will become | a more urgent matter | 《 for further
                            V   C

discussion 》.

《今後数十年間で》，（科学者が《脳の》|機能| を《より詳しく》解明していくにつれて），〈人間の脳と心の関係についての〉|問題| は，《さらに議論を進めなければならない》|よりさしせまった問題| となるであろう。

● 接続詞の as は「ので」「とき」「ように」「つれて」など様々な意味を持つ。ここでは文脈から「つれて」と解釈するとよい。

182

PARAGRAPH 2

◎トピック
身体的機能としての脳の仕組みの研究。

④ The brain is a physical system.
　　S　　　V　　　　C

脳は身体的なシステムである。

⑤ It contains about 100 billion interconnected neurons — about as many
　S　　V
neurons (as there are stars (in the Milky Way)).
　　　　　　　　V′　　S′

脳にはおよそ1千億もの互いに結びついている神経細胞が含まれる—((銀河に存在する)星と)ほぼ同じ数の神経細胞があるわけである。

● —(ダッシュ)は, 直前の名詞を別の言い方で言い換えて示す「換言」の働きをしている。

語句

connection	名 関係	reveal	動 解明する
mind	名 心	mechanism	名 メカニズム（＝仕組み）
brain	名 脳	detail	名 詳しさ
purely	副 純粋に	urgent	形 緊急の, さしせまった
issue	名 問題	physical	形 身体的な
philosophical	形 哲学的な	contain	動 含まれる
question	名 問題	billion	名 十億
ancient	形 昔からある	interconnected	形 互いに結びついている
as well	副 ～でも	neuron	名 神経細胞
decade	名 10年	the Milky Way	名 銀河

183

⑥ It is not the number 《 of cells 》 that is important here, but the connections
 S V   C①   V'   C'   C②
〈 between them 〉.

ここで重要なのは《細胞の》数ではなく，〈細胞相互の〉関係である。

> ● It is と that は，主語を強調するために使われている強調構文。
> ● not A but B は「A ではなくて B」という意味の重要構文。

⑦ Each neuron may receive signals (from thousands of others), and may,
 S   V①   O①
(in turn), send signals out (to thousands more).
            V②   O②

たぶん個々の神経細胞は《何千という他の神経細胞から》信号を受け，（今度は），《さらに
何千という他の神経細胞に》信号を送り出しているのだろう。

> ● others は代名詞で other neurons のこと。また thousands more は，thousands
> of more neurons のこと。

⑧ The neurons seem to be arranged (hierarchically): those 《 that receive
 S   V   S   V'   関係代名詞
signals (from the senses) 》 process them and pass them on (to higher
 O'   V①   O①   V②   O②
systems 〈 of neurons 〉).

神経細胞は《階層的に》配列されているように見える。《（五感から）信号を受けた》神経細
胞は，その信号を加工してから，（〈神経細胞の〉上部階層に）伝えている。

> ● those という代名詞は the neurons という名詞の反復を避けて使われている。
> ● them は五感による信号を指している。

184

⑨ **(** In the end **)**, **(** by [mechanisms] **《** ┌─関係代名詞 which / that が省略
we still do not fully understand **》**),
　　　　　　　　　　　　S′　　　　V′

<u>these signals</u> <u>are converted</u> **(** by [neurons] **〈** in different parts of the brain **〉)**
　　S　　　　　　V

(into [the final signals] **《** that <u>produce</u> <u>images, smells or sounds</u> **》)**.
　　　　　　　　　　　　　　　　　　V′　　　　O′

（最終的には**）**，**（《**私たちがまだ十分には理解していない**》**[メカニズム] の働きで），こうした
信号は **（〈**脳の異なる部位にある**〉** [神経細胞] によって）**（《**像や匂いや音を作り出す**》** [最終
信号] に）転換されるのである。

> ● mechanisms の直後には関係代名詞の目的格の which / that が省略されている。
> ● into という前置詞は，この文のように，「変化」を表して使われることがある。

⑩ **(** Thus **)** <u>the brain</u> <u>works</u> **(** basically **) (** by **【** passing information **(** from
　　　　　　　S　　　　V

neuron to neuron **》】)**.

（このように）脳は（基本的に）**（【《**神経細胞から神経細胞に）情報を伝えること**】**によっ
て）機能しているのである。

> ● by Ving は「V することによって」という意味の動名詞の重要構文。

●語句

☐ number	名 数	☐ in the end	熟 最終的に
☐ cell	名 細胞	☐ convert A into B	熟 A を B に変える,
☐ receive	動 受ける		転換する
☐ signal	名 信号	☐ final	形 最終の
☐ in turn	熟 今度は	☐ produce	動 作り出す
☐ send out	熟 送り出す	☐ image	名 像
☐ arrange	動 配列する	☐ smell	名 匂い
☐ hierarchically	副 階層的に	☐ work	動 機能する
☐ sense	名 感覚	☐ basically	副 基本的に
☐ process	動 加工する	☐ pass	動 伝える
☐ pass on to ～	熟 ～に伝える		

⑪ The goal 《 of brain research 》 would be 【 to attain the detailed knowledge
　　S 　　　　　　　　　　　　　　　　V 　　　C

〈 of 〔 how neurons function 〕, or 《 in other words 》, 〔 which neurons are
　　　　　　S′ 　　　V′ 　　　　　　　　　　　　　　　　　　　　　S′

firing 《 in any circumstance 》〕 〉】.
V′

《脳研究の》目標 は，【〈〔神経細胞がどのように機能しているのか〕，《言い換えれば》，〔（ど
んな状況において）どの神経細胞が信号を送り出しているのかという点〕についての〉詳細
な知識 を手に入れること】なのであろう。

● to attain はこの文の補語となっている名詞的用法の不定詞。
● 前置詞 of の目的語として，疑問詞 how と which が導く疑問詞節が使われている。

PARAGRAPH 3

◎トピック

「心」とは何か？⇒ 神経組織と映像を作り出す能力が関係している可能性。

⑫ The fundamental question 《 then 》 becomes 【 what the mind is 】.
　　S 　　　　　　　　　　　　　　　　V 　　C　C′　S′　V′

《その際の》根本的な問いは，【心とは何か】，ということになる。

● what という疑問詞が導く名詞節がこの文の補語となっている。

⑬ Formal definitions 《 usually 》 mention something 《 like " the sum 〈 of
　　S 　　　　　　　　　　　　　　　V 　　　O 　　　　　　　　　　　　　　　

mental activities 〉," 》 but that does not tell us much.
　　　　　　　　　　　　　　　　S 　　V 　　　O

公式の定義では，《通例》，《「〈精神活動の〉総体」といったような》こと が述べられてい
るが，この種の定義は心について十分に説明しているとは言えない。

● 後半の文の主語の that は，直前の the sum of mental activities という定義を指
　している。

186

⑭ **(** On the other hand **)**, we all have had the experience **《** of mind **》**.
　　　　　　　　　　　　　S　　V　　　　　O

(一方で**)**，私たちは皆**《**心についての**》**経験を持っている。

● on the other hand は，直前に述べられていることと対照的な内容を直後に述べる場合に使われる重要表現。

⑮ Close your eyes and think of an episode **《** from your childhood **》**.
　　V①　　O①　　　　V②

目を閉じて思い出に残っている**《**子どもの頃の**》**出来事を考えてみるとよい。

● この文は読者に呼びかけている命令文。

⑯ You **(** probably **)** can have a fairly detailed visual image **《** of some setting **》**,
　　S　　　　　　　　V　　　　　O①

(maybe **)** even some sounds and smells.
　　　　　　　　　　O②

(おそらく**)《**何らかの情景の**》**かなり細かな映像や，（たぶん）音や匂いでさえ，思い浮かべることができるだろう。

● image，sounds and smells が have という他動詞の目的語となっている。

語句

☐ goal	图 目標	☐ sum	图 総体
☐ research	图 研究	☐ mental	形 精神の
☐ attain	動 首尾よく手に入れる	☐ on the other hand	熟 一方で
☐ detailed	形 詳細な	☐ experience	图 経験して知っていること
☐ function	動 機能する		
☐ in other words	熟 言い換えれば	☐ episode	图 思い出に残っている出来事
☐ fire	動 送り出す		
☐ circumstance	图 状況	☐ childhood	图 子どもの頃
☐ fundamental	形 根本的な	☐ fairly	副 かなり
☐ definition	图 定義	☐ visual	形 視覚的な
☐ mention	動 述べる	☐ setting	图 情景

⑰ You have these images 〖 "in mind," 〗 but where, (exactly), are they?
　　S　V　　O　　　　　　　　　　　　　　　　　　　　　　V　S

こうした映像を〖「心に」〗思い浮かべることができるのだが，それらは（正確には）どこに
あるのだろうか。

> ● they という代名詞は these images を指している。

⑱ They 〖 obviously 〗 do not correspond to any input 〈 from the senses 〉
　　S　　　　　　　　　V

〖 into your brain 〗〖 right now 〗, (even though they must involve the firing
　　　　　　　　　　　　　　　　　　　　　　　　　　　S　　V　　　O

〈 of neurons 〉〖 somewhere 〗).

（こうした映像は，《どこかの》〈神経細胞の〉 伝送の働き と関係しているに違いないとして
も），《まさに現在の》〈感覚を通して〉《脳へと》 入ってきた信号 とは（明らかに）一致し
ていない。

> ● even though S V は「たとえ S が V するとしても」という意味の，「譲歩」を表
> す重要構文。

⑲ (In the mid-twentieth century) neurosurgeons 〖 operating (on the brains
　　　　　　　　　　　　　　　　　　　　　　　S　　　現在分詞

〈 of conscious patients 〉〗〗 discovered 【 that they could produce these
　　　　　　　　　　　　　　　　　V　　　　O　　　　S′　　　　V′

sorts of images (by 【 applying electrical current to 〖 specific parts 〖 of the
　　　O′

brain 〗〗】)】.

《20 世紀の中ごろ》《《〈意識がある患者の〉 脳 を）手術した》神経外科医 が，【（【《《脳
の》 特定部位 に）電流を流すこと】によって）この種の像を作り出すことができること】を
発見した。

> ● 主語の neurosurgeons の直後の operating という分詞が導く形容詞節が，述語
> 動詞の discovered の直前まで続いている。

⑳ (Obviously), there is $\underset{\text{V}}{\text{is}}$ $\underset{\text{S}}{\boxed{\text{some sort of connection}}}$ 《 between the activity 〉〈 of

neurons 〉 and $\boxed{\text{our ability}}$ 《 to create images 》, 〈 ⓦhich 関係代名詞 $\underset{\text{S}'}{\text{we}}$ $\underset{\text{V}'}{\text{associate}}$

(with $\boxed{\text{the concept}}$ 〈 of "mind." 〉) 〉 》

（明らかに），《〈神経細胞の〉$\boxed{\text{活動}}$ と，〈私たちが（〈「心」という〉$\boxed{\text{概念}}$ と）関連づけている〉《像を結ぶ》$\boxed{\text{能力}}$ との間には》$\boxed{\text{何らかの関係}}$ がある。

● our ability to create ..... という形容詞的用法の不定詞が修飾する名詞句を，関係代名詞の目的格 which が導く節が修飾している。

PARAGRAPH 4

◎トピック

「心」は脳を超越しているという考え ➡ 議論の余地がある。

㉑ But $\underset{\text{C}}{\text{what}}$ can $\underset{\text{S}}{\text{that connection}}$ $\underset{\text{V}}{\text{be}}$?

だが，その関係とはどのようなものなのだろうか。

語句

☐ exactly	副 正確には	☐ patient	名 患者
☐ obviously	副 明らかに	☐ discover	動 発見する
☐ correspond to ~	熟 ~に一致する	☐ apply	動 流す
☐ input	名 入ってきたもの	☐ electrical current	名 電流
☐ even though S V	構 たとえSがVするとしても	☐ specific	形 特定の
☐ must	助 …に違いない	☐ connection	名 関係
☐ involve	動 関係する	☐ ability	名 能力
☐ firing	名 伝送の働き	☐ create	動 結ぶ，つくり出す
☐ neurosurgeon	名 神経外科医		
☐ operate on ~	熟 ~を手術する	☐ associate (A) with B	熟 関連づける
☐ conscious	形 意識がある	☐ concept	名 概念

㉒ Who is the "I" 《 that says "I remember," 》 and where is he or she located?
　　C　V　　S　　　　　V′　　　　O′　　　　　　　　　　　S　　　V

《「私は覚えている」と言っている》その「私」とはだれなのだろうか，また，彼や彼女はどこにいるのだろうか。

㉓ One way 《 of looking at this question 》 is 【 to consider the remark 《 made
　　S　　　　　　　　　　　　　　　　　　　V　　C

（ by René Descartes ）》, "I think, therefore I am." 】

《この問題を考察する》1つの方法は，【〈（ルネ・デカルトが）表した〉命題「我思う，ゆえに我あり」を考えてみること】である。

> ● to consider ..... という名詞的用法の不定詞がこの文の補語となっている。
> ● the remark と "I think, therefore I am." が同格になっている。

㉔ (In his view), the mind is something 《 that controls the physical brain 》.
　　　　　　　　　　　　　S　　V　　C　　　　　V′　　　　O′

関係代名詞

（デカルトの考えでは），心は《器官である脳を支配する》何かである。

㉕ (However), such a view 《 that the mind is beyond or separated from the
　　　　　　　　　　　S　　　　　S′　　V′　　　　C′

brain 》 is (still) controversial.
　　　　V　　　　　C

（しかし），《心が脳を超越している，あるいは脳とは隔絶しているという》こうした意見には，（依然として）異論もある。

> ● that は「同格」の働きをし，直前の a view という名詞の内容を直後で説明する働きをしている。

PARAGRAPH 5

◎トピック

神経組織の働きがすべてであるという考え。➡ 説明がつかない。

㉖ If this view 〈 of the mind 《 as something 《 that is beyond or separated
　　　S　　　　　　　　　　　　　　　　　　V′　　　C′
　　(S1)
from the brain 》》》 is not correct, (then) the firing 〈 of neurons 〉 is all
　　　　　　　　　　 V　　C　　　　　　　　　　　　　　S　　　　　　　　 V　C
　　　—that が省略　 (V1)　　　　　　　　　　　　　(S2)　　　　　　　　(V2)
《 there is 》.

もしも，〈 心 が 《《脳を超越している，あるいは脳とは別々に切り離されている》何か だ
と》とらえる〉 こうした意見 が正しくないとすれば，（その場合），《脳内で起こっている》
こと は〈神経細胞の〉伝送 だけということになってしまう。

● if S1 V1, (then) S2 V2.は「S1 が V1 するならば，（その場合は）S2 は V2 する」
　という意味の重要構文。
● all は代名詞で「すべてのもの」という意味で使われている。また，直後には関係代
　名詞の that が省略されている。

㉗ This, 《 however 》, does not work, (either).
　　S　　　　　　　　　　 V

《しかし》，このような考え方も（また）役に立たない。

● this は直前の文に示されている考え方を指している。
● either は否定文の直後に置かれ「……もまた〜ない」という意味になる。

語句

☐ remember	動 覚えている	☐ physical	形 器官である
☐ be located	動 いる，位置する	☐ view	名 意見
☐ look at 〜	熟 〜を見る，〜を考察する	☐ be separated from 〜	熟 〜と隔絶している
☐ consider	動 考える		いる
☐ remark	名 命題	☐ controversial	形 異論がある
☐ therefore	副 ゆえに	☐ correct	形 正しい
☐ control	名 支配する	☐ work	動 役に立つ

㉘ Suppose 【 that 《 at some point 《 in the future 》》 a neuroscientist could
     V   O   S′

say, "《 When you see the color blue 》, this particular set of neurons will fire
V′   S″   V″   O″   S″   V″

《 in this particular order 》." 】

【 (《将来の》ある時点 で), 神経科学者が「(あなたに青い色が見えるときは), この特定
の 1 組の神経細胞が《このような特定の順番で》情報を送り出しているのです」と言うこと
ができた】と仮定してみよう。

● Suppose that S Vp は「S が V すると仮定してみよう」という意味の重要構文。

㉙ Suppose 【 that 《 every time you saw blue 》, those particular neurons fired, 】
     V   O①   S′   V′ O′   S′   V′

and 【 that they never fired 《 in the same way 》 《 when you saw anything
     O②   S′   V′   S″   V″   O″

else 》 】.

【 (あなたが青い色を見るときはいつも), こうした特定の神経細胞がこの情報を伝え, 】 【 (他
の色を見るときには) 決して《同様の方法で》情報を伝えることはない], と仮定してみよ
う。

● every time S V は「S が V するときはいつも」という意味の副詞節を作る。
● that という接続詞が導く 2 つの名詞節が Suppose の目的語となっている。

㉚ 《 Clearly 》, you would have established a correlation 《 between the
                S   V   O

experience 《 of seeing blue 》 and a particular process 《 in the brain 》》.

(明らかに), (この仮説から,)あなたは《《青い色を見たときの》経験 と《脳の》特定の作用
との間の》相関関係 を証明したことになるだろう。

● この部分は仮定の話をしているので, would have Vpp という仮定法の表現が使
われている。未来完了形の will が would に変わったと考えればよい。

PARAGRAPH **6**

◎トピック

神経組織の働きからは「経験」そのものを説明することはできない。

③ But, **(** even if <u>you</u> <u>could establish</u> <u>the correlation</u> **)**, <u>you</u> <u>would not have</u>
        S′ V′   O′   S   V

<u>explained</u> <u>the experience itself</u>!
     O

しかし，**(**たとえ，あなたがこの相関関係を証明することができたとしても**)**，経験自体を説明したことにはならないだろう。

● この文は，まだ実現されていないことを仮定している，仮定法の構文。

③ <u>You</u> <u>are not</u>, **(** after all **)**, <u>aware</u> of neurons firing ― <u>you</u> <u>are</u> <u>aware</u> of the
 S V   C   S V C

color blue, and |the most brilliant neurological research| **《** in the world **》**
              S

<u>cannot bridge</u> <u>that gap</u>.
  V   O

(結局**)**，あなたは神経細胞が信号を発していることを意識していないのである―あなたは青い色を意識しているのである。そして**《**世界で**》**|最も優れた神経学的研究|でさえ，この溝を埋めることはできないのだ。

● firing は of の目的語となる動名詞。neurons はこの動名詞の意味上の主語。

語句

☐ Suppose that S V 【構】S が V すると仮定してみよう
☐ neuroscientist 【名】神経科学者
☐ set of ~ 【熟】1 組の~
☐ in ..... order 【熟】……な順番で
☐ every time S V 【構】S が V するときはいつも
☐ establish 【動】証明する
☐ correlation 【名】相関関係
☐ process 【名】作用
☐ explain 【動】説明する
☐ after all 【副】結局
☐ be aware of ~ 【熟】~に気づいている
☐ brilliant 【形】優れた
☐ neurological 【形】神経学的な
☐ bridge 【動】埋める
☐ gap 【名】溝

◎トピック

「経験」を理解するために神経科学的な手法に加えて，心理学的な手法を導入する必要が生じる。

㉝ (To understand the experience itself), you have to start (in a wholly
　　　　　　　　　　　　　　　　　　　　S　　　 V
different branch 《 of science 》 ― psychology)!

(この経験自体を理解するには)，あなたは（《《科学における》まったく異なる部門，すなわち心理学を》始めなければならない。

● To understand ..... は「目的」を表す副詞的用法の不定詞。

㉞ A lot of work is being done (to understand human perception and cognition).
　　　S　　　　　V

(人間の知覚と認知を理解するために) 目下多くの研究がなされている。

● be being Vpp は「V されているところだ」という意味の受動態の進行形。
● to understand は「目的」を表す副詞的用法の不定詞。

㉟ There are two groups of people 《 trying to bridge the gap 〈 between mind
　　　　V　　S
and brain 〉》.

《〈心と脳の間の〉溝を埋めようとしている》2つのグループがある。

㊱ (On the one side), working up (from the smallest scale), are the
　　　　　　　　　　　　　　　　　　　　　　　　　　　　　V
neuroscientists.
S

(その1つは)，((神経細胞という)最小の尺度から) 理論を練り上げている神経科学者のグループである。

● この文はもともと, the neuroscientists are working up from the smallest scale だったが, working up from the smallest scale という部分が文頭に置かれて強調され, 主語と述語動詞が逆転した倒置構文となっている。

㊲ (On the other), working down (from the largest scale), are the
　　　　　　　　　　　　　　　　　　　　　　　　　　　　　　V

psychologists.
　S

(もう一方は), ((人間の知覚と認知という)最大の尺度から), 理論を掘り下げている心理学者のグループである。

● この文は the psychologists are working down from the largest scale だったが, working down the largest scale の部分が文頭に置かれて強調され, 主語と述語動詞が逆転した倒置構文となっている。

㊳ 【 Whether the two will ever come together 】 is (very much) an open
　S　　　　　　　　S′　　　　　　　　V′　　　　　　　　　　　V

question.
　C

【この2つのグループがいつの日かともに協力し合うことができるのか】は, はっきりした答えが出ていない【大きな】問題である。

● 「S が V するかどうか」という意味で使う whether S V という名詞節が主語の部分に置かれている。
● the two は前出の「神経科学者」と「心理学者」という2つの研究グループを指している。

● 語 句

☑ wholly	副 まったく	☑ work up	熟 理論を練り上げる
☑ branch	名 部門	☑ scale	名 尺度
☑ psychology	名 心理学	☑ work down	熟 掘り下げる
☑ work	名 研究	☑ whether S V	構 S が V するかどうか
☑ perception	名 知覚	☑ ever	副 いつの日か
☑ cognition	名 認知	☑ come together	熟 協力し合う

速読トレーニング

1 What is the connection / between mind and brain? /
関係はどうなっているのだろうか　　心と脳の

This is not purely a scientific issue; / it is also a philosophical question, /
これは純粋に科学的な問題ではなく　　哲学的な問題でもあり

and an ancient one as well. / Over the next few decades, /
昔からある問題でもある　　今後数十年間で

as scientists reveal / the mechanism / of the brain / in greater detail, /
科学者が解明していくにつれて　メカニズムを　脳の　より詳しく

the question / of the connection / between our brains / and our minds /
問題は　関係についての　人間の脳と　心の

will become / a more urgent matter / for further discussion. /
なるであろう　よりさしせまった問題と　さらに議論を進めなければならない

2 The brain / is a physical system. / It contains /
脳は　身体的なシステムである　脳には含まれる

about 100 billion interconnected neurons / — about as many neurons /
およそ1千億もの互いに結びついている神経細胞が　ほぼ同じ数の神経細胞があるわけである

as there are stars / in the Milky Way. / It is not the number of cells /
存在する星と　銀河に　細胞の数ではなく

that is important here, / but the connections between them. / Each neuron /
ここで重要なのは　細胞相互の関係である　個々の神経細胞は

may receive signals / from thousands of others, / and may, in turn, /
たぶん信号を受け　何千という他の神経細胞から　その結果

send signals out / to thousands more. / The neurons seem /
信号を送り出しているのだろう　さらに何千という他の神経細胞に　神経細胞は見える

to be arranged / hierarchically: / those that receive signals / from the senses /
配列されているように　階層的に　信号を受けた神経細胞は　五感からの

process them / and pass them on / to higher systems of neurons. /
その信号を加工してから　伝えている　上部階層の神経細胞システムに

In the end, / by mechanisms / we still do not fully understand, /
最終的には　メカニズムの働きで　私たちがまだ十分には理解していない

these signals are converted / by neurons / in different parts of the brain /
こうした信号は転換されるのである　神経細胞によって　脳の異なる部位にある

into the final signals / that produce images, / smells / or sounds. / Thus /
最終信号に　像を作り出す　匂いや　音を　このように

the brain works / basically / by passing information / from neuron to neuron. /
脳は機能しているのである　基本的に　情報を伝えることによって　神経細胞から神経細胞に

The goal of brain research / would be to attain / the detailed knowledge /
脳研究の目標は　手に入れることになるのだろう　詳細な知識を

of how neurons function, / or in other words, /
神経細胞がどのように機能しているのか　　言い換えれば

which neurons are firing / in any circumstance. /
神経細胞が信号を送り出しているのかという点についての　どのような状況で

3 The fundamental question / then / becomes what the mind is. /
根本的な問いは　　その際の　　心とは何か，ということになる

Formal definitions usually mention / something like /
公式の定義では，通例，述べているが　　といったように漠然と

"the sum of mental activities," / but that / does not tell us much. /
「精神活動の総体」　　この種の定義では　　心について十分に説明しているとは言えない

On the other hand, / we all / have had the experience / of mind. /
反面　　私たちは皆，　　経験的に知っている　　心について

Close your eyes / and think of an episode / from your childhood. /
目を閉じて　　思い出に残っている出来事を考えてみるとよい　　子どもの頃の

You probably can have / a fairly detailed visual image / of some setting, /
おそらく思い浮かべることができるだろう　　かなり細かな映像や　　何らかの情景の

maybe / even some sounds / and smells. / You have these images /
たぶん　　音や　　匂いでさえ　　こうした映像を思い浮かべることができるのだが

"in mind," / but where, exactly, are they? / They obviously /
「心に」　　それは正確にはどこにあるのだろうか　　こうした映像は明らかに

do not correspond / to any input / from the senses / into your brain /
一致していない　　入ってきたものとは　　感覚を通して　　脳に

right now, / even though they must involve / the firing /
まさに今，　　関係があるに違いないのだが　　伝送の働きと

of neurons somewhere. / In the mid-twentieth century / neurosurgeons /
どこかの神経細胞の　　20世紀の中ごろ　　神経外科医が

operating on the brains / of conscious patients / discovered /
脳を手術した　　意識がある患者の　　発見した

that they could produce / these sorts of images /
作り出すことができることを　　この種の像を

by applying electrical current / to specific parts / of the brain. / Obviously, /
電流を流すと　　特定部位に　　脳の　　明らかに

there is some sort of connection / between the activity of neurons /
何らかの関係がある　　神経細胞の活動と

and our ability / to create images, / which we associate / with the concept /
能力との間には　　像を結ぶ　　私たちが関連づけている　　概念と

of "mind." /
「心」という

4 But / what can that connection be? / Who is the "I" / that says /
だが，　　その関係とはどのようなものなのだろうか　　その「私」とはだれなのだろうか　　言っている

音読達成シート	日本語付	1	2	3	4	5	英語のみ	1	2	3	4	5

"I remember," / and / where is he or she located? /
「私は覚えている」と / また, / 彼や彼女はどこにいるのだろうか /

One way / of looking at this question / is to consider the remark /
1つの方法は / この問題を考察する / 命題を考えてみることである /

made by René Descartes, / "I think, / therefore I am." / In his view, /
ルネ・デカルトが表した / 「我思う, / ゆえに我あり」 / デカルトの考えでは /

the mind is something / that controls the physical brain. / However, /
心は何かである / 器官である脳を支配する / しかし, /

such a view / that the mind is beyond / or separated /
こうした意見には / 心が脳を超越している / あるいは切り離されているという /

from the brain / is still controversial. /
脳とは別々に / 依然として異論もある /

5 If this view / of the mind as something / that is beyond /
もしも, こうした意見が / 心が何かだととらえる / 脳を超越している, /

or separated from the brain / is not correct, / then /
あるいは脳とは隔絶している / 正しくないとすれば / その場合, /

the firing of neurons / is all there is. / This, / however, /
神経細胞の伝送だけということになってしまう / 脳内で起こっていることは / このことが / しかし, /

does not work, either. / Suppose / that at some point / in the future /
働きかけているのでもない / 仮定してみよう / ある時点で / 将来の /

a neuroscientist could say, / "When you see / the color blue, /
神経科学者が言うことができたと / 「あなたに見えるときは / 青い色が /

this particular set of neurons / will fire /
この特定の1組の神経細胞が / 情報を送り出しているのです」と /

in this particular order." / Suppose / that every time you saw blue, /
このような特定の順番で / 仮定してみよう / あなたが青い色を見るときはいつも /

those particular neurons fired, / and that they never fired / in the same way /
こうした特定の神経細胞がこの情報を伝え / 決して情報を伝えることはないと / 同様の方法で /

when you saw anything else. / Clearly, /
ほかの色を見るときには / 明らかに /

you would have established a correlation / between the experience /
この仮説から, あなたは相関関係を証明したことになるだろう / 経験と /

of seeing blue / and a particular process / in the brain. /
青い色を見たときの / 特定の作用との間の / 脳の /

6 But, / even if you could establish / the correlation, /
しかし, / たとえ, あなたが証明することができたとしても / この相関関係を /

you would not have explained / the experience itself! / You are not, /
説明したことにはならない / この経験自体を / あなたは /

after all, / aware of neurons firing / — you are aware /
結局, / 神経細胞の情報伝達の仕組みに気づいていないからである / —つまり, あなたが気づいても /

of the color blue, / and the most brilliant neurological research /
青い色に   最も優れた神経学的研究でさえ

in the world / cannot bridge that gap. /
世界で   この溝を埋めることはできないからだ

7 To understand / the experience itself, / you have to start /
理解するには   この経験自体を   あなたは始めなければならない

in a wholly different branch of science / — psychology! / A lot of work /
まったく異なる科学部門   すなわち心理学を   目下多くの研究が

is being done / to understand / human perception and cognition. /
なされている   理解するために   人間の知覚と認知を

There are two groups of people / trying to bridge the gap /
2つのグループがある   溝を埋めようとしている

between mind and brain. / On the one side, / working up /
心と脳の間の   その1つは,   理論を練り上げている

from the smallest scale, / are the neuroscientists. / On the other, /
(神経細胞という)最小の尺度から   神経科学者のグループである   もう一方は

working down / from the largest scale, / are the psychologists. /
理論的に掘り下げている (人間の知覚と認知という)最大の尺度から   心理学者のグループである

Whether the two / will ever come together /
この2つのグループが   いつの日か協力し合うことができるのかは

is very much an open question.
はっきりした答えが出ていない大きな問題である

音読達成シート	日本語付	1	2	3	4	5	英語のみ	1	2	3	4	5

199

付属ＣＤの使い方

　本書付属のＣＤには，皆さんの音読学習をサポートする，**リピートトレーニング用の音声とスピード聴解トレーニング用の音声**が収録されています。このＣＤをフルに活用することによって，皆さんは将来も役に立つ本格的な読解力を磨くことができます。もちろん，リスニングの学習にもなり，一石二鳥なので，普段の学習には必ずこのＣＤを用いた学習を取り入れてください。

リピートトレーニング

　本書の**「速読トレーニング」**の英語部分が，スラッシュで分けられたカタマリごとに読まれます。皆さんはその後について，英文を読む練習をしましょう。まずは，本書の「速読トレーニング」のページや，白文のページ（「問題英文と全訳」の頁の英文）を見ながら練習しましょう。

　最終的には，**何も見ずに「手ぶらで」耳だけを使ってリピーティングができるようになるまで，何度も繰り返しましょう。**長文読解ができるようになるコツは，このように同じ英文を繰り返し読み，反射的にすべて理解できるようにしてしまうことです。

スピード聴解トレーニング

　本書の**問題英文がナチュラルスピード**で読まれます。皆さんは白文を見ながら，ナチュラルスピードで読まれた音声が 100 パーセントすらすらと意味がわかるようになるまで，繰り返し聞きましょう。最終的には**「耳だけ」で聴いて 100 パーセントわかるようになる**のが皆さんのゴールです。

　このナチュラルスピードのトラックだけを集めて，メモリープレイヤーなどで繰り返し何度も聞くのもおすすめの学習法です。

CDの構成

各 Unit ごとに，「リピートトレーニング用」の音声（スラッシュリーディング），「スピード聴解トレーニング」用の音声（ナチュラルスピード）の順番で収録されています。

問題英文と全訳

白文を見ながら音読し，100%スラスラ意味がわかるように
なるまで練習しましょう。
音読しながら 100%わかるようになっ
たら，CD を聞きながら
理解する練習をしましょう。

UNIT 1

One reason for our water problems is that we build great cities to hold our people in places where there is not enough natural water to supply them. Southern California is the textbook example. There is a certain amount of natural water that is locally available for the city of Los Angeles — that's why the city first grew there. That local supply is not small. It is about enough to meet the needs of a million people or so — but it is hopelessly inadequate now that the area has exploded to contain *fourteen* million people. That is why Los Angeles has already reached out its aqueducts to suck into itself almost everything that flows in its own state and nearby ones, and now has even begun to cast a thirsty eye at the vast Canadian rivers two thousand miles away.

Everybody criticizes Los Angeles sharply, but in this case it and the other California cities are by no means the only offenders in that state. California's farmers are actually worse. In all, California's agriculture uses about 85% of the state's water. That might seem fair enough — farmers must grow crops so that people can eat, after all — but a huge amount of that precious water is wasted on such foolish acts as irrigating pastureland for dairy cattle; it is an astonishing fact that watering grass for pasture swallows more water every year than the cities of Los Angeles and San Francisco combined.

Still, these California cities are bad enough, with their lawns, fountains and jacuzzis. Some of the cities in the neighboring states, Arizona and Nevada, are even worse. These bone-dry states have built large cities, where there used to be nothing but cactus. Las Vegas, which is one of these large cities and has no apparent purpose for existence except to provide a place for gambling, is studded with acre-sized pools, fountains, decorative ponds, sprinkled lawns and more than twenty irrigated golf courses; every drop of the water that makes life in the city luxurious is drawn from the already overexploited Colorado River.

202

我々の水問題が起こる1つの理由は，我々住民に供給できるほど十分な自然の水がない場所に，我々住民を収容するために大都市を建設することである。南カリフォルニアはその模範例である。ロサンゼルスという市が地域的に利用することができるある程度の量の自然の水はある—そのような理由で，その都市がそこで最初に発達したのである。その地域の水の供給は少ないものではない。100万人かそこらの必要を満たすくらいはほとんど十分あるのである—しかし，今やその地域は膨れあがって1,400万人を抱えるほどになっているので，自然の水の供給は絶望的に不足しているのである。そのような理由でロサンゼルスはその州自体と近隣の州を流れるほとんどすべての水をその中に取り込むためにすでに導水管を伸ばしているのであり，そして今では，2,000マイル離れた広大なカナダの河川に渇望の目を向け始めてさえいるのだ。

　だれもがロサンゼルスをひどく批判するが，この場合においてはロサンゼルスや他のカリフォルニア州の都市だけが，その州の唯一の悪者というわけでは決してない。カリフォルニア州の農業経営者は実際もっとひどい。全体で，カリフォルニア州の農業は州の水の約85%を使用している。それは十分に正当なことに思えるかもしれない—結局人々が食べていけるように，農業経営者は作物を育てなければならないからである—しかし，その貴重な水のかなりの量は，乳牛のための牧草地を灌漑するといったような愚かな行為のために浪費されているのである。牧草のための草に水をやるということが，毎年ロサンゼルスとサンフランシスコの2つの都市よりも多くの水を消費するということは驚くべき1つの事実なのである。

　それでもなお，芝生，噴水，ジャクージがあって，これらカリフォルニア州の都市は十分にひどい状況だ。アリゾナ州やネバダ州といった近隣の州の都市のいくつかは，さらにひどい。これらのからからに乾いた州は，かつてはサボテンしかなかった場所に大都市を建設してしまったのだ。ラスベガスは，これらの大都市の1つであり，ギャンブルをするための場所を提供すること以外の存在の明らかな意義を持っていないのだが，1エーカーほどの大きさのプール，噴水，装飾的な池，水をまかれた芝生，そして20以上もの灌漑されたゴルフコースが散在しているのである。都市での生活を豪華なものにしている水の1滴1滴は，すでに過剰取水されているコロラド川から引かれているのである。

UNIT 2

Sara got her start training dogs and soon realized she was really training their owners. "I would teach people about reacting consistently to what the dogs did so that good behavior was rewarded and bad behavior punished. And I thought to myself, it's not the dogs that are being inconsistent here, it's the people."

Sara sees all kinds. "You have the gigglers who say, 'Isn't that cute,' when the puppy grabs their socks out of their hand and then get upset when the puppy goes for the socks, the shoes, the couch. You have the couples where one takes the strict approach and the other tries to cover up when the dog does something wrong."

"What dogs want," says Sara, "is your love, attention, and treats. If you make it perfectly clear and consistent what it will take to get that reaction, your dog will behave because of self-interest. But it is also a matter of your self-interest. If you are too lazy to be consistent with your dog, or if you really don't care what happens to your socks and shoes, then your lack of interest will come across."

Researchers find that perceived self-interest, the rewards one believes are at stake, is the most significant factor in predicting dedication and satisfaction toward work. It accounts for about 75 percent of personal motivation toward accomplishment.

What is the difference between people who willingly take work home with them on the weekends and people who laugh at the idea?

What is the difference between people who work hard all day and people who do as little work as they can possibly get away with?

What is the difference between people who sign up for night school classes and those who can't imagine going back to school?

What is the difference between the most driven and the laziest person? Self-interest.

We all do what we do because of self-interest; we think it's the best thing for us. Those who work hard do so because they believe there is a reward awaiting them that not only justifies their efforts but also demands their dedication. Those who do not give their best efforts on the job do so because they cannot see the long-term benefit of work outweighing the short-term benefit of laziness.

Remind yourself of the value of the things you want, and the cost to you in effort will not feel as great.

204

サラは犬の調教を始めるとすぐに，実は飼い主を調教しているということに気づいた。「私はいつも，飼い主の皆さんに，良い行動をとればほうびがもらえ，悪い行動をとったときには罰が与えられるように犬がしたことに対して一貫した反応を示すことについて教えていました。そして内心では，この点で一貫していないのは犬ではなく，人間のほうなんだと思っていました」。

　サラはあらゆるタイプの飼い主を見ている。「子犬が飼い主の手から靴下にかみついてひったくったときは『かわいいじゃない』と笑いながら言っているのに，子犬が靴下や靴やソファーに飛びかかると怒りだすような人がいます。一方が厳しく接しようとするのに，もう一方が犬が何か不始末をしたときにはなかったことにしてしまおうとする男女もいます」。

　「犬が求めているのは」，とサラは言う，「あなたの愛情であり，思いやりであり，喜びなのです。そのような反応を得るために必要なものを十分に明らかにし，また（それが）首尾一貫しているなら，犬は自分の利益のために行儀よくふるまいます。しかしそれはまた飼い主自身の利益の問題でもあるのです。もしもあなたがあまりに無精なために，犬に対して一貫した態度がとれなかったり，あなたの靴下や靴がどうなろうとまったく気にかけないなら，そのときにはあなたには関心がないことが伝わってしまうでしょう」。

　認識された自己利益，つまり，人が，かかっているのだと信じている報酬が，仕事に対する献身と満足を計る際に最も重要な要因であることに研究者たちは気づいている。これが目標達成に対する個人的な動機の約75％を占めている。

　週末に進んで仕事を家に持ち帰る人と，この考えを一蹴する人との間の違いは何であろうか。

　1日中勤勉に働く人と，できるだけうまくやって働かずに済まそうとする人との違いは何であろうか。

　夜間のクラスに申し込む人と学校に戻ることなど想像もできない人との違いは何であろうか。

　なんでも積極的に頑張る人と怠け者の最たる人との違いは何であろうか。それは自分の利益である。

　私たちは皆，自分の利益のために私たちがしていることをしているのである，それが自分にとって一番いいからだと考えているのである。一生懸命に働く人は，自分の努力を正当化するだけでなく，献身も必要とする報酬が自分たちを待っていると信じるからこそそうするのである。仕事に精魂を傾けない人は，仕事から得られる長期的な利益のほうが，怠惰から得る短期的な利益に勝ることを想像できないからそうするのである。

　自分が望むものの価値を思い出せば，努力することにあなたが支払う代償がそれほどではないことと感じられるだろう。

During my lifetime, a new profession has arisen — that of science journalist. Today, the public learn about science, not in the main from scientists, but from science writers and from producers of radio and television programmes. It was not so fifty years ago. I was taught no science at school, but by the time I was eighteen I had given myself an admirable grounding in science by reading Jeans, Eddington, Halden, Huxley, Wells, Einstein and Sherrington. All these men were writing science for the general public, and all, except H.G. Wells, were scientists. For any child trying to do the same job today, the science would be filtered through the minds of this new profession. What kind of a job are they doing?

First, there are two reasons why the emergence of the new profession has been inevitable. One is that science has become too important to be left to scientists. The impact of science on the way we live, and on the ways in which we may die, is now so widely felt that it cannot be left solely in the hands of the scientists. It is in my view entirely right that the planning and the applications of science should be matters of public and not of private debate. The second reason is television. A working scientist can write a newspaper article, an essay or a book in his spare time, but he cannot make a television programme that way.

The second point is that, in Britain at least, science journalists face an uphill task. Our culture is still deeply unscientific. We have not yet fully broken free of the old snobbery, according to which work is ungentlemanly, and science is work. Given the obvious difficulty of the job, the new profession is not doing badly. The presentation of science on radio and television in Britain seems to me enormously superior to that in the United States. However, there are weaknesses. In particular, the media show an excessive desire to present confrontation and controversy; they tend to concentrate on the social consequences of science rather than on the science itself; and, because science is no longer presented by scientists, it appears as an impersonal and mysterious edifice, and not as something done by human beings.

全　訳

　私が生きている間に，新しい職業が現れた—科学ジャーナリストという職業だ。今日，一般の人たちは主として科学者からではなく，科学作家やラジオやテレビ番組のプロデューサーから科学について学ぶ。50年前はそうではなかった。私は学校では科学をいっさい教わらなかったが，18歳になるときまでにジーンズや，エディントン，ホールデン，ハックスレイ，ウェルズ，アインシュタイン，シェリントンを読んで，科学のりっぱな基礎知識を身につけていた。こうした人たちは皆，一般大衆向けに科学書を書いていたし，H.G.ウェルズを除いて皆が科学者だった。今日，同じ〔科学的な〕仕事をしようと志すどの子どもにも，科学はこのような新しい職業に携わる人々の考え方を通して徐々に浸透していくことになるだろう。彼らは今，どのような種類の仕事をしているのだろうか。

　まず，こうした新しい職業の出現が必然的だった2つの理由がある。1つには科学があまりに重要になりすぎて，科学者に任せておくことができなくなったことが挙げられる。今日，私たちの生き方や，さらには私たちの死に方に及ぼす科学の影響は大変幅広く感じられているので，それを科学者たちの手にだけゆだねることはできない。私の考えでは科学の計画や応用は公の場で議論すべき問題であり，個人的に議論すべき問題ではないということはまったく正しい。第2の理由はテレビである。仕事を持っている科学者は，暇なときに新聞記事や随筆や本を書くことができるが，そのようにしてテレビ番組を作ることはできない。

　第2点目は，少なくともイギリスでは，科学ジャーナリストたちは困難な仕事に立ち向かっているという点である。私たちの文化は今もなお極めて非科学的である。私たちはいまだに，仕事というものは非紳士的なものであり，科学は仕事なのだという昔からある，気取った考え方から十分に脱却しているわけではない。科学ジャーナリストという仕事が明らかに難しいことを考えるならば，この新しい職業はまずまずよくやっている。イギリスのラジオやテレビでの科学番組は，アメリカの科学番組よりはるかに優れているように私には思える。しかし，欠点もある。特にマスコミは，対立や論争を作りあげようとする欲求が過度に強すぎる。マスコミは，科学それ自身というよりも，科学の社会的な影響に集中する傾向があるし，科学が科学者の手で説明されることがもうないので，科学は，人間がしていることではなく非人間的で神秘的な体系のように受け取られている。

An area of much interest in recent years is that referred to as artificial intelligence, often shortened simply to 'AI'. The objectives of AI are to imitate by means of machines, normally electronic ones, as much of human mental activity as possible, and perhaps eventually to improve upon human abilities in these respects. There is interest in the results of AI from at least four directions. In particular there is the study of robotics. Robotics is concerned with the practical requirements of industry for mechanical devices which can perform 'intelligent' tasks — tasks which are so complicated that they have previously demanded human intervention or control. Those mechanical devices are expected to perform these tasks with a speed and reliability beyond any human capabilities, or under unfavourable conditions where human life could be at risk. Also of interest commercially, as well as generally, is the development of expert systems, according to which the essential knowledge of an entire profession — medical, legal, etc. — is intended to be coded into a computer package! Is it possible that the experience and skill of human members of these professions might actually be replaced by such packages? Or is it merely that long lists of factual information are all that can be expected to be achieved? The question of whether the computers can exhibit (or simulate) genuine intelligence clearly has considerable social implications. Another area in which AI could have direct relevance is psychology. It is hoped that by trying to imitate the behaviour of a human brain (or that of some other animal) by means of an electronic device — or by failing to do so — one may learn something of importance concerning the brain's workings. Finally, there is the optimistic hope that for similar reasons AI might have something to say about deep questions of philosophy, by providing insights into the meaning of the concept of the mind.

全　訳

　近年多くの関心を集めている分野は，しばしば単に'AI'と略称される人工知能と呼ばれている分野である。人工知能の目的は，通常は電子機器である機械を使って人間の知的活動をできる限り多く模倣することであり，（おそらく，いずれは）これらの点で人間の能力をしのぐことである。人工知能の成果に対して少なくとも４つの方面からの関心が向けられている。特にロボット工学の研究がある。ロボット工学は，知的な仕事，すなわちあまりに複雑なので，以前には人間が介入したり，管理したりする必要があった仕事―をこなすことができる機械装置を求めている産業界からの実利的な要請に関係しているものである。こうした機械装置はいかなる人間の能力をも超えるスピードと信頼性でこれらの仕事をこなしたり，あるいは人間の生命が危険にさらされる可能性がある好ましくない条件下でこうした仕事をこなすことを期待されている。また，一般的にはもちろんだが，商業的にも関心が持たれているのは，人工知能プログラムの開発であり，それにより医学や法律などといったすべての専門的な職業の分野で必要不可欠な知識がコンピュータープログラムにコード化されることが意図されているのだ。こうした専門的な職業についている人間の経験と技術が，実際にコンピュータープログラムに取って代わられることなどあり得るのだろうか。それとも単に事実情報の長いリストだけが完成させることが期待されているすべてなのであろうか。コンピューターが真の知性を明確に示す，（すなわち人工的に再現する）ことができるかどうかという問題は，かなり大きな社会的な影響を及ぼす。人工知能が直接関係しうるであろうもう１つの分野は，心理学である。電子機器を使って人間の頭脳（あるいは何か他の動物の頭脳）の活動内容を模倣しようとすることで―あるいはそうすることに失敗することで―脳の働きに関する重要なことがわかってくることが期待されている。最後に，同様の理由で，人工知能は精神という概念の意味に関しての洞察を加えることで，哲学の深遠な諸問題に対して語るべき何かを与えるかもしれない，という楽観的な期待がある。

According to the recent research, the Arctic has warmed markedly in the past two decades. The ocean's ice cover has thinned by an average of four feet — some 40 percent — since the 1960s, and the ice's margin has receded 20 percent farther into the Arctic. Given that the Poles are widely seen as indicators of global climate change, this all looks very dramatic. But it may be just another imagined monster hiding in the blank spots of our knowledge. Perhaps the water regularly warms and cools and the ice regularly thins and thickens as atmospheric pressures and water currents change. There's evidence to suggest that, but it's not conclusive.

If the Arctic continues to warm, the consequences could be grave. Some scientists think there's a chance — remote but conceivable — that the ocean's summer ice cover could completely melt at some point in coming decades. "The absence of ice in the Arctic would completely change climate patterns for the Northern Hemisphere," says Richard Clark, a marine scientist. "In computer modeling if you take off the ice, even the circulation of the ocean reverses."

Some scientists think that the Arctic Ocean may have lost its summer ice 400,000 years ago, when the earth was as warm as it is now. The earth has a history of warming and cooling dramatically in just decades or even years as environmental factors strengthen each other. In the Arctic, for instance, sea ice reflects most solar energy, but open water absorbs up to 90 percent. So as ice cover shrinks, the ocean absorbs more heat, potentially melting more ice until a cycle of increased heating and melting causes the permanent ice pack to disappear.

But this is a simple model, and the Arctic is no simple environment. "The problem in the Arctic is there's a lot of variability," says Mark Lewis, a specialist of Polar climate. "Conditions can be very different from one year to the next, so catching trends is difficult." George Peterson, who identified the thinning ice, says, "People may jump on this and say the ice cover is disappearing. Well, who knows? Everything may rebound now for the next ten years. I don't think you'd find many Arctic scientists willing to say, 'Yes, it's all melting up there, and in another decade we won't have any sea ice.' Only the future will tell us."

最近の研究によると，北極は最近 20 年間に著しく温暖になっている。洋上の氷の覆いが 1960 年代以降，平均 4 フィート分だけ—約 40%—薄くなり，氷のへりが北極方向に 20% も後退したとのことだ。仮に南北の両極が地球の気候変化の指標として広く考えられているとすれば，このような現象はすべて非常に劇的に見える。しかし，それは私たちの知識の欠落している場所に隠れているありふれた空想上の怪物にすぎないのかもしれない。ひょっとすると，気圧や海流が変化するにつれて，海水は規則的に温まったり，冷えたりしているし，氷も規則的に薄くなったり厚くなったりしているのかもしれない。そのことを示唆する証拠があるが，決定的な証拠というわけではない。

　もしも北極がこのまま暖まり続けるなら，その影響は深刻なものになるだろう。科学者の中にはこれからの数十年間においてのある時点で洋上の夏の氷の覆いが完全に溶け出してしまう—わずかだが考えられる—可能性があると考えている人もいる。「北極に氷が存在しないと，北半球の気候分布がすっかり変わってしまうだろう」と，海洋科学者リチャード・クラークは述べている。「コンピューターで立体映像化してみると氷を取り除くと海洋の循環でさえ逆転してしまいます」。

　北極海の夏の氷は，地球が今同様に温暖であった 40 万年前に消失していたかもしれないと，考えている科学者もいる。地球には環境要因が相互に強まると，何十年あるいは何年かの間でさえ劇的に温暖化したり冷却化したりするという歴史がある。例えば，北極では，海の氷はほとんどの太陽エネルギーを反射するが，氷に閉ざされていない海水は太陽エネルギーを 90% まで吸収してしまう。それで氷の覆いが小さくなるにつれて，海洋はさらに多くの熱を吸収し，場合によってはさらに多くの氷を溶かしていくこともあるし，その結果増大する熱と溶解の循環によって永久流氷が消滅する原因ともなっていくであろう。

　だがこれは単純なモデルであって，北極は決して単純な環境などではない。「北極に関しての問題点は，大きな変動性が存在することなのです」と，北極気候の専門家であるマーク・ルイスは述べている。「北極の状態はある 1 年とその翌年とではまったく違っていることがあります，だから，傾向をとらえることが難しいのです」。ジョージ・ピーターソンは氷が小さくなっていることを発見したが，こう述べている。「人々はこの現象に飛びついて，氷の覆いが消滅していると言うかもしれません。でも，それはだれにもわからないことなのです。これから次の 10 年間にわたってすべてが元に戻るかもしれないのです。『ええ，北極では氷がすべて溶け出しています，そしてもう 10 年もすると海の氷はひとかけらも残っていないのです』などと言う気になる多くの北極科学者がいるとは私には思えません。時間がたってみないことには，私たちにはわからないことなのです」。

In Britain, a majority of parents want corporal punishment to be reintroduced in schools to tackle what they perceive is an increasing problem of classroom disorder, according to an opinion poll published recently.

It showed that two-thirds of parents think discipline has declined over the past 10 years, while only one in 10 believe it has improved. Almost a quarter think badly behaved children are the biggest problem facing schools — a higher proportion than those blaming poor teaching, overcrowding or lack of parental support.

The poll showed 51% of parents think reintroduction of corporal punishment is the answer to the problem. Among working class parents 60% are in favour, but the proportion falls to 40% among middle class parents.

Corporal punishment was abolished 14 years ago throughout all state schools. Teachers' leaders said there was no realistic chance of its reintroduction. David Hart, general secretary of the National Association of Head Teachers, said: "Parents might want to bring it back, but it is not a possible option. I don't know any head teachers or teachers who want it and it would violate the European Convention on Human Rights. I'm not surprised parents identify bad behaviour in schools as a problem. Schools, however, can only operate within the communities they serve. Lack of discipline often results from factors outside the school. A lot of the blame lies not with teachers but with parents."

John Dunford, general secretary of the Secondary Heads Association, said: "Corporal punishment will never be discussed in our meeting. It never worked. The discipline problem is a comment on society rather than on schools. Schools work within the context of what happens outside. Children have become less obedient and keeping good discipline in schools has become much harder for teachers."

全　訳

　イギリスで最近発表された世論調査によれば，大多数の親が教室内での無秩序とい
うますます大きくなる問題だと彼らが認識している状況に取り組むために，学校に再
度体罰を取り入れることを望んでいる。

　この世論調査から，親の3分の2が過去十年以上にわたってしつけが低下してい
ると考えており，一方，しつけが向上していると信じている親は10人中1人しかい
ないことが明らかになった。ほぼ4分の1の親が，行儀のよくない子どもたちこそ
が学校が直面している最大の問題であると考えている―これは教師の教え方のつたな
さ，生徒数の過密，親の支援が欠如していることを非難する親の割合より高い割合で
ある。

　この世論調査から，親の51パーセントが体罰の再導入こそがこの問題の解決策に
なると考えていることがわかった。労働者階級の親の60%がこの意見に賛成してい
るが，中産階級の親では賛成者の割合は40%に下がっている。

　体罰はすべての公立学校で14年前に廃止された。教師の指導者たちは体罰を再導
入する少しの現実的な可能性もないと述べた。学校長全英協会会長デイビッド・ハー
ト氏は次のように述べた，「親ごさんはことによると体罰を復活させたいと望んでい
るかもしれませんが，それは受け入れられる選択肢ではありません。私は体罰の復活
を望んでいる校長や教師の方々を1人も存じ上げませんし，体罰は人権に関するヨー
ロッパ会議の決定に違反することになります。私は親ごさんが学校での行儀の悪さが
問題だと思われていることに驚いてはおりません。しかし，学校は，学校が奉仕して
いる地域社会の中でだけ運営できるのです。しつけの欠如は，しばしば学校の管轄外
の要因が原因となって起こります。この責任の多くは，教師の側にではなく，親の側
にあるのです」。

　ジョン・ダンフォード氏は副校長協会会長で，次のように述べた。「私たちの会議
で体罰について議論する予定はまったくありません。体罰は効果がまったくなかった
からです。しつけの問題は，学校というよりむしろ社会の質を反映するものです。学
校は校外で起こることに関連して動いていくのです。子どもたちは素直に言うことを
聞かなくなってきましたし，学校で良いしつけを教え続けることは教師にははるかに
大変な仕事になってきているのです」。

UNIT 7

It is hard to believe or indeed even to understand but it is nonetheless a fact that almost 90 percent of all species that have existed up until now have disappeared. Norman Myers elaborates this basic point to give an approximate historical sense of the rate at which species have become extinct. Quite simply, from 1600 to 1900 human beings eliminated some seventy-five known species, mostly mammals and birds; since 1900 to the present day they have eliminated another seventy-five. Between 1600 and 1900 the rate of disappearance was approximately one species every 4 years; in the present century the rate has been approximately one species every year. Humans cannot be held totally responsible, however, for many of these species disappeared well before Homo sapiens appeared on the planet.

Although Myers concluded his analysis in 1979, the process that he describes is undoubtedly continuing, for, as he himself says, there are currently over a thousand animal forms that may soon disappear from the Earth. In many parts of the world concern is certainly expressed about this, but just as few animals can be recognized by the public, perhaps even fewer of these thousand forms could be named and identified. The giant panda is recognized internationally as an endangered animal, and many might recognize that the white rhino and the Sumatran rhino are dying out, but the critical situation of the crested ibis is likely to attract the attention of few but the specialist.

Concern for conservation is a cultural factor and must be understood as such, but within cultures the focus of concern is highly selective. A question we could well ask is: if it is important to conserve species why is it that many individuals who might well support the ideals of conservation also support the attempt to destroy certain species such as the Norway rat, the tsetse fly, or the malaria-carrying mosquito? Quite simply, why don't these particular living creatures also have the right to exist? Part of the explanation, of course, lies in the fact that such creatures do not bring about sympathetic emotional reactions in people, and in these particular cases they are seen as causing harm to human beings. But the question remains: why is it that conservationists choose to preserve only part of an ecosystem?

Undoubtedly scientific conservationists operate with a sophisticated model of the organization and functioning of ecosystems, but it is not this knowledge that moves most members of the general public to whom conservationists make appeal. Rather there is a complex of social, cultural and psychological factors involved in the construction of the public's desire to conserve.

全 訳

　信じることも，はっきり言えば理解することさえも難しいのだが，それにもかかわらず現在まで存続してきたすべての動植物種のほぼ90%が絶滅してしまったのは事実である。ノーマン・マイヤーズは種が絶滅してきた速さに関するおおよその歴史的な意味合いを付与するために，この基本的な点について詳しく説明している。非常に単純に言えば，1600年から1900年にかけて人類はおよそ75の既知の種を絶滅に追いやったが，そのほとんどが哺乳類と鳥類である。1900年以降今日に至るまでで人類はさらに別の75種を絶滅に追いやってきた。1600年から1900年の間の絶滅の速さは，およそ4年に1つの種の割合だったが，今世紀に入ってからこの速さは，およそ1年に1つの種の割合になってきている。しかし，この責任が全部，人類にあると考えることはできない。というのも，こうした絶滅種の多くはホモサピエンスがこの惑星に出現するはるか以前に消滅してしまったからである。

　マイヤーズは，1979年に分析を終了したが，彼が説明している過程は疑いなく今も続いているのである，というのも，彼自身述べているように，現在今すぐにも地球上から姿を消してしまうかもしれない動物が1,000種類以上あるからである。世界各地でこのことに対する懸念が取りざたされていることは確かだが，一般の人が認識できる動物の数はその数とちょうど同じくらい少なく，おそらくこの1,000種の中で名前を挙げて確認できる動物の数はさらに少なくなるだろう。ジャイアントパンダは絶滅の危険性がある動物として国際的に認知されているし，白サイやスマトラサイも絶滅しかかっていることを認識している人も多いかもしれないが，トキの危機的な状況は専門家を除いてはほとんどだれの注目も集めそうにない。

　自然保護についての関心は文化的な要因であり，そのようなものとして理解されなければならないが，文化という範疇では関心の焦点は非常に選別的である。私たちが当然のことながら尋ねる質問は次のようなものである。種を保存することが重要ならば，自然保護の理想を強く支持することは当然のことだと考えている多くの個人が，また，どうしてノルウェーネズミ，ツェツェバエ，あるいはマラリアを媒介する蚊といった特定の種を滅ぼす試みに加担するのだろうか。非常に簡単に言うと，なぜこうした特定の生物も生存する権利を持っていることにはならないのだろうか。もちろん，このことの説明の一部には，こうした生物が人々に同情という感情的な反応を呼び起こさず，こうした特殊な事例では，先に挙げた生物は人間に害をもたらしていると考えられているという事実がある。しかし，次の疑問が残る。自然保護論者たちはなぜ生態系の一部だけを保存することを選ぶのだろうか。

　科学的自然保護論者が生態系の構成と機能という精密なモデルを使って仕事をしていることは疑いない。だが，自然保護論者が訴えかけている一般大衆の大多数を動かしているのはこの知識ではない。むしろ自然を保護したいという大衆の欲求を構築することに関連した社会的，文化的，心理学的な要因の複雑な意識が存在しているのだ。

Switzerland has a language problem. The trouble is not a shortage of tongues, for the Swiss have four of their own. Some 65% speak one variety or another of Swiss-German, 18% speak French, 10% speak Italian, and nearly 1% speak one of the four Romansh dialects used in some of the valleys in the canton of the Grisons. There are also the languages of the many immigrant workers. The problem is that many Swiss parents, not to mention businessmen who want to talk to colleagues abroad, would like more Swiss children to go out into the world with a better command of English.

At the moment, English is officially taught for only one or two years before the school-leaving age of 16. Changing such practices is never easy in Switzerland. There is no national ministry of education. The 26 cantons are independent in cultural and educational affairs. So 26 education ministers have to meet in order to decide on recommendations which, to become law, then have to get through 26 parliaments. That is why it took Switzerland more than 20 years to introduce teaching in a second national language (German or French) at the age of 11 instead of 14.

This time, however, one canton, deciding it had waited long enough, has broken the deadlock. Zurich, the most populous of the cantons, and the heart of the Swiss banking world, plans to make English a required subject at an early age, maybe even from the first year of primary school.

As was to be expected in a country far less calm than the world imagines, Zurich's proposal has produced an uproar. In educational circles it is argued that French will lose its strong position in German-speaking Switzerland (eight years of school French before entering the university at 19), and that this could endanger the political unity of Switzerland. French-Swiss politicians are furious. Protests about the possible damage to the teaching of German in French-speaking Switzerland are more puzzling, because the German taught there is High German, the dialect of South and Central Germany. But in daily life, as distinct from formal writing, Swiss-Germans speak one or the other of their very different dialects. Hence the liking for English as a "national link language."

The 26 ministers have hurriedly set up a committee, naturally headed by a professor of French, to work out a policy by the middle of this year. It may well come up with wise recommendations enabling every canton to choose its own solution. The Swiss are not easily regimented.

スイスは言語の問題を抱えている。この問題は言語の不足ではない，というのも，スイス国民は国語として４つの言語を持っているからである。約65％はスイス系ドイツ語の何らかの種類のものを話し，18％がフランス語を話し，10％がイタリア語を話し，ほぼ1％がグリゾン県の渓谷の一部で使われている４つあるロマンシュ語の方言の１つを話している。また多くの移民労働者の言語がある。問題は，国外にいる同僚と話したがっているビジネスマンはもちろん，多くのスイス人の親は，より多くのスイスの子どもたちに英語のより優れた運用能力を持って世の中に出て行ってもらいたいと望んでいることだ。

　現在，英語は公には16歳という義務教育を終了する年齢になる前に1～2年間だけ教えられている。スイスではこうした慣習を変えることは決してやさしいことではない。教育を管理する国家省庁もない。26ある県は文化的，教育的な業務ではそれぞれ独立している。それで26人いる教育大臣は，法制化するためには後に26の議会を通過しなければならない勧告案を決議するために会合を開く必要がある。そうした理由でスイスでは，14歳ではなく11歳で第2国語ドイツ語かフランス語の授業を導入するのに20年以上もかかってしまったのである。

　しかし今回は１つの県がもう十二分に待ったと判断して，この行き詰まりを打開した。県の中でも最も人口の多い県であり，スイスの銀行業の中心であるチューリッヒは，英語を早い年齢で，たぶん小学校1年からでも必修科目とすることを計画している。

　世間で想像されているほど平穏とはほど遠い国においては予期されていたことではあったのだが，チューリッヒの提案は大騒動を引き起こした。教育界ではフランス語はドイツ語を話すスイスの地域では優勢な立場（19才で大学に入る前に学校でフランス語を8年間学ぶこと）を失い，このことがスイスの政治的な結束を危険にさらす可能性がある，という反論も出ている。フランス系スイス人政治家は激怒している。フランス語を話すスイスの地域においてのドイツ語教育に対しての悪影響が出る可能性があるとする抗議の声が上がり，いっそう悩ましい問題になっている。というのは，そこで教えられているドイツ語は，ドイツ南部や中央の方言である高地ドイツ語だからである。しかし，日常生活では，改まった書き言葉とは対照的に，スイス系ドイツ人は彼らが使っている非常に異なった方言のいずれかを話している。それゆえ「国のきずなとなる言語」としての英語を好むことになる。

　26人の大臣たちが今年半ばまでに方針を打ち出すため，おのずとフランス語の教授が率いることとなった委員会を急遽設立した。たぶん，委員会はすべての県が独自の解決策を決めることができるような賢明な勧告案を見つけるであろう。スイス国民は容易には統制されないのである。

There is a mystery and charm about tropic seas — something that awakens in all of us the spirit of adventure. They are the romantic places linked with the memories of brave sailors who, in tiny ships, first obtained the secrets from countries south of the Equator. Exciting indeed were the yarns once spun by old seamen in the ports of Europe — mostly untrue tales of the southern seas!

The discovery of Australia has a background as romantic as that of any other part of the southern Pacific seas. Related as so much of it is with the voyages of the great explorer, Captain James Cook, it never fails to stir up inspiring thoughts in the people of Australia.

As late as the year 1770, eastern Australia was a blank on the map. On this blank, Cook drew 2,000 miles of coastline, and gave to the world the first detailed descriptions of most of the Pacific Ocean side of a great new continent. June 1770 found him cautiously sailing northwards in his tiny 70-foot ship. The hazardous journey ultimately led to areas close to those discovered by the Spanish explorer, Luis Vase de Torres, in 1605. Going finally ashore near the tip of Cape York, Cook named this Possession Island, and there took formal possession of the east coast of Australia for Britain.

No ship had ever sailed so dangerous and unknown a sea as that one near the Queensland mainland. Cook found the waters dotted with islands, shoals, and coral banks. His way was through twisting passages and shallows into a strange world of mystery and beauty. He was for a long time unaware of a great barrier that was closing in upon his track. At a spot near the present site of Cooktown, the coral banks crowded in on his ship. The ship finally ran aground and was all but lost on one of the treacherous banks. The thrilling story of that accident and the masterful saving of ship and crew is one of the highlights of Australia's early history. Nowhere in the world is there a coastline protected by such a formidable barrier as Australia's north-eastern boundary to the Coral Sea.

While our knowledge of the area has made great advances since the days of discovery, little superficial change has taken place. By comparison with older lands, settlement along the mainland is still limited and, in many places, pioneer in character. For the visitor who leaves the beaten track, there is still to be had the thrill of adventure and the lure of exploration.

全　訳

　熱帯の海には神秘的なものと魅力—私たち皆に冒険心を呼び覚ます何か—がある。それら熱帯の海は，小さな船に乗って，赤道の南にある国々からその神秘さをはじめて手に入れた勇敢な船乗りたちの記憶につながるロマンチックな場所である。ヨーロッパの港でかつて，年老いた水夫たちによって語られた冒険談—ほとんどは南の海についての作り話だが—は，実に胸が躍るものであった。

　オーストラリアの発見には南太平洋の海の他のどの地域の発見にも劣らず，ロマンチックないきさつがある。その多くがジェイムズ・クック船長という偉大な探検家の航海と関連があるので，オーストラリアの人々の心に奮い立たせるような熱い思いを必ず掻き立てることになる。

　1770年ほどものちになるまで，東部オーストラリアは地図上では空白だった。この空白にクックは2,000マイルに上る海岸線を書き込み，巨大な新大陸の太平洋側のほとんどに関するはじめての詳細な記述を，世界中の人々に提示したのだった。1770年6月，クックは全長70フィートの小型の船で北に向かって用心深く航行していた。この危険な旅で，一行は結局1605年にスペインの探検家ルイス・ホセ・デ・トルレスによって発見された地域からほど近い地域にたどり着いた。ようやくヨーク岬の先端の近くで上陸した際，クックはここをポゼッション・アイランドと名づけ，オーストラリアの東海岸をイギリス領として正式に領有した。

　かつてオーストラリア本土のクイーンズランド近くの海ほど危険で未知の海を航行したことがある船はなかった。クックは島や浅瀬や珊瑚礁が点在する海域を見つけた。彼は曲がりくねった水路と浅瀬を通って，神秘的で美しい見たこともないような世界に入りこんだ。彼は航路上に迫っていた巨大な障壁に長い間気づかなかった。クックタウンと現在呼ばれている場所に近い地点で，彼の船は珊瑚礁にすっかり取り囲まれてしまった。ついに彼の船は座礁してしまい，この危険な珊瑚礁の1つでほとんど身動きが取れなくなった。こうした事件や船と乗組員が見事に救助される手に汗握る話は，オーストラリアの初期の歴史のハイライトの1つになっている。世界中のどこにも，珊瑚海方面のオーストラリアの北東の境界ほど手ごわい障壁によって保護されている海岸線は存在しない。

　この海域に関する私たちの知識は，発見された当時からは大いに進歩したが，目に見える変化はほとんど起こっていない。より古い内陸部と比べて，オーストラリア本土沿岸への移民は今もなお限られており，多くの場所では，性質的に開拓者的である。おきまりの旅行コースから外れる訪問客にとって，いまだに冒険のスリルと探検の魅力を経験することができるのである。

My uncle was a hero. Like all the men in my mother's family, he was a doctor, first a family doctor and later a specialist. During World War II, he acted well in a dangerous situation, for which he received a medal.

The story went like this: My uncle was one of a group of doctors following the fighting men. Acting on false information, the soldiers moved forward, believing the hill top on which they were advancing had been cleared of the enemy. As they began to climb the hill, the hidden enemy began to shoot, and within seconds the field was covered with wounded and dying men. The enemy continued to cover the area with gunfire. No one could stand up. It was more than twelve hours before airplane bombs could damage the enemy position. My uncle, crawling on his stomach with supplies tied to his back, cared for the wounded, took messages sometimes written on the back of worn photographs, and said prayers with dying men during all that time. When other American soldiers came and the enemy was forced back, it was clear that he had saved dozens of lives.

He was given a medal and his picture was on the front page of our home town newspaper. I was about seven at the time, and with a real hero in my family, I instantly became the talk of the second grade. Best of all, he was allowed to have a rest and was coming to visit us. I was filled with excitement.

Secretly, I was surprised by these events. My uncle was short, balding, and wore glasses. He was even getting a little fat. I thought perhaps he would look a little different after becoming a hero. But he didn't. Always a shy man, he seemed uncomfortable with all the fuss and uneasy as neighbor after neighbor came by to shake his hand. Finally I found my moment. Climbing into his lap, I told him how brave I thought he was and that I was sure he was never afraid of anything. Smiling, he told me that my idea was far from true, that he had been more frightened than ever before in his life. Deeply disappointed, I said, "But why did they give you a medal then?"

Gently he explained to me that anyone who wasn't afraid in situations like war was a fool and they don't give medals to people for being fools. He said that being brave does not mean being unafraid. It often means being afraid and doing it anyway.

全　訳

　おじは戦争の勇士だった。私のおじは英雄でした。母方の家族のすべての男たちと
同様，おじは医者でしたが，初めは家庭医で，後に専門医になりました。第2次世界
大戦中，おじは危険な状況の中でりっぱに職務を果たしましたので，そのために勲章
をもらいました。

　そのときの話とはこのようなものでした。おじは従軍医師団の1人でした。誤った
情報に従って，兵士たちは彼らが向かっている丘の上は敵が一掃されていると信じて
前進しました。丘を登り始めると，身を潜めていた敵が発砲し始めました，そしてす
ぐに戦場は負傷兵や死にそうな兵士で埋め尽くされてしまいました。敵は付近一帯に
銃撃を浴びせ続けました。だれ1人として立ち上がることができないほどでした。飛
行機による爆撃で敵陣に損害を与えることができたのは12時間以上たってからのこ
とでした。おじは必要なものを背中にくくりつけて腹這いで前進しながら，負傷者の
手当てをし，時には擦り切れた写真の裏側に書き留められた伝言を受け取り，死に行
く兵士とともにその間中ずっと祈りを捧げたりしました。他のアメリカ人兵士がやっ
てきて，敵が後退を余儀なくされると，彼が何十人もの兵士の命を救ったことが明ら
かになりました。

　彼は勲章を授与され，そのときの彼の写真が郷里の新聞の第1面に掲載されました。
当時私は7歳くらいでしたが，一族の本当の英雄とともに，私はすぐに2年生のう
わさの的になりました。ちょうどいいことに，おじは休暇を取ることを許可され，私
たちの元に戻ってくることになりました。私の心は興奮で満ちあふれていました。

　心の中では私はこうした出来事に驚いていました。おじは背が低く，はげかかって
いて，メガネをかけていました。彼は少し太ってさえいました。英雄になってからは，
たぶん少しは違って見えるのだろうと私は思っていました。でも，おじは以前と少し
も変わっていませんでした。相も変わらずはにかみやで，大騒ぎをされて居心地が悪
い様子でしたし，隣家の人たちが次から次へと家にやってきてはおじと握手をしてい
くので落ち着かないようでした。やっとのことで私の機会を見つけました。おじのひ
ざに乗って，私はおじがとても勇敢だと思っていること，おじにはこわいものなんて
何もないんじゃないかと確信していることを告げました。おじは笑って，それが事実
とまったく違っていること，おじの人生でこれほどこわかったことはなかったことを
私に話してくれました。ひどくがっかりして，私はこう言いました，「でも，それじゃ，
どうして勲章をもらえたの？」

　おじは，戦争のような状況でこわがらないような人は馬鹿者で，勲章は愚かな人に
は与えられないということを私に優しく説明してくれました。おじは勇敢であること
はこわがらないということではないと言いました。勇敢であることはしばしばこわが
り，そしてそうであるにもかかわらず行動することなのだとも言いました。

問題英文

It was the first of the many teachings about courage I have received in my lifetime and it meant a great deal to me. At the time, I was afraid of the dark and deeply ashamed about this. But if my uncle who was a hero was also afraid, then perhaps there was hope for me as well. I had been stopped by my fear of the dark, embarrassed by it, and felt small and unimportant. By telling me of his fear, my uncle had freed me. His heroism became a part of my story as well as a part of his.

全　訳

　このような考え方はこれまでの人生で受け入れてきた勇気についてのいろいろな教訓の中でも初めてのものであり，このことが私には大きな意味を持ちました。その頃，私は暗闇がこわかったのですが，このことをひどく恥ずかしく思っていました。でも，もしも英雄であるおじでも恐ろしいと思うならば，そうするとたぶん，私にも同様に望みはあるのです。私は暗闇への恐怖心によって制止され，それで決まりの悪い思いをし，自分を小さなつまらない人間のように感じていました。おじは自分の恐怖心について私に話すことによって，私を解放してくれたのです。おじの英雄的な行動は，おじの経歴の一部であると同様に，私の経歴の一部にもなったのです。

問題英文

The rise of English is a remarkable success story. When Julius Caesar landed in Britain over two thousand years ago, English did not exist. Five hundred years later, Old English, incomprehensible to modern ears, was probably spoken by relatively few people with little influence. Nearly a thousand years later, at the end of the sixteenth century, when William Shakespeare was in his prime, English was the native speech of between five and seven million Englishmen.

Four hundred years later, the contrast is extraordinary. Between the seventeenth century and the present, the speakers of English, including Scots, Irish, Welsh, American and many more, traveled into every corner of the globe, carrying their language and culture with them. Today, English is used by at least seven hundred and fifty million people, and barely half of those speak it as a mother tongue. Some estimates have put that figure closer to one billion. Whatever the total, English is more widely scattered, more widely spoken and written, than any other language has ever been. About three hundred and fifty million people use English as a mother tongue. They are scattered across every continent and surpassed, in numbers, only by the speakers of the many varieties of Chinese.

English has a few rivals, but no equals. Neither Spanish nor Arabic, both international languages, has the same influence in the world. The remarkable story of how English spread within predominantly English-speaking societies like the United States, Canada, Australia and New Zealand is not unique. It is a process in language that is as old as Greek or Chinese. The truly significant advancement, which has occurred only in the last one hundred years or so, is the use of English, taking the most conservative estimates, by three or four hundred million people for whom it is not a native language. English has become a second language in countries like India, Kenya, Nigeria or Singapore, where it is used for administration, broadcasting and education. In these countries, now numbering more than fifty, English is a vital alternative language, often unifying huge territories and diverse populations with different languages. When the late Rajiv Gandhi appealed for an end to the violence that broke out after the assassination of his mother, he went on television and spoke to his people in English. Then there is English as a foreign language, used in countries like Holland or Yugoslavia, where it is backed up by a tradition of English teaching. Here it is used to have contact with people in other countries, usually to promote trade and scientific research, and to the benefit of international communication generally. A Dutch poet is read by a few thousands. Translated into English, he can be read by hundreds of thousands.

The growth of English as a global language has recently inspired the idea that we should talk not of English, but of many Englishes. The future, of course, is unpredictable, but one thing is certain — present developments of English are part of a process that goes back to Shakespeare and beyond.

全 訳

　英語の隆盛は注目すべき成功の物語である。ジュリアス・シーザーが 2000 年以上前にグレート・ブリテン島に上陸したとき，英語は存在していなかった。500 年後，古英語は，現代人の耳には理解不能で，おそらくほとんど影響力を持たない比較的少数の人々によって話されていた。ほぼ 1000 年後，16 世紀末には，ウィリアム・シェークスピアが全盛期を迎え，英語は 500 万から 700 万人に上るイングランド人の母語になっていた。

　400 年後，この違いは桁外れなものになっている。17 世紀から現在に至るまでに，英語を話す人々は，スコットランド人，アイルランド人，ウェールズ人，アメリカ人，その他多くの地域の人々を含んで，地球の隅々をくまなく旅し，その言語と文化を彼らと共に伝えていった。今日，英語は少なくとも 7 億 5 千万人の人々によって使われ，このうちのかろうじて半数が母語として英語を話している。英語を話す人の人数は十億人に近いと評価している見積もりもある。合計の人数がどうであれ，英語はほかのどの言語よりもこれまでより広範囲に拡散し，より広く話したり書かれたりしている。およそ 3 億 5 千万人が英語を母語として使っている。英語を母語とする話者はすべての大陸に散らばり，数字の上で数が勝っているのは中国語の多種多様な方言を話す人々だけである。

　英語には 2, 3 のライバルとなる言語があるが，英語に匹敵する言語はない。ともに国際語であるスペイン語やアラビア語も，世界中で英語と同じような影響力は及ぼしてはいない。英語がどのようにしてアメリカ合衆国，カナダ，オーストラリア，ニュージーランドのような圧倒的に英語が話されている社会に広まっていったかという注目すべきいきさつは他に例がないわけではない。それはギリシャ語や中国語ほども古い言語に見られる過程である。真に重要な進歩は，わずかに最近 100 年ほどの間に起こってきたもので，もっとも控えめに見積もってみても，英語が母語ではない 3 億ないし 4 億の人々が英語を使っているということである。英語はインド，ケニア，ナイジェリア，シンガポールのような国々では第 2 言語となっていて，英語が行政，放送，教育分野で使われている。こうした国々では，現在では 50 か国以上にのぼるが，英語は必要不可欠な代替言語であり，しばしば広大な領土と異なる言語を使っている多様な人々を統合している。故ラジブ・ガンジーが母親の暗殺後に勃発した暴力行為の停止を求めたとき，彼はテレビに出演し，民衆に英語で語りかけた。それから，英語教育の伝統により，英語が確立しているオランダやユーゴスラビアのような国々で使われている外国語としての英語がある。ここでは，他の国の人々と連絡を取り合うため，通常，貿易や科学研究を促進するため，それにも増して，全般的な国際コミュニケーションのために英語が使われている。オランダのある詩人は数千人の読者に読まれている。英語に翻訳されれば，彼の詩は何十万人もの読者に読まれるかもしれない。

　世界語として英語が成長することにより，私たちは単一の英語について語るのではなく，多くの英語について語るべきだという考えが最近生じてきた。もちろん，将来を予測することはできないが，確かなことが 1 つある―英語の現在の発展は，シェークスピア以前の時代にまでさかのぼる過程の一部であると。

UNIT 12

What is the connection between mind and brain? This is not purely a scientific issue; it is also a philosophical question, and an ancient one as well. Over the next few decades, as scientists reveal the mechanism of the brain in greater detail, the question of the connection between our brains and our minds will become a more urgent matter for further discussion.

The brain is a physical system. It contains about 100 billion interconnected neurons — about as many neurons as there are stars in the Milky Way. It is not the number of cells that is important here, but the connections between them. Each neuron may receive signals from thousands of others, and may, in turn, send signals out to thousands more. The neurons seem to be arranged hierarchically: those that receive signals from the senses process them and pass them on to higher systems of neurons. In the end, by mechanisms we still do not fully understand, these signals are converted by neurons in different parts of the brain into the final signals that produce images, smells or sounds. Thus the brain works basically by passing information from neuron to neuron. The goal of brain research would be to attain the detailed knowledge of how neurons function, or in other words, which neurons are firing in any circumstance.

The fundamental question then becomes what the mind is. Formal definitions usually mention something like "the sum of mental activities," but that does not tell us much. On the other hand, we all have had the experience of mind. Close your eyes and think of an episode from your childhood. You probably can have a fairly detailed visual image of some setting, maybe even some sounds and smells. You have these images "in mind," but where, exactly, are they? They obviously do not correspond to any input from the senses into your brain right now, even though they must involve the firing of neurons somewhere. In the mid-twentieth century neurosurgeons operating on the brains of conscious patients discovered that they could produce these sorts of images by applying electrical current to specific parts of the brain. Obviously, there is some sort of connection between the activity of neurons and our ability to create images, which we associate with the concept of "mind."

But what can that connection be? Who is the "I" that says "I remember," and where is he or she located? One way of looking at this question is to consider the remark made by René Descartes, "I think, therefore I am." In his view, the mind is something that controls the physical brain. However, such a view that the mind is beyond or separated from the brain is still controversial.

心と脳の関係はどうなっているのだろうか。これは純粋に科学的な問題ではなく，また哲学的な問題でもあり，また同様に昔からある問題でもある。今後数十年間で，科学者が脳の機能をより詳しく解明していくにつれて，人間の脳と心の関係についての問題は，さらに議論を進めなければならない，よりさしせまった問題となるであろう。

　脳は身体的なシステムである。脳にはおよそ 1 千億もの互いに結びついている神経細胞が含まれる―銀河に存在する星とほぼ同じ数の神経細胞があるわけである。ここで重要なのは細胞の数ではなく，細胞相互の関係である。たぶん個々の神経細胞は何千という他の神経細胞から信号を受け，今度は，さらに何千という他の神経細胞に信号を送り出しているのだろう。神経細胞は階層的に配列されているように見える。五感から信号を受けた神経細胞は，その信号を加工してから，神経細胞の上部階層に伝えている。最終的には，私たちがまだ十分には理解していないメカニズムの働きで，こうした信号は脳の異なる部位にある神経細胞によって像や匂いや音を作り出す最終信号に転換されるのである。このように脳は基本的に神経細胞から神経細胞に情報を伝えることによって機能しているのである。脳研究の目標は，神経細胞がどのように機能しているのか，言い換えれば，どんな状況において，どの神経細胞が信号を送り出しているのかという点についての詳細な知識を手に入れることなのであろう。

　その際の根本的な問いは，心とは何か，ということになる。公式の定義では，通例，精神活動の総体といったようなことが述べられているが，この種の定義は心について十分に説明しているとは言えない。一方で，私たちは皆，心についての経験を持っている。目を閉じて思い出に残っている子どもの頃の出来事を考えてみるとよい。おそらく何らかの情景のかなり細かな映像や，たぶん音や匂いでさえ，思い浮かべることができるだろう。こうした映像を心に思い浮かべることができるのだが，それらは正確にはどこにあるのだろうか。こうした映像は，どこかの神経細胞の伝送の働きと関係があるに違いないとしても，まさに現在の感覚を通して脳へと入ってきた信号とは明らかに一致していない。20 世紀の中ごろ，意識がある患者の脳を手術した神経外科医が，脳の特定部位に電流を流すことによってこの種の像を作り出すことができることを発見した。明らかに，神経細胞の活動と，私たちが「心」という概念と関連づけている像を結ぶ能力との間には何らかの関係がある。

　だが，その関係とはどのようなものなのだろうか。「私は覚えている」と言っているその「私」とはだれなのだろうか，また，彼や彼女はどこにいるのだろうか。この問題を考察する 1 つの方法は，ルネ・デカルトが表した命題「我思う，ゆえに我あり」を考えてみることである。デカルトの考えでは，心は器官である脳を支配する何かである。しかし，心が脳を超越している，あるいは脳とは隔絶しているというこうした意見には，依然として異論もある。

問題英文

If this view of the mind as something that is beyond or separated from the brain is not correct, then the firing of neurons is all there is. This, however, does not work, either. Suppose that at some point in the future a neuroscientist could say, "When you see the color blue, this particular set of neurons will fire in this particular order." Suppose that every time you saw blue, those particular neurons fired, and that they never fired in the same way when you saw anything else. Clearly, you would have established a correlation between the experience of seeing blue and a particular process in the brain.

But, even if you could establish the correlation, you would not have explained the experience itself! You are not, after all, aware of neurons firing — you are aware of the color blue, and the most brilliant neurological research in the world cannot bridge that gap.

To understand the experience itself, you have to start in a wholly different branch of science — psychology! A lot of work is being done to understand human perception and cognition. There are two groups of people trying to bridge the gap between mind and brain. On the one side, working up from the smallest scale, are the neuroscientists. On the other, working down from the largest scale, are the psychologists. Whether the two will ever come together is very much an open question.

全　訳

　もしも，心が脳を超越している，あるいは脳とは別々に切り離されている何かだととらえるこうした意見が正しくないとすれば，その場合，脳内で起こっていることは神経細胞の伝送だけということになってしまう。しかし，このような考え方もまた役にたたない。将来のある時点で，神経科学者が「あなたに青い色が見えるときは，この特定の一組の神経細胞がこのような特定の順番で情報を送り出しているのです」と言うことができたと仮定してみよう。あなたが青い色を見るときはいつも，こうした特定の神経細胞がこの情報を伝え，他の色を見るときには決して同様の方法で情報を伝えることはない，と仮定してみよう。明らかに，この仮説から，あなたは青い色を見たときの経験と脳の特定の作用との間の相関関係を証明したことになるだろう。

　しかし，たとえ，あなたがこの相関関係を証明することができたとしても，経験自体を説明したことにはならないだろう。結局，あなたは神経細胞が信号を発していることを意識していないのである—あなたは青い色を意識しているのである。そして世界で最も優れた神経学的研究でさえ，この溝を埋めることはできないのだ。

　この経験自体を理解するには，あなたは科学におけるまったく異なる部門，すなわち心理学を始めなければならない。人間の知覚と認知を理解するために，目下多くの研究がなされている。心と脳の間の溝を埋めようとしている2つのグループがある。その1つは，神経細胞という最小の尺度から理論を練り上げている神経科学者のグループである。もう一方は人間の知覚と認知という最大の尺度から理論を掘り下げている心理学者のグループである。この2つのグループが，いつの日か共に協力しあうことができるのかは，はっきりした答えが出ていない大きな問題である。

テーマ解説とリーディングガイド

UNIT 1 ● 環境

　カリフォルニア周辺での水の供給について述べられた英文。難関大では「温室効果」「森林破壊」などの環境問題自体を説明する英文に加え，そのような環境問題の知識背景を受験生が持っていることを前提に，さらに発展的な内容を論じたものが多く出題される。

UNIT 2 ● 心理

　「目標を達成するための動機は自己利益を意識することから得られる」ということを論じた英文。このような心理学的な内容を論じた英文は頻繁に出題されるが，政治経済などに関する英文と違い，皆さんの日常行動の中にヒントを探すことができる。

UNIT 3 ● 社会

　「科学ジャーナリスト」という新しい職業とその職業が持つ社会的意義を論じた英文。入試英文の頻出テーマである「メディアの影響力」についても触れられている。

UNIT 4 ● 科学

　AI「人工知能」が人間社会に与えるであろう影響について論じた英文。これと似たテーマで，インターネットやコンピューターの普及が社会に与える影響を述べた英文もよく出題される。

UNIT 5 ● 環境

　北極の氷の増減について述べている英文。近年観測された北極の氷の減少が，本当に人間による環境破壊の結果によるものなのか，また，それが急激な温暖化につながるのかを冷静な視点から検証している。

UNIT 6 ● 教育

　「体罰を再導入すべきか」という，イギリスにおける論議について述べている英文。校内における規律を維持する方法とモラルの低下の原因に関して，親の側と教師の側で意見が分かれている。

UNIT 7 ● 環境

多くの動物が絶滅していく中で人間は自然保護を唱えているが，どの動物を保護すべきかということは人間の極めて主観的な判断によって決定されている。自然保護についての新たな視点を与えてくれる新鮮な英文。

UNIT 8 ● 言語

多言語社会スイスにおける，英語教育拡大の論議について述べている英文。グローバル化という大義の下に，世界の国々の交流はますます活発なものとなりつつあるが，それと同時に国際語である英語の初期教育も世界中でますます重要視されるようになっている。一方で自国の言語文化を守る重要性を唱える人も多い。

UNIT 9 ● 歴史

クック船長の南洋の海への冒険と，オーストラリア周辺地域の魅力について述べている英文。このような英文は，時間と空間をイメージしながら正確に読むことが重要。

UNIT 10 ● 随筆

第二次世界大戦の勇士であるおじの思い出について述べている随筆文。この本の長文の中では最も具体的で読みやすい。イメージを描きながら，楽しんで速読の訓練をしてほしい。

UNIT 11 ● 言語

グローバル化と英語の劇的な普及に関して述べている英文。様々な数値や事実を紹介することにより，英語がいかに世界言語としての役割を果たすようになっているかを論じている。

UNIT 12 ● 科学

精神と脳の関係の解明について述べている英文。脳に対する神経科学的側面から研究は進んでいるが，心理学的側面からも研究を続けることで，「『心』とは何か」という疑問の解明への前進が得られる可能性について論じられている。

● 本書の問題英文について ●

難関レベルの英文に対応するために！
....

　本書では，ハイパートレーニングシリーズの総仕上げとして，早稲田大や同志社大などの難関大の問題を中心に様々な分野の英文を読み，様々な形式の問題を解くことで，難関大の長文問題で合格点を取るために十分な実力を身につけることを目標とします。

　学習効果を高めるために，一部の問題には，新たに和訳問題を追加しました。また，ネイティブスピーカーのアドバイスをもとに，一部の問題を改題いたしました。

■ 出題校一覧
　　中央大学
　　法政大学
　　早稲田大学
　　関西学院大学
　　成蹊大学
　　学習院大学
　　関西大学
　　同志社大学